广州城市智库丛书

基于需求导向的广州公共服务供给创新

黄玉 朱泯静 等○著

中国社会科学出版社

图书在版编目(CIP)数据

基于需求导向的广州公共服务供给创新/黄玉等著.—北京：中国社会科学出版社，2018.12

(广州城市智库丛书)

ISBN 978-7-5203-4040-3

Ⅰ.①基… Ⅱ.①黄… Ⅲ.①公共服务—研究—广州 Ⅳ.①D669.3

中国版本图书馆 CIP 数据核字（2019）第 024624 号

出 版 人	赵剑英
责任编辑	喻　苗
责任校对	胡新芳
责任印制	王　超

出　　版	中国社会科学出版社
社　　址	北京鼓楼西大街甲 158 号
邮　　编	100720
网　　址	http://www.csspw.cn
发 行 部	010-84083685
门 市 部	010-84029450
经　　销	新华书店及其他书店

印　　刷	北京明恒达印务有限公司
装　　订	廊坊市广阳区广增装订厂
版　　次	2018 年 12 月第 1 版
印　　次	2018 年 12 月第 1 次印刷

开　　本	710×1000　1/16
印　　张	15.5
字　　数	202 千字
定　　价	66.00 元

凡购买中国社会科学出版社图书，如有质量问题请与本社营销中心联系调换
电话：010-84083683

版权所有　侵权必究

《广州城市智库丛书》
编审委员会

主　任　张跃国

副主任　朱名宏　杨再高　尹　涛　许　鹏

委　员（按拼音排序）

　　　白国强　杜家元　郭昂伟　郭艳华　何　江　黄石鼎
　　　黄　玉　刘碧坚　欧江波　覃　剑　王美怡　伍　庆
　　　胥东明　杨代友　叶志民　殷　俊　于　静　张　强
　　　张赛飞　曾德雄　曾俊良

总　　序

何为智库？一般理解，智库是生产思想和传播智慧的专门机构。但是，生产思想产品的机构和行业还有不少，智库因何而存在，它的独特价值和主体功能体现在哪里？再深一层说，同为生产思想产品，每家智库的性质、定位、结构、功能各不相同，一家智库的生产方式、组织形式、产品内容和传播渠道又该如何界定？这些问题看似简单，实际上直接决定着一家智库的立身之本和发展之道，是必须首先回答清楚的根本问题。

从属性和功能上说，智库不能成为一般意义上的学术团体，也不是传统意义上的哲学社会科学研究机构，更不是所谓的"出点子""眉头一皱、计上心来"的术士俱乐部。概括起来，智库应具备三个基本要素：第一，要有明确目标，就是出思想、出成果，影响决策、服务决策，它是奔着决策去的；第二，要有主攻方向，就是某一领域、某个区域的重大理论和现实问题，它是直面重大问题的；第三，要有具体服务对象，就是某个层级、某个方面的决策者和政策制定者，它是择木而栖的。当然，智库的功能具有延展性、价值具有外溢性，但如果背离本质属性、偏离基本航向，智库必然惘然若失，甚至可有可无。因此，推动智库建设，既要遵循智库发展的一般规律，又要突出个体存在的特殊价值。也就是说，智库要区别于搞学科建设和教材体系的大学和一般学术研究机构，它重在综合运用理论和知识分析研判重大问题，这是对智库建设的一般要求；同时，具体到一家智库个体,又要依据自身独一无二的性质、类型和定位,塑造独特个性和鲜明风格,占据真正属于自己的空间和制高点,这是智库独立和自立的根本标志。当前,智库建设的理论和政策不一而足,实践探索也呈现八仙过海之势,这当然有利于形成智库界的时代标签和身份识别,但在热情高涨、高歌猛进的大时代,也容易盲目跟风、漫天飞舞,以致破坏本就脆弱的智库生态。所以,我们可能还要保持一点冷静,从战略上认真思考智库到底应该怎么建,社会科学院智库应该怎么建,城市社会科学院智库又应该怎么建。

广州市社会科学院建院时间不短,在改革发展上也曾历经曲折艰难探索,但对于如何建设一所拿得起、顶得上、叫得响的新型城市智库,仍是一个崭新的时代课题。近几年,我们全面分析研判新型智库发展方向、趋势和规律,认真学习借鉴国内外智库建设的有益经验,对标全球城市未来演变态势和广州重大战略需求,深刻检视自身发展阶段和先天禀赋、后天条件,确定了建成市委、市政府用得上、人民群众信得过、具有一定国际影响力和品牌知名度的新型城市智库的战略目标。围绕实现这个目标,边探索边思考、边实践边总结,初步形成了"1122335"的一套工作思路:明确一个立院之本,即坚持研究广州、服务决策的宗旨;明确一个主攻方向,即以决策研究咨询为主攻方向;坚持两个导向,即研究的目标导向和问题导向;提升两个能力,即综合研判能力和战略谋划能力;确立三个定位,即马克思主义重要理论阵地、党的意识形态工作重镇和新型城市智库;瞄准三大发展愿景,即创造战略性思想、构建枢纽型格局和打造国际化平台;发挥五大功能,即咨政建言、理论创新、舆论引导、公众服务、国际交往。很显然,面向未来,面对世界高度分化又高度整合的时代矛盾,我们跟不上、不适应的感觉将长期存在。由于世界变化的不确定性,没有耐力的人们常会感到身不由己、力不从心,唯有坚信事在人为、功在不舍的自觉自愿者，才会一直追逐梦想直至抵达理想彼岸。正如习近平总书记在哲学社会科学工作座谈会上的讲话中指出的："这是一个需要理论而且一定能够产生理论的时代，这是一个需要思想而且一定能够产生思想的时代。我们不能辜负了这个时代。"作为以生产思想和知识自期自许的智库，我们确实应该树立起具有标杆意义的目标，并且为之不懈努力。

智库风采千姿百态，但立足点还是在提高研究质量、推动内容创新上。有组织地开展重大课题研究，是我院提高研究质量、推动内容创新的尝试，也算是一个创举。总的考虑是，加强顶层设计、统筹协调和分类指导，突出优势和特色，形成系统化设计、专业化支撑、特色化配套、集成化创新的重大课题研究体系。这项工作由院统筹组织。在课题选项上，每个研究团队围绕广州城市发展战略需求和经济社会发展中重大理论与现实问题，结合各自业务专长和学术积累，每年初提出一个重大课题项目，经院内外专家三轮论证评析后，院里正式决定立项。在课题管理上，要求从基本逻辑与文字表达、基础理论与实践探索、实地调研与方法集成、综合研判与战略谋划等方面反复打磨锤炼，结项仍然要经过三轮评审，并集中举行重大课题成果发布会。在成果转化应用上，建设"研究专报+刊物发表+成果发布+媒体宣传+著作出版"组合式转化传播平台，形成延伸转化、彼此补充、互相支撑的系列成果。自2016年以来，我院已组织开展40多项重大课题研究，积累了一批具有一定学术价值和应用价值的研究成果，这些成果绝大部分都以专报方式呈送市委、市政府作为决策参考，对广州城市发展产生了积极影响，有些内容经媒体宣传报道，也形成了一定的社会影响。我们认为，遴选一些质量较高、符合出版要求的研究成果统一出版，既可以记录我们成长的足迹，也能为关注城市问题和广州实践的各界人士提供一个观察窗口，应该是很有意义的一件事情。因此，我们充满底气地策划出版这套智库丛书，并且希望将这项工作常态化、制度化，在智库建设实践中形成一条兼具地方特色和时代特点的景观带。

  感谢同事们的辛勤劳作。他们的执着和奉献不单升华了自我，也点亮了一座城市通向未来的智慧之光。

广州市社会科学院党组书记、院长

张跃国

二〇一八年十二月三日

前　言

公共服务以社会公众为导向，以公共利益为价值皈依，优化城市公共服务供给，是改善和提升民生福祉的重要途径，是增强城市竞争力、助推城市发展的有力支撑。在广州经济社会不断发展并迈向高收入地区行列的同时，公共服务的民生需求与发展需求呈现出差异化、品质化、精细化的特点和趋势，优化公共服务的供给，将为广州经济转型升级和城市发展注入新动力。

为提高广州公共服务供给与需求的匹配效果，本书以把握和适应公共服务需求为着眼点，探索优化公共服务供给的路径。本书的研究综合采用政策内容分析、问卷调查、深度访谈、比较分析等研究方法，从供给与需求两端收集大量广州公共服务实证材料，在此基础上分析广州经济社会发展阶段、公共服务供给现状，厘清广州公共服务供给的重点、难点及短板，并引入社会结构与公共服务需求、公共服务的社会评价，以及社会民生型公共服务需求与城市发展导向型公共服务需求等不同维度进行需求识别与需求分析，最后提出公共服务供给的创新方式。

本书是广州市社会科学院社会学与社会政策研究所科研人员的集体成果，在当前广州市社会科学院向新型城市智库转型的过程中，社会所聚焦广州社会治理、公共服务、社会政策等研究领域，旨在为广州的社会发展提供基础性、战略性、前瞻性的研究支持。本书综合了社会所2016年、2017年承担广州市社会科学院重大课题的研究成果,课题组成员包括黄玉、陈杰、朱泯静、付舒、范璐璐、简荣,所长黄玉总体设计研究框架和写作思路,副所长陈杰、朱泯静协助统稿并撰写部分篇章,付舒、范璐璐、简荣参与撰写部分篇章,研究助理秦悦、简箐参与课题研究资料收集梳理的工作。在课题研究的过程中,广州市社会科学院党组书记、院长张跃国多次给予指导,拓宽课题组的研究视野,校准研究方向,时任副院长、现任广州市社会主义学院院长蔡国萱,副院长尹涛以及多位领导、专家和同事在课题立项、评审、汇报过程中提供了许多宝贵的参考意见,在此一并致谢。

作　者

2018年11月30日

目　录

第一章　公共服务的理论基础与政策演进 …………… (1)
第一节　公共服务的理论基础 ……………………… (1)
一　公共服务概念内涵 …………………………………… (1)
二　西方公共服务理论演进 ……………………………… (3)
三　公共服务供给影响因素 ……………………………… (8)
四　公共服务评估 ………………………………………… (10)
第二节　公共服务政策演进及实践 ……………… (11)
一　计划经济时期(1949—1977)：公有制基础上的
　　公共服务体系 ………………………………………… (11)
二　改革开放初期(1978—2002)："以经济建设为
　　中心"下的公共服务改革 …………………………… (12)
三　科学发展观与构建和谐社会时期(2003—2012)：
　　确立公共服务的重要性与改革路径 ………………… (17)
四　新发展理念时期(2013年至今)：共享发展、
　　民生导向的服务型政府改革与健全基本公共
　　服务体系 ……………………………………………… (21)
第三节　公共服务发展趋势与广州公共服务的影响和
　　　　　挑战 ……………………………………………… (24)
一　我国公共服务发展趋势及其对广州公共服务
　　发展的影响 …………………………………………… (24)
二　当前广州公共服务发展面临的挑战 ………………… (26)

第二章 中国经济发展阶段与公共服务供给的判断 …… (31)
- 第一节 文献回顾与理论评述 …… (31)
- 第二节 人口视角下中国经济阶段分析 …… (33)
- 第三节 中国经济发展阶段与公共服务供给的关系 …… (35)

第三章 广州经济社会发展阶段分析 …… (38)
- 第一节 经济阶段分析 …… (38)
- 第二节 经济阶段与公共服务需求特点 …… (44)
  - 一 广州经济社会处于"后工业化富裕发展型"阶段 …… (44)
  - 二 收入分化与公共服务需求弹性 …… (48)

第四章 广州经济发展阶段与公共服务发展水平相关性分析 …… (56)
- 第一节 广州经济发展阶段与公共服务相适应的必要性 …… (56)
- 第二节 广州经济发展阶段与公共服务发展水平相关性实证检验 …… (61)
  - 一 广州经济发展阶段与公共服务发展水平测量 …… (61)
  - 二 广州经济发展阶段与公共服务发展水平相关性分析 …… (61)
- 第三节 广州经济发展阶段与公共服务发展水平主要结论 …… (62)
  - 一 随着经济发展,广州公共服务水平呈现不断上升趋势 …… (62)
  - 二 广州公共服务水平提升对经济发展有着显著的推动作用 …… (63)
  - 三 建设性公共投资与增加社会服务类公共服务并举 …… (63)

第五章　广州公共服务供给状况分析 …………………… (65)
第一节　广州公共服务供给种类分析 ………………… (65)
一　国家、广东省对公共服务种类的规定 ………… (65)
二　广州基本公共服务种类的特点 ………………… (66)
第二节　广州公共服务供给的财政数量分析 ………… (71)
一　公共服务供给财政投入总量分析 ……………… (71)
二　公共服务财政分项目支出比较分析 …………… (73)
第三节　广州公共服务供给质量分析 ………………… (94)
一　公共服务供给质量的重点分析 ………………… (94)
二　公共服务均等化产出质量评价 ………………… (108)

第六章　广州社会结构分化及其对公共服务供给的
　　　　　需求 ……………………………………………… (112)
第一节　阶层分化与公共产品供给的关系 …………… (112)
一　阶层分化与基本公共服务的差异性 …………… (113)
二　公共服务与社会分层、社会流动 ……………… (114)
第二节　广州社会阶层分化的特点 …………………… (115)
一　产业结构与中等收入群体 ……………………… (119)
二　尚未形成"橄榄型"社会结构 ………………… (121)
第三节　中等收入群体的兴起和公共服务需求 ……… (123)
一　广州中等收入群体的特征 ……………………… (123)
二　广州中等收入群体的社会功能 ………………… (128)
三　中等收入群体的公共服务需求 ………………… (129)
四　公共服务供给与中等收入群体的关系 ………… (133)
第四节　外来人口社会融入与公共服务需求 ………… (136)
一　外来人口现状分析 ……………………………… (136)
二　外来人口带来的社会治理风险 ………………… (142)
三　外来人口的公共服务需求 ……………………… (147)
第五节　扩大公共服务供给与缩小贫富差距 ………… (152)

  一 广州贫富分化现状与成因分析 …………………… (152)
  二 基本公共服务均等化与缩小贫富差距 …………… (156)

第七章 广州公共服务的社会评价 …………………… (157)
第一节 广州公共服务的整体评价 ………………………… (158)
  一 公共服务客观指标水平高于市民主观评价 …… (159)
  二 公共服务评价的比较 …………………………… (160)
  三 对民生类和健康安全类公共服务的关注 ……… (162)
第二节 广州公共服务评价的地区与人群分化 …… (163)
  一 公共产品、公共服务评价的行政区域分化 …… (164)
  二 公共服务供给的社区差异 ……………………… (166)
  三 收入分层与公共服务的需求 …………………… (168)
  四 小结 ……………………………………………… (172)

第八章 广州公共服务的需求类型 …………………… (174)
第一节 社会民生导向的公共服务需求分析 ………… (176)
  一 基本公共服务需求重点领域评估 ……………… (177)
  二 各区域公共服务需求的重点领域 ……………… (183)
  三 人口变迁对公共服务需求的影响 ……………… (187)
第二节 城市发展导向的公共服务需求分析 ………… (194)
  一 城市发展与公共服务需求之间的关系 ………… (195)
  二 广州城市发展定位对公共服务的需求 ………… (199)
第三节 公共服务需求新变化 ………………………… (201)
  一 区域发展的平衡化要求 ………………………… (202)
  二 人群供给的差异化要求 ………………………… (202)
  三 老龄服务的精细化要求 ………………………… (202)
  四 流动人口的市民化要求 ………………………… (202)
  五 城市建设的品质化要求 ………………………… (203)

第九章 广州公共服务的供给创新 …………………… (204)

第一节 加强政府和社会资本合作,拓宽公共服务资金融资渠道 ………………………………………… (204)
一 广州公共服务领域政府和社会资本合作状况 …… (205)
二 政府和社会资本有效合作的政策建议 ………… (212)

第二节 探索众包模式的公共服务供给,精准对接公共服务需求 ……………………………………………… (214)
一 众包模式的基本运行框架 …………………………… (215)
二 众包模式应用于公共服务供给的政策建议 …… (217)

第三节 应用"互联网+"公共服务供给,加速公共服务供给技术创新 …………………………………………… (218)
一 "互联网+"在公共服务领域中的应用 ………… (218)
二 "互联网+"公共服务供给的政策建议 ………… (222)

第四节 做好公共服务有效需求管理,识别公共服务需求新变化 ………………………………………………… (223)
一 把握城市公共服务需求的区域差异,促进区域均衡 ……………………………………………………… (223)
二 重视家庭小型化与流动人口家庭化迁移趋势,识别新需求 ………………………………………… (224)
三 关注不同社会群体需求,提高供给的针对性 …… (224)
四 以公共服务促进广州社会结构优化 …………… (225)

第五节 建立公共财政动态调整机制,提升公共服务供给效果 ……………………………………………… (225)
一 加大公共服务财政投入力度,优化公共服务供给结构 ……………………………………………… (225)
二 完善公共服务财政制度,提高公共服务财政支出效率与效果 …………………………………… (226)

主要参考文献 ……………………………………………………… (227)

第一章　公共服务的理论基础与政策演进

改革开放以来，经济的迅速发展和人民收入水平的快速提高极大地改善了民生。在完善初次分配仍然是提高人民生活水平的重要手段的同时，以增强公共服务供给为主的再分配也日益成为提高人民生活幸福感的重要途径。2002年以来，中共中央提出了一系列注重民生和社会发展的新理念和新思路，如"科学发展观""和谐社会""社会建设""社会治理""服务型政府建设""共享发展"等，中国进入了经济建设与社会建设并重的新时代，公共服务成了各级政府工作的重要组成部分。"建立健全公共服务体系"和"促进基本公共服务均等化"更是成为国家"十二五"和"十三五"规划中的重点。2017年，党的十九大进一步提出"增进民生福祉是发展的根本目的"，要"保证全体人民在共建共享发展中有更多获得感"。本章在回顾公共服务的相关理论和梳理我国公共服务发展脉络的基础上，提出广州市公共服务政策发展趋势和方向。

第一节　公共服务的理论基础

一　公共服务概念内涵

从经济学的角度，公共服务与公共产品有很大联系。萨缪尔森对公共产品的经典表述是：任何人对产品的消费都以不减少其他人的消费为前提，即具有非排他性、非竞争性。① 但公共服务又与公共产品不同，根据罗纳德的观点，将公共服务等同于公共产品过于片面，因为它没有考虑公共服务供给虽然是政府的职能，但不代表政府要生产公共服务。两者的区别主要有三个维度：一是概念的意义不同：公共产品旨在解决资源配置的有效性问题，公共服务则是为了解决公众利益的保障性问题，这决定了两个概念具有不同的分析起点。二是关注的层面不同：公共产品更多地关注工具层面，公共服务则更注重职能层面。三是影响的变量不同：公共产品更多地受现实条件的影响，而公共服务更多地受居民需求的影响。从二者的联系来看，公共服务与公共产品都具有非竞争性和非排他性特点，有学者认为二者具有替代关系，即"公共服务"和"公共产品"被认为是可以等同和互换的概念。② 而有学者则认为二者是包容关系，一种关系是公共服务的外延包容了公共产品，即公共服务可分为"公共产品"和"价值产品"；③ 另一种关系是把公共产品当成外延更大的概念，公共服务仅仅是诸多公共产品类型中的一种。④ 本书目的是从需求分析出发，探索公共产品、公共服务供给方向，因此，下面的分析将不会对公共产品、公共服务进行更为详细的区分，但主要使用公共服务来进行分析。

总体来说，"公共服务"是一个较为宽泛的概念，各国对公共服务的界定都不完全一致，不断演进的改革实践对公共服务的内涵也产生了很大影响。⑤ 有学者认为公共服务的核心是服

---

① 郑晓燕：《中国公共服务供给主体多元发展研究》，博士学位论文，华东师范大学，2010年。
② 柏良泽：《公共服务研究的逻辑和视角》，《中国人才》2007年第3期。
③ Riccardo Fiorito, Tryphon Kollintzas, "Public goods, merit goods, and the relation between private and government consumption", *European Economic Review*, 2004.
④ 许彬：《公共经济学导论——以公共产品为中心的一种研究》，黑龙江人民出版社2003年版。
⑤ 姚贱苟：《公共服务中的责任机制》，博士学位论文，中央民族大学，2014年。

务，服务是需要在满足过程中而形成的主体、客体和对象的关系，服务就是主体向对象提供客体的效用。① 从这个角度来讲，公共服务就是政府为满足社会公共需要而提供的服务，这是公共服务概念的边界。

我国对公共服务的界定从提出到现在，从中央到地方，在不同时期和不同层级，既存在差异，也存在一致性。以《国家基本公共服务体系"十二五"规划》《广东省基本公共服务均等化规划（2009—2020年）》《广州市基本公共服务均等化重点工作实施方案（2013—2016年）》三个代表不同层级的政府政策文件为例，虽然这三个文件都是针对"基本公共服务"的，对公共服务的供给主体、供给原则和供给价值的认识都存在一致性，即认为："公共服务是由政府主导提供的，与经济社会发展水平相适应的，旨在保障人民生存和发展需求的服务。"其不同之处在于对公共服务具体重点实施领域的划分，即哪些领域是最为基本和关键的，也是各个层级文件都达成共识的，主要包括公共教育、劳动保障和服务、医疗卫生、住房保障、生活保障、养老服务、残疾人服务、公共交通、文化体育和生态环境建设等领域。

综上，笔者认为，公共服务是以社会公众需求为导向，由政府主导提供的，旨在保护个人生存和发展权益，并促进社会公平的服务。

二 西方公共服务理论演进

西方公共服务理论的演进大体经过了四个阶段，分别是社会政策学派与公法研究阶段、公共经济学研究阶段、新公共管理研究阶段和新公共服务理论研究阶段。最早提出公共服务概念的学者是19世纪后半叶的德国社会政策学派和20世纪初期

---

① 于海燕：《新居民公共服务供给机制研究》，博士学位论文，吉林大学，2016年。

的法国公法学者；之后，随着公共经济学者于 1954 年明确提出"公共产品"定义，公共产品的研究成为经济学和财政学重要的概念；20 世纪 80 年代以来，公共行政学的研究受到公共经济学研究的重大影响，经济学分析方法成为公共行政学研究的重要方法，公共服务成为当代公共管理研究的重要内容。①

（一）社会政策学派与公法研究阶段：明确提出"公共服务"

19 世纪后半叶，德国社会政策学派的代表瓦格纳主张财政的社会政策作用，大大扩展了政府的职能范围，并初步提出"公共服务"的概念。他认为，政府除了具有维护市场经济正常运作的功能以外，还应当具有增强社会福利的作用。

早期国家理论认为，公法（主要指宪法和行政法）的主要作用在于明确界定和保护个人权利，以个人权利来制约国家的公共权力。因而，国家只负责履行主权方面的职能，如司法、警察、国防、税收等。后来，国家的使命逐渐扩大到教育、卫生、就业、城市规划、公共工程等各个方面。在此背景下，法国公法学者莱昂·狄骥于 1912 年明确提出"公共服务"的概念并将其作为现代公法制度的基本概念。莱昂·狄骥给出了公共服务的明确定义："公共服务就是指那些政府有义务实施的行为。任何因其与社会团结的实现和促进不可分割，而必须由政府来加以规范和控制的活动就是一项公共服务，只要它具有除非通过政府干预，否则便不能得到保障的特征。"②

（二）公共经济学研究阶段：明确提出"公共产品"

凯恩斯在《就业、利息和货币通论》一书中，改变了传统西方经济学对于政府职能的看法。他批判"供给自动创造需求"的观点和资本主义经济可以通过自由竞争而自动保持均衡的理论，旗帜鲜明地提出了政府干预论，强调通过政府干预"提高

---

① 唐铁汉、李军鹏：《公共服务的理论演变与发展过程》，《新视野》2005 年第 6 期。

② [法] 狄骥：《公法的变迁》，郑戈等译，中国法制出版社 2010 年版。

消费倾向和引诱投资",使有效需求与充分就业水平相适应。同时,他还提出了总量视角的宏观经济概念,对世界各国的经济实践产生了深远影响。①

凯恩斯之后,萨缪尔森于1954年在《公共支出的纯理论》一文中首次提出了"公共产品"的明确定义。他认为公共产品的特征是:"任何人消费这种物品不会导致他人对该物品消费的减少。"萨缪尔森认为:"市场经济中存在着不完全竞争、外部效应等生产或消费无效率的情况,必须通过政府干预,由政府提供公共产品以调节经济运行。因而,政府提供公共产品与公共服务具有提高市场效率、实现社会平等和稳定经济三个重要作用。"②

(三) 新公共管理研究阶段:"公共服务"成为公共管理的核心内容

1978年以来,公共管理研究发生了由传统公共行政范式向新公共管理研究范式的重大转变,公共服务成为公共行政与公共管理研究的核心内容。新公共管理改革的核心内容是公共服务的市场化,即打破政府单一供给的传统模式,引入市场的手段,探索多重公共服务供给方式,从而着力提高公共服务供给的效率、质量与满意程度。新公共管理的基本取向是将工商管理的理论、方法及技术引入公共部门中,强调顾客导向从而提高公共服务质量。这场改革运动使得传统的公共行政模式向新公共管理模式转变,政府的基本职责不再被看成是行使"行政权力"而被视为提供"公共服务"。由此,公共服务概念在政治学、行政学等学科中频繁使用,并成为政府职能的核心。

过往的理论多在公共行政框架内进行变革,新公共管理则

---

① [英] 约翰·梅纳德·凯恩斯:《就业、利息和货币通论》,高鸿业译,商务印书馆2005年版。
② [美] 保罗·A.萨缪尔森、威廉·D.诺德豪斯:《经济学(上)》,中国发展出版社1992年版。

强调不是对传统公共行政体制进行某种程度的局部调整，而是对官僚制公共行政模式的全面重塑。它虽然承认市场失灵需要政府活动的补充和改善，但更强调政府失败需要引入市场机制，避免单纯依靠政府进行公共事务管理的片面性。新公共管理以重塑政府与市场的关系为主线，强调调整政府与社会的关系，利用市场和社会力量，推行公共服务社会化，以顾客取向和服务对象为中心，在公共服务机构之间引进市场竞争机制，通过"顾客主权"形成的压力，迫使公共机构提高服务质量。①

新公共管理理论不再将公共管理活动仅仅看作是政府的行政管理职能，也不是仅仅将公共管理活动等同于公共部门的管理活动，而是将公共管理视作在公共产品与公共服务供给过程中由多元主体（包括公共部门、准公共部门及部分参与公共服务提供的私人部门）共同组成的复杂网络治理。这是新公共管理的最基本的特征。

新公共管理理论认为，政府应该发挥掌舵而非划桨的作用。政府可以通过民主程序设定社会的优先目标，同时又利用私人部门和非政府组织的力量来提供公共服务；政府不应当是高高在上的官僚机构，而应是负有责任的"公共企业管理人员"，社会公众是向政府提供税收的纳税人和享受政府服务的"顾客"，政府服务应以顾客为导向，增强对社会公众需要的回应力；公共部门管理应更加重视结果与产出而非工作过程与投入，明确规定公共机构应达到的公共服务目标，并对其最终工作结果进行绩效评估，对达到或超额完成预期目标的机构与人员进行奖励。

（四）新公共服务理论的兴起：实现基本的、均等的公共服务

在新公共管理视野下，政府供给公共服务过于强调经济、

---

① 黄新华：《从公共物品到公共服务——概念嬗变中学科研究视角的转变》，《学习论坛》2014年第12期。

效率与效益，忽视公共行政对公平正义的追求，引起了学者们的反思，其中罗伯特·登哈特夫妇提出了新公共服务理论。新公共服务的内涵主要包括："一、公共服务的服务核心在于'服务而非掌舵'，政府官员要帮助公民表达和满足它们的需求，努力保证公民利益的实现；二、将政府的角色重新定义为引导者、服务者和监督者，政府既要管理好行政运作，也应引导公共服务市场化进程；三、公共服务供给不片面强调效率，重在公平正义；四、强调民主机制，培育公民参与管理事物的能力。"①

由于新公共服务的兴起和公民公平正义意识的培养，公共服务体系越来越倾向于实现基本的、均等的公共服务，这是公共服务体系在价值导向和目标追求上的巨大转变。将基本公共服务均等化视为发展公共服务的关键，体现了权利均等、机会均等、结果均等、结构均等，这契合了我国服务型政府建设坚持以人为本、共享发展的价值理念。②

（五）公共服务理论演进的逻辑

公共服务相关理论的发展与市场经济的发展、社会公共需求的不断增长等背景紧密相关，经历了社会政策与公法研究、公共经济学研究、新公共管理研究和新公共服务理论研究等发展阶段。公共服务理论的演进，既是政府对不断增长的社会公共需求的回应，也是政府对提高公共服务供给效率和水平的不断探索。

新公共管理研究阶段强调引入市场机制，打破政府单一供给的局面，探索多元供给方式，提高公共服务供给效率。新公共服务理论则认为，公共服务的供给应当充分发挥公民的积极性，鼓励公民参与，凸显民主。

---

① 张同林、周莹、严春松：《现代城市公共服务问题研究》，上海社会科学院出版社2015年版。

② 姜晓萍主编：《建设服务型政府与完善地方公共服务体系》，中央编译出版社2015年版。

新公共管理理论不仅涉及公共部门管理途径的变革，还包含了一套源自市场经济和企业管理的价值观，即政府应该像企业那样管理。但是许多学者和实际工作者也对新公共管理提出了诸多质疑。比如，新公共管理倡导的市场模式价值观强调的分权与公共部门对协调的需要之间存在紧张关系；再如，民营化、企业化会逐渐腐蚀和破坏公平、正义等价值理念。①

在这样的背景下，新公共服务理论因其对公共服务价值观的重新界定而超越新公共管理理论，成为当前公共服务发展的重要流派。新公共服务理论认为新公共管理对市场的强调在实践中削减了政府的民主、公共取向，强调以公众为核心，服务公众并发挥社会的力量。这体现了公共服务从单纯强调效率到转向价值回归的趋势。

三 公共服务供给影响因素

影响公共服务供给的因素主要有以下几点。

（一）公共服务需求

新公共管理理论提出政府的职能应从管理转变为服务，以公众和社会的需求为导向，为中国建设服务型政府提供了行政学理论依据②，也为政府提供公共服务从"供给与需求"的角度提出了思路。由此，公众需求就成为影响公共服务供给的重要因素，政府需要保持对公共需求的关注，畅通公众表达公共需求的渠道，以更及时地回应公共需求，改进公共服务。

（二）政府理念

卢梭的社会契约论中的公共意志的主张为代表统治阶级行使公权力的政府将为民众提供公共服务作为责无旁贷的义务提

---

① 张菀洺：《服务型政府塑造——公共服务理论与中国实践》，《浙江社会科学》2008年第5期。
② 郑晓燕：《中国公共服务供给主体多元发展研究》，博士学位论文，华东师范大学，2010年。

供了理论上的论证。① 由于公共服务供给一般由政府主导，因此政府的理念对公共服务供给至关重要。政府重视公共服务的职能，就会不断完善公共服务供给方式，提高公共服务供给质量水平；如果政府忽视公共服务，社会需求得不到回应，社会矛盾就会凸显。此外，公共服务也是实现不同目标的手段，如果政府将公共服务看作促进社会公平的手段，就会注重公共服务的均等化；如果政府将公共服务看作吸引人才的舒适物，就会着力提供符合特定人群需要的公共服务，让人才"用脚投票"。

（三）政府财力

公共服务供给作为一项重要的财政支出，需要一定的政府财力做支撑，政府的财政能力是影响公共服务供给的重要因素。当政府财政紧缩，无法提供更高质量的公共服务时，就会导致公共服务供给水平较低；政府有一定的财政实力，就有能力提供更高质量的公共服务，进一步满足公众需求。值得注意的是，阿玛蒂亚·森基于能力的平等观提出政府通过教育、医疗等各种途径提高本国公民能力，既能提高公民的自由程度，同时也能促进经济效率的提高②，论证了公平与效率之间存在一致性，因此政府不能仅仅以政府财力紧张为由逃避公共服务的责任。一定的公共服务供给在一定程度上也能促进经济效率的提高，进而增加政府收入，促进经济效率提高和社会公平进步的良性循环。

（四）多元供给主体的发育

传统的公共行政理论认为，地方公共服务产品的生产与供给应该是统一的，政府有责任对公共服务进行全方位的提供。而以奥斯特罗姆等为代表的新公共管理学者认为应该对公共服务产品的供给和生产进行区分，在公共服务领域引入市场机制。

---

① 姚贱苟：《公共服务中的责任机制》，博士学位论文，中央民族大学，2014年。

② 艾丽：《中国公共服务均等化研究》，博士学位论文，武汉大学，2012年。

此后，新公共服务理论更强调民主权和政府的服务理念，并在此基础上主张通过政府、私人、非营利机构的合作为居民提供更好的公共服务产品。[①] 政府、市场和社会多元主体在公共服务供给上都存在各自的长处和短板，需要相互补充。当一个国家行政力量过强，抑制市场和社会力量的发育，公共服务供给就会较为明显地体现出计划性色彩；当一个国家市场和社会力量得到培育，政府就可以有更多的机会加强与不同主体的合作，提高公共服务供给效率和质量。

四 公共服务评估

公共服务作为社会政策，有其政策绩效，政府作为公共服务供给的主导者，需要对公共服务供给进行科学的评估，从而进一步优化其政策实践。

对公共服务绩效的评估可从多个角度展开，最常见的是从供需均衡、投入—产出和专业化程度的角度进行评价。首先，公共服务的供求均衡评估主要是对公共服务的供求进行衡量，一方面检验政府是否关注到公众需求，另一方面发现政府是否提供了不符合公众需求的公共服务造成资源浪费。虽然一直以来，经济领域被视作供给侧结构性改革的主战场，但事实上，不论是在经济领域还是在社会领域，供给侧结构性改革都十分必要。在社会领域进行供给侧结构性改革的根本目的是实现从供给的数量向质量的转型，以此达到改善供给结构、提升供给能力的效果，以更好地满足人民日益增长的物质文化需要。社会领域中的供给侧结构性改革是一项综合性的系统工程，而这其中，公共服务供给侧结构性改革必然是其中的重要一项。公共服务供给侧结构性改革不仅要减少无效供给，扩大有效供给，而且还要抓住需求变化的适应性和灵活性特点，提高供给结构

[①] 李军鹏：《新公共管理的行政理论创新》，《广东行政学院学报》2001年第13卷第1期，第30—37页。

对需求结构的适应性。其次，公共服务的投入—产出评估是对公共服务供给中的成本和收益的比较，以追求更高效的供给方式。最后，专业化程度评估是政府在与私人、社会组织合作时，对代理方进行公共服务供给能力的评估，一方面帮助政府更好地选择合作伙伴，另一方面帮助政府监督合作者在公共服务供给过程中保持专业化水准。

当前广州市形成了一套由政府、科研机构、媒体发挥主要作用的公共服务评估体系。政府、科研机构、媒体都通过各自的社会调查手段，了解民情民意，报告民众对公共服务的满意度，以衡量政府公共服务供给的质量和水平，有助于政府改进公共服务供给。

第二节 公共服务政策演进及实践

西方公共服务理论的演进逻辑与西方社会的发展历史紧密相关，中国的公共服务政策和实践演进则呈现出其独特性。中国公共服务政策及其体系的发展与改革主要沿着两条脉络展开：一是回应市场经济改革中社会公共需求的变化，二是行政管理体制改革下政府职能的转变。主要划分为四个阶段：计划经济时期、改革开放初期、科学发展观与构建和谐社会时期、新发展理念时期。广州市公共服务政策既在国家公共服务政策演进的框架内，呈现出与国家整体公共服务政策演进相似的特征；又在广州的探索创新中，表现出一定的特性。

一 计划经济时期（1949—1977）：公有制基础上的公共服务体系

在计划经济时期，由于生产力发展水平的限制和集体主义的社会主义建设思路，我国建立起相对简单、平均主义和国家包办（配给制）的公共服务体系，以适应当时的经济社会制度安排，以政府包揽、分级负责、平均分配为主，突出体现为计划经济特色的高度集中、统一计划。这个时期，市场力量被排除在外，社会的资源也没有动员起来，公共服务主要由国家包办。

同时，这一时期的公共服务体系建基于城乡二元结构，以城市"单位制福利"和农村"集体福利制度"为主体，呈现出城乡公共服务的二元供给体制，具体表现为："一方面，在城市采取'企业办社会'的公共服务供给模式。各种企事业单位同时具有生产经营和公共服务供给的双重功能，向所有职工免费提供诸如公费医疗、基础教育、住房分配等公共服务；另一方面，在农村实施以小学教育、集体养老和合作医疗为主体的'集体福利制度'，村集体经济成为农村公共服务的主要融资和供给主体，国家直接提供的资金和资源支持较少。"①

尽管受经济发展水平限制，计划经济时期的公共服务供给水平并不高，并且由于城乡二元体制，公共服务供给存在较大的城乡差异；但在公共服务资源相对匮乏的情况下，国家还是实现了公共服务的普遍可及，初步建立了新中国的公共服务体系，一定程度上为当时的民众提供了社会保障，也树立了党在人民群众中的威信，增强了新政府的合法性基础。

由于在计划经济体制下，中央对资源严格把控，地方政府主要按照中央的指令办事，自主发挥空间不大。广州市的公共服务供给在这一时期也是严格按照国家的要求执行，呈现出与上述国家公共服务供给特征高度一致的特征。

二　改革开放初期（1978—2002）："以经济建设为中心"下的公共服务改革

1978年，中共十一届三中全会确立了"以经济建设为中

---

① 郁建兴：《中国的公共服务体系：发展历程、社会政策与体制机制》，《学术月刊》2011年第3期。

心"的指导思想。在绩效考核和财政分成的激励下,各级政府将提高国内生产总值(GDP)作为中心任务,日益演变为"发展型政府",侧重追求经济增长,弱化社会建设和公共服务。这突出表现在,尽管改革开放后各级政府的公共服务支出总量呈上升趋势,但其相比于经济建设支出占总财政支出的比例严重偏低。这一时期,为适应经济体制改革和行政管理体制改革的双重需要,国家推动的公共服务改革具有二元化、社会化、市场化和地方化四个基本特征。①

"二元化"指城乡公共服务体系呈现出不同的发展局面。在农村,随着家庭联产承包责任制的全面推行,农村集体经济基本解体,以其为基础的传统公共服务体系相应瓦解。在城市,计划经济时期的公共服务体系则一直延续到20世纪90年代初。此后,随着经济体制改革特别是国企改革的深入推进,政府开始在城市探索建立新型的公共服务供给。

"社会化"指公共服务供给的社会化改革,主要体现在城市社会保障和社会福利服务领域。在社会保障方面,1992年,党的十四大提出建立与社会主义市场经济体制相适应的社会保障制度。社会保障制度改革的目标是从原来的"企业保险"转向"社会保险"(由个人、企业和政府按比例共同承担筹资责任),实现社会保险的社会化融资、社会化管理服务。在社会福利服务领域,民政部于20世纪80年代中后期提出了"社会福利社会办"的改革思路,希望通过社会组织的参与,解决传统模式下融资渠道单一、国家包办效率低下和服务质量差等问题。这一时期,社会组织逐步发展,但由于缺乏经验,社会化运作的福利服务发展相对滞后,主要局限于社会化的机构养老服务模式。

"市场化"即公共服务供给的市场化改革,主要集中于卫

---

① 郁建兴:《中国的公共服务体系:发展历程、社会政策与体制机制》,《学术月刊》2011年第3期。

生、教育和住房领域。在卫生和教育领域，政府逐步取消了计划经济时期的公费医疗和免费教育制度，公众必须支付一定费用才能享受相关公共服务；医疗机构和公立教育机构开始自主经营、自负盈亏。住房供给改革方面则实现了从福利分房向货币分房的过渡，确立了以商品化住房供给为主的住房供给体系，并初步建立起具有社会保障性质的住房公积金和经济适用房制度。总体而言，市场化改革后，公共服务的供给效率与质量大大提高了。但在20世纪90年代中后期，随着教育、卫生事业的产业化和商业化倾向不断凸显，相关服务的市场价格不断上涨，加上政府管制没跟上、财政投入不足，"上学难、上学贵""看病难、看病贵"等社会问题日益突出。

"地方化"即公共服务供给责任的地方化。它是公共服务体系改革的又一重要特征，甚至决定性地影响了这一时期公共服务供给的总体状态。1994年，中央政府推动了以财政中央集权为目标的分税制改革。分税制界定了中央与地方的财权，但并没有合理划分相应的事权，支出与收入不匹配。中央政府的财政收入超过了总财政收入的50%，支出责任上地方政府却承担近70%的支出。由于公共服务采取"属地化"供给，支出由地方财政承担。财政收入中央集权化与公共服务供给地方化之间的矛盾，导致地方政府形成"倒逼型"制度、预算外支出，以及"乱收费"的问题。在经济发达地区，由于地方财力相对丰厚，往往能够提供相对充足和水平较高的公共服务；而在经济相对落后的地区，由于政府财力不足，无法提供充足的公共服务供给，造成了比较显著的公共服务供给的区域性差距。

地处改革开放前沿的广州，这一时期的公共服务供给又可以划分为两个子阶段：一是1978—1994年，经济体制改革的优先性使政府较为忽略公共服务供给，同时旧的公共服务体系开始瓦解；二是1995—2002年，在旧有社会保障体系瓦解的基础上，政府开始着手在城市建立新型社会保障制度。① 在第二个子阶段中，广州市由于在改革开放下获得更大的自主空间，并在经济的迅速发展中积累了一定的资金，开始率先重视民生保障，增加公共服务上的投入，呈现出更多的公共服务供给特征。具体来说，广州市这一时期在公共服务供给上表现出三个特征：一是公共服务部分领域有改革突破但公共服务的整体概念尚未形成，二是发挥华人华侨和港澳同胞等社会力量促进公共服务供给，三是公共服务的公平价值日益凸显。

在公共教育领域，广州市根据1986年颁布的《中华人民共和国义务教育法》普及义务教育，彼时地方政府承担义务教育主要的筹资和供给责任。广州市通过建立教育基金会（1989），发挥华侨和港澳同胞的资源优势，财政拨款加群众集资，并鼓励发展民办学校，增加了对教育服务的供给

在就业保障和服务领域，20世纪80年代，随着计划经济体制的改革，统包分配的劳动就业制度被打破，广州市全面推行劳动合同制，建立起市场导向的就业制度。这一时期，也开始产生大量劳动争议案件，广州市通过颁布劳动争议仲裁办法和成立劳动争议调解委员会等措施，调解劳动关系。1993年劳动部印发《企业最低工资规定》，广州市开始相应地制定企业最低职工工资标准，打破之前片面强调工资与企业绩效挂钩的效率为先原则，标志着政府开始重新重视劳动就业中的公平问题。90年代中后期，大量职工下岗带来失业生活水平下降、再就业困难等问题，推动政府开始完善劳动保障服务，健全了企业职工最低工资标准、下岗职工基本生活保障、失业保险金、最低养老金保障等保障制度，并建立由劳动保障行政部门（代表政府）、工会组织（代表劳动者）和企业代表组织组成的协调劳动关系三方会议制度。

---

① Tony Saich, *Providing Public Goods in Transitional China*, Pal-grave MacMillan, 2008.

在医疗卫生方面，广州市注重提升农村的医疗卫生条件，在20世纪90年代末就以"2000年人人享有卫生保健"为目标，发展农村初级卫生保健和社区卫生服务，农村的"一无三配套"（无危房，房屋、设备、人员配套）建设取得明显进展，社区卫生服务基本达到一街一站。同时，政府还注重疾病防控，如注重儿童免疫计划，预防艾滋、登革热、肺结核等传染病发生等。

在养老保障和服务方面，广州市在1988年市区人口年龄构成就开始从成年型进入老年型，养老保障和服务也相应地有所发展，主要分为养老保险改革和养老机构建设两个方面。在养老保险改革方面，可分为三个阶段：第一阶段从1984年到1992年，依次施行了劳动合同制职工养老保险，临时工养老保险，固定职工个人缴纳少量退休养老保险费等，单项推进；第二阶段从1993年到1997年，开始实施社会养老保险由国家、企业、个人三方共同负担的新制度，职工养老金由基础养老金和附加养老金两部分组成，成立广州市社会保险管理局（1996），1997年根据国务院颁布的《国务院关于建立统一的企业职工基本养老保险制度的决定》使广州市养老保险制度向全国统一制度过渡，新型养老保险制度基本建立；第三阶段从1998年至今，扩大养老保险的覆盖面，不断调整养老保险的缴费比例，针对农转居人员改革农村社会养老保险等。在养老服务方面，广州市经历了从政府单一供给到多元供给的发展。20世纪末，主要是政府建设养老院；2001年开始实施社区老年福利服务"星光计划"，由社区居委会管理，标志着养老服务开始社会化；此后，政府通过购买居家养老服务推进养老服务的社会供给。

在最低生活保障方面，广州市实施最低生活保障制度是先于全国的。1995年广州市实施城镇居民最低生活保障线制度，1997年实施农村村民最低生活保障线，这先于国家在1999年颁布的《城市居民最低生活保障条例》和2007年实行的农村最低生活保障制度。

在住房保障方面，20世纪90年代的住房商品化改革虽然提高了住房供给的效率和质量，但也带来房价的过快上涨，普通居民难以负担。80年代以来，广州政府就开始帮扶住房困难户，致力于解决人均2平方米以下住房困难户，建解困房。1993年又开始着手解决人均居住面积5平方米以下的住房困难问题。1998年广州市首次推出了200套廉租房，进一步完善了广州市多层次的住房供应体系。

在改革开放初期，政府提倡率先发展经济，虽然一定程度上弱化了公共服务，但也为后期加强公共服务供给积累了财力。随着计划经济时期公共服务供给体系的瓦解和市场经济运作下民生问题的日益突出，政府开始重新重视公共服务供给，并着手在公共服务的不同领域探索和推进，虽然这些尚未形成一个系统的公共服务体系，但也为日后公共服务体系的建立打下了基础。同时，政府在资源有限的条件下，注重发挥华人华侨、港澳同胞和普通群众等社会力量，共同促进公共服务供给。政府在普及义务教育、提高农村卫生条件、为下岗群众提供就业服务等方面的表现也体现出了政府公共服务供给的公平价值观，这也为日后基本公共服务均等化奠定了基础。

三 科学发展观与构建和谐社会时期（2003—2012）：确立公共服务的重要性与改革路径

随着"科学发展观"与"构建和谐社会"目标的提出，中国进入了经济建设与社会建设并重的新时代，公共服务的重要性日益凸显，成为各级政府工作的重要组成部分。2002年党的十六大报告首次明确了政府具有"公共服务"的职能，并突出强调要强化"社会管理"和"公共服务"职能。2005年"建设服务型政府"成为行政管理体制改革的目标，创新政府管理和服务方式，扩大公众参与，构建覆盖全民的公共服务体系，建设廉洁、公正、透明、责任政府，全面增强公共服务能力，有效回应公共服务需求，为人民群众提供良好的公共服务。[①] 2006年"两会"将"基本公共服务均等化"纳入政府工作日程。基本公共服务均等化旨在实现三个方面或意义上的均等：第一，全体公民享有基本公共服务的机会应该均等；第二，全体公民享有基本公共服务的结果应该大体相等；第三，在提供大体均等的基本公共服务的过程中，尊重社会成员的自由选择权。[②] 2007年，党的十七大突出强调"加快推进以改善民生为重点的社会建设"。2010年10月，中共十七届五中全会通过《中共中央关于制定国民经济和社会发展第十二个五年规划的建议》，对"加强社会建设，建立健全基本公共服务体系"进行了专题论述，其中要求着力保障和改善民生，逐步完善符合国情、比较完整、覆盖城乡、可持续的基本公共服务体系，提高政府保障能力，推进基本公共服务均等化，加强社会管理能力建设，创新社会管理机制，切实维护社会和谐稳定。2012年7月，我国首部《国家基本公共服务体系规划》出台，具体界定了我国基本公共服务的服务范围、服务对象、保障标准、支出责任和覆盖水平，明确了政府承担基本公共服务的责任；并提出通过完善财政转移支付制度保障公共服务的资金。至此，我国政府确立了"以民生为导向、以公平为核心"的基本公共服务价值观。

在国家日益把过往分散的公共服务内容整合成公共服务整体体系的同时，广州市的政府职能和城市发展规划中，公共服务成为一项重要内容，涵盖教育、医疗、卫生、社会保障、社会服务等各领域，"民生"成为一个关键议题，公共服务支出也成为公共财政的一项重要组成部分。广州高度重视以保障和改

[①] 郁建兴：《当代中国社会建设的基本经验与未来》，光明日报 - 光明网（http://epaper.gmw.cn/gmrb/html/2012 - 04/18/nw.D110000gmrb_ 20120418_ 1 - 11.htm? div = -1）。

[②] 常修泽：《基本公共服务均等化的主要内容》，理论频道 - 南方网（http://theory.southcn.com/dangjian/wzck/200701310095.htm）。

善民生为重点的社会建设，2006年制定和实施了《关于切实解决涉及人民群众切身利益若干问题的决定》，提出"富民优先、民生为重"的施政理念，将民生放在一个前所未有的高度。在这一理念的指导下，出台了一系列具体的惠民措施，将民生落到实处，如2007年"惠民66条"，到2008年增加了"补充17条"等。①

同时，广州市的公共服务也得到进一步发展，服务范围不断扩大，供给水平逐渐提高。

在公共教育方面，2003年之后，随着中央对教育领域投入加大和免费义务教育政策的颁布，广州市也逐渐实现了农村免费义务教育（2006年）和城乡免费义务教育（2008年）。在发展义务教育的基础上，广州市注重提升教育质量。自2000年开始，通过普及高中教育、开展教师资格认定、教育信息化、创建广东省教育强市等措施，推动教育发展逐步从满足型转向优质型。2004年开始，广州市开始重视进城务工人员子女教育问题，开展流动人口子女接受义务教育专项调研，改善接收进城务工农民子女为主的义务教育阶段民办学校以及接收进城务工农民子女占一定比重的义务教育阶段公办学校的办学条件，实施异地高考和中考政策等帮助这一群体接受教育。在协调区际教育发展方面，2009年广州市通过"百校扶百校"计划，确定越秀、海珠、荔湾、天河、黄埔、番禺等区依次对口帮扶花都、增城、从化、白云、萝岗、南沙等区，协调区际教育发展不平衡问题。

在就业服务方面，广州市不断完善劳动保障与就业服务制度，通过建设劳动力市场，提供就业培训，重点帮扶就业困难群体、高校毕业生和农村劳动力就业，鼓励创业等措施，推动就业服务向制度化、专业化和社会化方向推进。

在医疗卫生方面，广州市在2003年"非典"之后推进突发

---

① 《中共广州市委广州市人民政府关于切实解决涉及人民群众切身利益若干问题的补充意见》（http://www.gzmed.gov.cn/rhin_gzmed/sy/zcwj/5092.html）。

公共卫生事件应急工作机制建设。2003年广州市全面启动建立新型农村合作医疗制度工作，并于2007年建立城镇居民医疗保险制度。在促进城乡卫生服务均等化方面，由社区卫生服务中心、镇卫生院同步实施相同的基本公共卫生服务项目和相同的基本公共卫生服务经费补助标准（2009），并通过一些公共卫生服务项目，为贫困患者免费手术、体检或减免医疗费等。

在最低生活保障方面，2004年，广州市建立起基本养老、失业、医疗、工伤、生育保险五险齐全的社会保险制度，以及企业职工最低工资标准、下岗职工基本生活费、失业人员失业保险金、退休人员最低养老金和城乡居民最低生活保障相互衔接的五条线。建立了比较完善的社会安全网，并在此基础上不断完善。同时，政府也鼓励慈善事业的发展，加强救助力量，广州市的公益慈善组织也迅速发展。

在住房保障方面，广州市于2003年起草《广州市城镇最低收入家庭住房保障办法》，先于中央2007年出台的《关于解决城市低收入家庭住房困难的若干意见》。2007年，随着中央提出建立健全以廉租房和经济适用房为主体的保障性住房体系，广州市也在保障性住房的公共服务提供方面迈出重要一步，制定了《广州市城市廉租住房保障制度实施办法》和《广州市经济适用住房制度实施办法》，大幅提高住房保障范围，简化资格审核程序，根据保障对象的困难程度分层次给予保障，建立评分轮候制度，完善廉租房动态审核退出机制，建立廉租房资金保障机制。2009年广州市出台《广州市保障性住房土地储备办法》，在全国首创保障性用地单独储备机制。

在残疾人服务方面，一是建设无障碍设施，2002年初步形成覆盖全市主要道路和公共场所的无障碍设施网络，广州市被确定为"全国无障碍设施建设示范城"。二是发展残疾人教育，在增设残疾人学校的同时，2004年广州市规定残疾儿童接受义务教育免收学杂费，保障残疾人公平接受教育。三是对残疾人的劳动权益和生活保障，2005年广州市制定《广州市农村残疾人参加合作医疗缴费补助和康复救助办法》，将残疾人康复纳入新型农村合作医疗工作；农村助残安居工程和城镇双特困户租赁住房补贴制度，解决城镇和农村贫困残疾人"住房难"问题。

在社区服务方面，政府通过购买公共服务的形式提供社区服务。2009年广州市推进社区综合服务中心建设，确定在全市20个街道组织开展社区综合服务中心建设试点工作，广州市政府购买服务涵盖居家养老、社区救助、残障康复、社区矫正、社区戒毒等。通过培养专业化社工人才，建立社工职业资格认证制度，推动社区服务向社会化、专业化方向转变。在购买公共服务的发展中，广州是走在全国前列的，不仅财政投入居首位，公共服务机构数量、专业人才数量也居首位。

可见，这一时期，随着经济水平的进一步发展、民生需求的进一步凸显，政府对社会服务职能的进一步强调，广州市的公共服务供给产生了质的提升。一是基础公共服务体系的形成和覆盖面的推广，如五险齐全的社会保险体系的形成和义务教育完成普及等。二是在完成广覆盖的基础上不断提高质量，如实现教育信息化、政府购买专业社区服务等。三是更加重视基本公共服务均等化，如促进区际教育资源均等化，重视外来人员子女教育问题等。四是进一步培育社会力量，公共服务供给主体表现出多元化的特征，如社会工作专业队伍的发展、公益慈善组织的成长等。这些现象都体现了广州市公共服务供给改革更加深化，政府更加正面、深入地回应社会需求，并通过培养专业化的社会力量提高公共服务供给质量。

四 新发展理念时期（2013年至今）：共享发展、民生导向的服务型政府改革与健全基本公共服务体系

党的十八大以来，面对国内外复杂的形势，党和国家坚持"以人为本"，提出"创新、协调、绿色、开放、共享"的新理念。其中,"共享"注重的是解决社会公平正义问题,着力让广大人民群众共享改革发展成果。其中,一个十分突出的方面,就是通过基本公共服务均等化缩小城乡差距。

2013年,十八届三中全会《中共中央关于全面深化改革若干重大问题的决定》直面"城乡二元"问题,指出"城乡二元结构是制约城乡发展一体化的主要障碍。必须健全体制机制,形成以工促农、以城带乡、工农互惠、城乡一体的新型工农城乡关系,让广大农民平等参与现代化进程、共同分享现代化成果",要"推进城乡要素平等交换和公共资源均衡配置","统筹城乡基础设施建设和社区建设,推进城乡基本公共服务均等化"。2014年3月,《国家新型城镇化规划（2014—2020年）》发布,明确提出:"新型城镇化的核心是'人的城镇化',本质是农业转移人口的市民化,要求在推进新型城镇化的过程中,始终坚持以人为本,把促进农业转移人口就业、完善社会保障、提高基本公共服务水平摆在更加突出的位置,提出一系列政策措施来保障农民工在子女教育、就业机会、居住环境、收入增长和权益保护等多方面享受到同等的公共服务。"

除了致力于缩小城乡差距,中国政府还意在通过构建社会政策体系,改革公共财政体制和创新公共服务供给机制,实现公共服务投入向欠发达地区倾斜,向弱势群体倾斜;从而缩小城乡间、区域间和群体间的公共服务差距,提高基本公共服务的普遍性、可及性、公平性和均等化水平。

在这一时期,广州市公共服务的"公平"的价值更为突出,缩小城乡、区域、人群等方面的差距成为公共服务均等化的重要内容。《广州市基本公共服务均等化重点工作实施方案（2013—2016年）》《广州市人口发展和基本公共服务体系建设第十三个五年规划（2016—2020年）》等文件相继出台,进一步强调和重视基本公共服务均等化,突出表现在教育、医疗卫生、社会保障等方面。同时,稳步推进公共服务供给范围从城市户籍人口向城市常住居民扩大，2013年广州市在全国省会城市率先成立来穗人员服务管理机构（来穗人员服务管理局），建设来穗人员综合管理信息系统，为来穗人员公共服务提供数据支持，推动外来务工人员积分入户、子女入学、就业、住房保障、社会保障、计划生育等服务发展。

同时，广州市也在不断探索创新公共服务供给方式，在一些方面走在前列，并上升为国家经验。例如，2014年，为规范公共服务事项，健全公共服务机制，创新公共服务模式，提高公共服务效率，优化公共服务环境，按照市政府的部署，广州市法制办根据有关法律、法规、规章的规定对市政府各部门实施的"公共服务事项"进行了清理，并拟定了《市政府各部门实施公共服务事项目录》，列明广州市政府以及近30个政府部门实施的公共服务事项共158项。[1] 2017年，国务院《"十三五"推进公共服务均等化规划》提出建立公共服务清单制度，并公布《"十三五"国家基本公共服务清单》，要求省级人民政府强化主体责任，以中央规划为指导，结合本省实际制定具体规划；市县级人民政府负责落实中央和省确定的基本公共服务清单，保证清单项目落实到位。[2] 公共服务清单制明确了各级政府公共服务的具体职责，便于政府执行落实，也便于对政府的公共服务进行评估，提高了公共服务的供给效率。这一制度被中央在全国推广，提高公共服务的效率和权力分工。这体现了广州市公共服务的创新探索对国家公共服务发展的推动作用。

此外，广州市还结合新的政策形势和社会发展趋势，不断调整公共服务供给。面临人口老龄化不断加深的趋势，广州市更加重视养老保障和服务的完善，大力增加对这一领域的投入。

---

[1] 《广州公布首批公共服务事项"权力清单"》，南方快报－南方网（http://kb.southcn.com/content/2014-11/03/content_ 111433955.htm）。

[2] 《国务院关于印发"十三五"推进基本公共服务均等化规划的通知》，新华网（http://news.xinhuanet.com/politics/2017-03/01/c_ 1120551990.htm）。

2017年《广州市财政改革与发展第十三个五年规划》中，将老年事业发展经费纳入财政预算，建立与人口老龄化和养老服务发展需求相适应的财政投入增长机制，确保市、区两级50%以上的福彩公益金用于社会养老服务体系建设。"全面二孩"政策出台后，广州在2017年《广州市财政改革与发展第十三个五年规划》中提到：要增加儿科医疗资源，"积极应对全面'二孩'政策，对开设儿科的医疗机构和儿科人才引进给予补助，继续实施出生缺陷综合防控工程，继续投入实施母婴安康计划，提高出生人口素质"，以及发展学前教育等。这些例子都体现了广州的公共服务供给能与时俱进，不断更新。

第三节　公共服务发展趋势与广州公共服务的影响和挑战

一　我国公共服务发展趋势及其对广州公共服务发展的影响

通过对我国公共服务政策演进的梳理，可以发现，当前我国公共服务发展主要有几大趋势。

一是政府公共服务的职能越来越重要。政府正在转变思路，不再片面强调管理职能和经济职能，而越来越强调以民为本，为人民服务，注重发挥好公共服务的职能。

二是公共服务供给中多元主体的参与。随着市场化改革和社会力量的发展，市场更加具有活力，社会组织蓬勃兴起，政府开始探索如何充分发挥市场和社会中多元主体的力量，共同促进公共服务的发展。

三是我国的公共服务强调公平、均等的原则。由于改革开放初期政府忽视公共服务导致了种种社会矛盾，政府开始重新重视基本公共服务供给，并强调城乡、区域、群体间的均衡发展。

四是我国的公共服务逐渐发展成为一个整体概念。从最初单纯强调教育、医疗、就业等社会保障、民生，到现在的公共服务规划，公共服务正逐渐形成一个体系。公共服务清单制的出台，也进一步明确了公共服务范围和职责，有利于提高公共服务供给效率。

五是中央和地方针对公共服务进行机构和财政上的改革。市场化改革初期的自主经营和财政分权制约了公共服务的发展，为了释放公共服务发展的活力，从中央到地方针对不适应公共服务发展的机构和财政关系进行调整。

六是中央和地方在公共服务供给的发展上越来越能相互促进。中央出台的一系列公共服务制度和规划引导地方落实，地方对公共服务的一些有益探索可以被国家推广到全国其他省市。

改革开放初期，广州市公共服务各领域发展不平衡，尚未形成公共服务的整体概念。随着近年来公共服务的发展，这些发展趋势对广州市改革开放后的公共服务发展的影响主要体现为：一是政府越来越重视民生，理念上强调民生，政策上落实民生；二是形成公共服务的整体概念，将教育、就业、住房、医疗、养老等多个领域纳入公共服务的范畴，统筹规划，并形成具体的公共服务职责清单；三是尝试政社合作，通过政府购买服务等方式提高公共服务供给水平；四是推进公共服务均等化，重视城乡、区域（如老城区和新城区）和群体（如来穗群体、夹心阶层等）间公共服务获得的公平。

同时，广州市公共服务的不同细分领域呈现出不同的发展特征。在公共教育领域，广州市公共教育的发展，以中央推动的义务教育为起点，发动社会力量集资提供教育，注重提升教育质量，推动城乡、群体和区际教育发展公平，并确立了教育优先发展的公共服务原则。

在劳动保障与服务领域，广州市的政府力量对这一领域的公共服务供给经历了一个从退出到重新介入、从注重效率到注重公平、从平均主义到重点帮扶困难群体的变化过程；在确立市场配置的前提下,政府不断健全劳动保障制度,并开始与社会力量合作协调劳动关系等,推动多元服务主体在这一领域中的服务供给定位。

在医疗卫生领域,基层卫生服务建设始终是重点,这成为广州市政府配置医疗资源的主要方向;医疗保险改革随着"看病难、看病贵"问题的凸显而越发重要,但主要是受中央政策的推进;随着新的健康问题的出现,广州市政府也在积极应对,推动慢性病防治。

在养老保障与服务领域,广州市养老保险的改革也主要受上级政策的影响,逐步建立和完善新型养老保险制度,养老服务供给逐渐多元化;但面对快速的老龄化,广州市目前仍然面临着养老服务供给不足的问题,广州市政府在"十三五"规划中明确提出要进一步加大养老设施的供给力度,建立相应的财政保障机制。在最低生活保障和救助方面,建立了"五险齐全"的社会安全网,同时发挥社会力量进行救助。

在保障性住房领域,广州市对低收入群体的住房保障服务一直是领先全国的,但住房问题形势依然严峻,大量夹心阶层、外来务工人员等依然难以购买住房,这一领域的公共服务供给任重道远。

在残疾人服务领域,广州市政府主要致力于保障残疾人教育、就业和生活方面的基本权利。在计划生育作为一项基本国策的前提下,广州市对人口计生工作始终抓得比较严,实行计划生育一票否决制,连续15年完成省下达的人口计划指标;除了控制人口数量,计生还致力于治理出生人口性别比和出生缺陷干预等;随着2010年以来二孩的逐渐放开,人口计生工作的重要性逐渐减弱。在促进外来人口公共服务享受方面,广州市才刚刚起步,均等化程度还有待提高

二 当前广州公共服务发展面临的挑战

20世纪70年代末、80年代初,邓小平在规划中国经济社

会发展蓝图时提出"小康社会"的战略构想。党的十八大报告明确提出了"全面建成小康社会"。其中,"社会建设"是一个重要的组成部分,主要包括:"现代国民教育体系更加完善,终身教育体系基本形成,全民受教育程度和创新人才培养水平明显提高。社会就业更加充分。覆盖城乡居民的社会保障体系基本建立,人人享有基本生活保障。合理有序的收入分配格局基本形成,中等收入者占多数,绝对贫困现象基本消除。人人享有基本医疗卫生服务。社会管理体系更加健全。"推进公共服务是全面建成小康社会的必要途径,也是实现政府对人民承诺的必要途径。当前正值全面建成小康社会的决胜期,在结束不久的党的十九大报告中,习近平总书记强调"我国社会主要矛盾已经转化为人民日益增长的美好生活需要和不平衡不充分的发展之间的矛盾"。因此,着力解决公共服务供需中的矛盾是全面建成小康社会的必然要求。当前,广州市公共服务的进一步发展主要面临以下挑战。

一是需要更加重视人民日益增长的美好生活需要。党的十九大提出"坚持在发展中保障和改善民生,增进民生福祉是发展的根本目的"。关心"民生"和"民声",要充分发挥政府、科研机构和媒体的社情民意调研作用,做好公共服务需求评估,畅通公共需求表达机制。政府需要对公众需求做到更加及时、迅速的响应,构建更加完善的社会服务供给体系,真正做到"幼有所育、学有所教、病有所医、老有所养、住有所居、弱有所扶"。

二是需要正视不平衡不充分的发展现实,进一步落实公共服务均等化的原则,缩小区域和群体差距。虽然广州市在推进基本公共服务均等化方面有所建树,但现实仍然严峻,区域差距和群体差距仍然明显。广州需要继续着力推进城乡资源均等化、区际资源均等化,促进外来务工人员的社会融合。

三是需要进一步探索多元主体如何有序、高效地合作提供公共服务。广州市在政社合作方面走在全国前列，积累了一定经验，但也面临诸如评估标准、激励机制、合作模式等问题，需要政府进一步探索如何引导多元主体共同参与，提高公共服务的质量和供给效率。

四是需要协调公共服务各领域。当公共服务形成一个体系，既要做到有重点地发展，也要做到各领域协调发展。一方面，需要政府对社会民生现状有充分的了解，关心民众当前最迫切的需求，更加精准有效地增加供给，同时也要做好财政的合理分配；另一方面，需要各有关部门加强配合，明确职责，提高效率。广州市政府需要加强顶层设计，做好统筹工作。

五是立足于广州发展的实际情况，提高公共服务供给水平。中央制定的公共服务规划往往是针对全国整体国情而言的，广州市作为经济发展水平位居前列的城市，在公共服务产出方面已经达到国家标准，但应根据广州经济发展的情况，制定更高的标准，发挥带头作用，树立地方典型，为公共服务发展提供更多有益探索经验。

六是创新利用科技成果，促进公共服务发展。互联网技术、人工智能等科技成果不断涌现，将这些科技成果应用于公共服务供给，将促进公共服务供给的创新，提升公共服务供给效率和水平。

七是关注人口与社会发展带来的新问题，加强相应的公共服务供给。例如，随着广州市老龄化日益加重，需要进一步加强养老、医疗等相关领域的公共服务；面临新的"全面二孩"政策，需要加强关于妇幼、医疗卫生、学前教育等相关公共服务的供给。同时，广州市应更加重视对公共需求的预判，提前做好公共服务供给准备。例如，广州市当前面临着加速老龄化的现象，截至2016年底，广州市60周岁以上的老年人口有154.6万，其中16%是80周岁以上高龄老年人，老年人口占户籍人口的比重达到17.8%，预计今后一段时期还将以每年5%

的速度快速增长，2020年60周岁以上的老年人口将达到185万人。① 在加速的老龄化形势下，广州市的养老服务并没有及早做好准备，无论是公立还是私立养老机构，都存在床位不足、人员短缺和专业素养不够的情况；社区养老虽然已经起步，但利用率并不高，如很多"星光老年之家"缺乏人气。事实上早在1988年，市区人口年龄构成就开始从成年型进入老年型。如果广州市能提前正视老龄化问题，参考人口学家等的建议，未雨绸缪，也许可以一定程度上缓解当前养老资源紧缺的问题。

八是注重公共服务供给单位的多元化。当前，广州市乃至全国公共服务的供给主要都是以个人和社区为单位的，虽然涵盖了一个人从出生到死亡的各个阶段，努力做到"学有所教，劳有所得，老有所养，病有所医，住有所居，残有所助"，也促进了社区服务的发展，但如果可以丰富公共服务供给单位，如增加以家庭为单位的公共服务供给，那么很多公共服务问题可能可以在一定程度上得到有效解决。以养老问题为例，目前我国城市单人家庭比例上升，核心家庭中夫妇核心家庭上升，直系家庭中三代直系家庭下降，这与长期实行的计划生育政策和人口流动有关。在这一背景下，家庭养老资源进一步萎缩，对养老服务提出挑战。② 从这一角度看，养老服务不能单纯从单个的老年人入手，而应具体到每个正在老龄化的家庭，在传统家庭养老方式的变迁下，对新的养老服务供给方式进行探索。

九是立足于广州建设"国家重要中心城市"和"全球城市"的重要背景，不断完善国际化公共服务。随着广州市开放水平的进一步提升，广州市建设国际化大都市的定位也越来越清晰，大量海外人士来穗参加经济活动，大型的国际项目也在穗举办。

---

① 《广州老龄化形势日益严峻 预计2020年老年人口将达185万》，凤凰资讯（http://news.ifeng.com/a/20170608/51215556_0.shtml）。

② 王跃生：《当代中国城乡家庭结构变动比较》，《社会》2006年第3期，第118—136、208页。

与此相对应的，是大量新国际移民的到来。而对国际移民的公共服务供给，在广州市公共服务体系中是基本缺乏的。对国际移民的公共服务供给需要解决几个问题：其一，需要通过优质的公共服务供给吸引和留住国际高端人才；其二，对目前已经来穗的外籍常住人口需要相应的数据支持了解其对公共服务的需求；其三，要处理好本地户籍人口、非本地户籍人口和外籍常住人口三大群体之间公共服务资源分配的问题。

本书接下来的部分，将在分析广州市公共服务供给现状的基础上，进一步分析广州市公共服务的社会需求，提出广州市创新公共服务供给的途径，回应新时代广州公共服务发展面临的新要求。

第二章　中国经济发展阶段与公共服务供给的判断

2016年蔡昉在《认识中国经济减速的供给侧视角》一文中提出：20世纪70年代末我国开始实施改革开放政策，在过去30多年时间里我国经济实现了高速发展，1978—2016年我国GDP平均增长率约为9.6%。尽管在此期间，我国经济发展出现数次波动，增长率出现过较低的情况，但是整体上而言我国经济的高速发展是史无前例的。一直以来我国都强调经济增长率不低于8%的目标，即"保八"。而2012年开始我国经济增长率显著放缓，2012—2017年6年间经济增长率分别为7.65%、7.67%、7.40%、6.90%、6.70%、6.90%，持续下降并低于8%的目标。

第一节　文献回顾与理论评述

蔡昉指出：众多学者从不同理论视角剖析我国经济增长减速的现象。从国外学者的研究来看，较具代表性的学者有普利切特、萨默斯[1]、巴罗[2]、艾肯格林及其合作者[3]等。其中，普

---

[1] Pritchett, L. & L. H. Summers, "Asiaphoria meets regression to the mean", *NBER Working Paper*, 2014.

[2] Barro, R, J., "Economic growth and convergence, applied especially to China", *NBER Working Paper*, 2016.

[3] Eichengreen, B., D. Park & K. Shin, "When fast growing economies slow down: International evidence and implications for China", *NBER Working Paper*, 2011.

利切特、萨默斯提出"回归均值"解释，即任何超过平均水平的增长速度均属异常值，最终都将回归到世界经济增长率的平均水平。这一解释的分析基础是基于著名的"高尔顿谬误"（Galton's Fallacy）（扩展家庭成员的平均身高不可能一直显著高于或是低于总体人口平均水平，而是倾向于回归到总体人口平均水平），基于这一分析逻辑，经济增长最终也将回归到世界经济增长率的平均水平。经测算，中国经济增长率在2013—2023年将降至5.01%，并长期保持下降趋势；2023—2033年将进一步下降至3.28%，与世界经济增长率平均水平持平。巴罗亦支持这一观点，他基于"条件趋同"假说分析认为中国经济增长率将显著降至3%—4%的世界平均水平。按照他的理论模型预测值，过往中国经济的增长率是明显高于其预测值，今后中国经济增长率仍将持续下降。艾肯格林及其合作者提出一个经济体的人均GDP处于10000—11000美元与15000—16000美元两个区间时将会出现减速现象（按照2005年购买力平价计算的人均GDP）。基于此分析，他们计算了中国人均GDP，认为：尽管中国人均GDP尚未达到10000美元，但是已经部分符合减速期的条件，解释了中国经济2012年开始减速的原因。以上三种国外学者的解释各有缺陷，普利切特、萨默斯的"回归均值"理论难以解释日本、"亚洲四小龙"以及中国过去30多年经济高度发展的现实，无法解释发展中国家经济赶超的现象。巴罗则采用一般的规律模型分析，其预测值存在一定偏差，未能客观分析中国经济发展潜力。艾肯格林及其合作者则未能区分不同国家不同经济增速降幅特点，这是无法统一的。即使当前中国经济增长率相较于过往呈现明显的放缓趋势，但是按照世界银行的判定标准，中国经济增长率仍属于高速发展阶段，因而其分析也存在质疑。

从国内学者的分析来看，较具影响力的是林毅夫①，以人均GDP为判断依据，将中国与美国等其他国家和地区不同时期进行对比分析，发现我国当前的人均GDP仅为美国的20%，与日本的1951年、新加坡的1967年、中国台湾的1975年、韩国的1977年发展阶段相似，而日本、新加坡、中国台湾、韩国在这些年份之后的20年中均实现了高速增长。以此类推，中国也将在未来有高速发展的潜力。然而值得注意的是，林毅夫的分析忽略了经济增长的重要影响因素——人口的作用，当前中国人口断崖式下降及人口老龄化的问题都将影响未来经济增长。

第二节 人口视角下中国经济阶段分析

综上所述，蔡昉从人口视角剖析中国经济增长率放缓现象并取得新进展。② 从经济史来看，人口结构处于劳动年龄人口持续增长而人口抚养比开始降低的阶段时，人口因素对经济体经济增长率具有正向影响，带来人口红利。人口结构呈现不同的特点将会使经济体经济增长率呈现完全不同的结果。因此，在判断经济体发展阶段时人口因素是不可忽略的。以劳动年龄人口的增长变化作为判断依据，以15—59岁劳动人口达到峰值再衰落的时间作为比较基准，2010年中国的发展阶段与日本的1990—1995年、韩国的2010—2015年、新加坡的2015—2020年相似，这与以人均GDP作为判断依据呈现出完全不同的结果（见图2-1）。

换言之，人口结构的变化显著，人口红利丧失的转折点将会提前到来。过去30多年中国经济的高速增长与人口红利息息相关。而当人口红利提早消失，中国经济未来的潜在增长率应使用新的方法进行测算，在影响生产要素供给和全要素生产率的

---

① Lin, J. Yifu, "China and the global economy", *China Economic Journal*, 2011.
② 蔡昉:《认识中国经济减速的供给侧视角》,《经济学动态》2016年第4期。

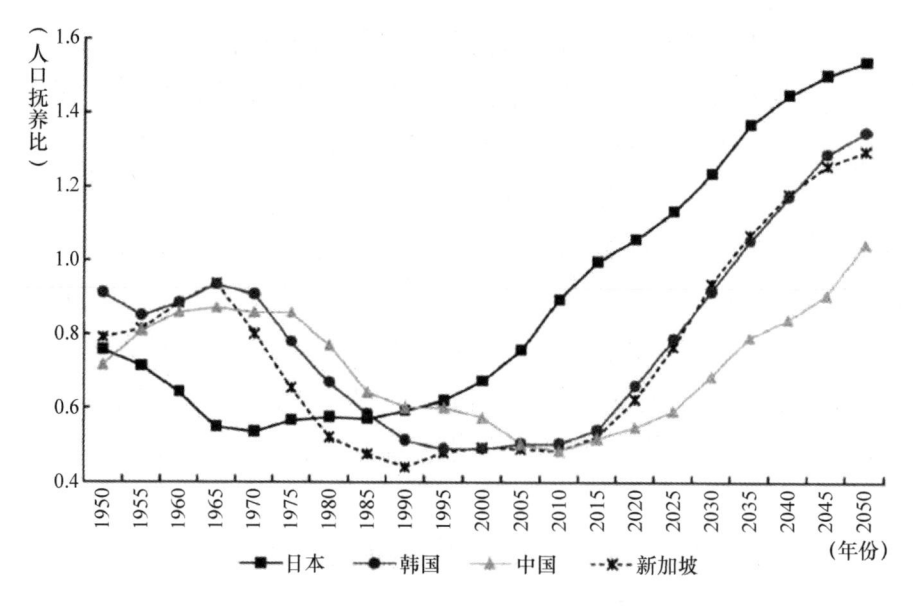

图 2-1　东亚国家人口抚养比转折点

资料来源：蔡昉：《认识中国经济减速的供给侧视角》，《经济学动态》2016 年第 4 期。

模型中引入人口变化趋势这一因素，结果显示：1979—2020 年中国 GDP 的潜在增长率呈现先上升后下降的过程，1979—1994 年为 9.66%，1995—2010 年为 10.34%，2011—2015 年降至 7.55%，预估 2016—2020 年间中国 GDP 潜在增长率应维持在 6.2% 左右。从增长率的缺口来看，即实际增长率与模型计算的潜在增长率之差，其中，潜在增长率是指在一段特定经济发展阶段中，生产要素禀赋、全要素生产率提高潜力可以支撑的经济稳定状态。当呈现负增长率缺口时意味着需求侧出现周期性扰动，造成经济体经济实际增长率低于潜在增长率，生产要素没有得到充分利用，会出现周期性失业等产能利用不充分现象。同理可推，当呈现正增长率缺口时意味着供给侧出现周期性扰动，经济过热，出现通货膨胀或经济泡沫现象。蔡昉基于 1979—2010 年潜在增长率与增长率缺口分析指出，中国经济增长呈现三次波动周期，如图 2-2 所示，分别在 1981 年、1990

年、1999年和2009年达到4个波谷。且2011—2015年、2016—2020年平均潜在增长率分别降至7.55%、6.20%。① 我国经济增长率于2012年开始逐渐放缓的原因是人口结构转变影响潜在增长率下降造成的，并没有出现负增长缺口。

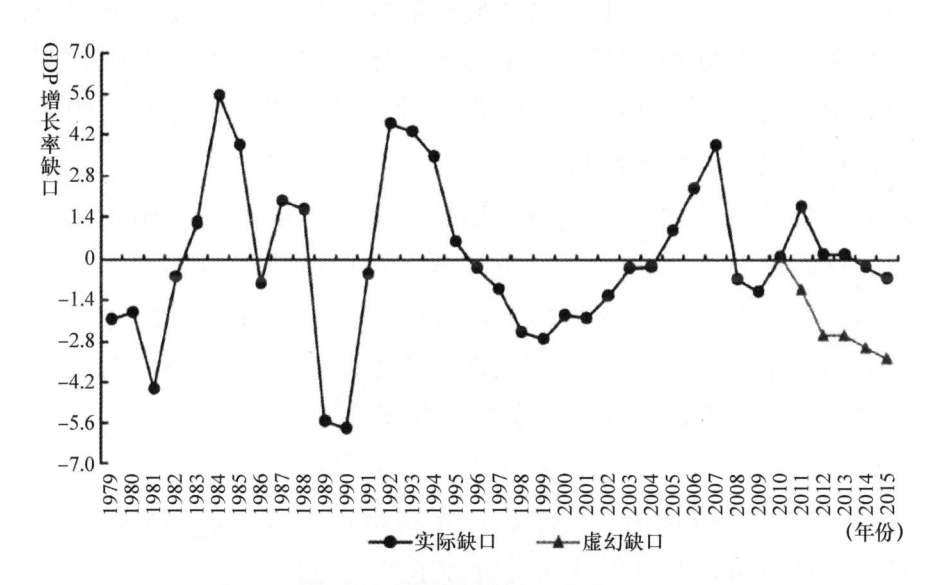

图2-2 实际的和虚幻的GDP增长率缺口（单位:%）

资料来源：蔡昉：《认识中国经济减速的供给侧视角》，《经济学动态》2016年第4期。

第三节 中国经济发展阶段与公共服务供给的关系

如何在这一时期提高经济增长率呢？蔡昉指出，应谨记和归纳分析日本经济陷入"失去的30年"的经验教训。20世纪70年代日本经济增长减速，政府和经济学家们均判断是由于需求侧波动引发的经济增长率下降，故而采用过分宽松的经济政策和过度干预的产业政策，造成了日本经济泡沫，并在经济泡

---

① 蔡昉：《认识中国经济减速的供给侧视角》，《经济学动态》2016年第4期。

沫破灭之后让宏观经济步入衰退周期。鉴于此，中国在这一时期应重点改善供给侧，推动供给侧结构性改革，以实现提高我国经济潜在增长率的目的。

一是增加高生产率部门中劳动者的参与率。当劳动者总量不具备增长性的前提下，提高劳动者供给潜力，即提高劳动者参与率是有效推动经济增长率提升的唯一途径。加快推进我国户籍制度改革，加快我国城镇化建设，保障和稳定劳动者的就业，提高就业率和工作效率。

二是放开计划生育，提高总和生育率，改善人口结构。开放二孩政策有助于提升人口生育率，从而改善人口结构，均衡人口发展。除了生育政策调整，还应改善和强化其他配套公共服务的供给，有效降低家庭养育孩子的成本，提高人们的生育意愿并实施生育，旨在提高总和生育率。

三是提高人力资源积累速度。研究证明，人力资本正向促进经济体经济增长率。可通过教育和培训等方式，注重教育质量和培训质量，有效提高人力资源水平，切实提高生产率。

四是提升全要素生产率，获取可持续性增长动力。全要素生产率作为推动潜在增长率提升的因素之一，具有立竿见影的作用和可持续作用。

蔡昉基于改革户籍制度、提高教育和培训质量、提高劳动者劳动参与率、提升全要素生产率等假设，匹配不同程度的生育政策，模拟给出不同情境下可能产生的不同潜在增长率。如图2-3所示，从供给侧视角观察中国经济长期增长率发展趋势，首先不应期冀中国经济处于此周期中呈现V字形复苏；其次，采用不同的改革方案将带来不同的供给侧结构性改革红利。从图2-3中可知，相较于没有任何改革举措"基准情境"，采用深入的改革策略将能够产生较为显著的红利效果，"改革情境三"中潜在增长率将接近于L型变化趋势。

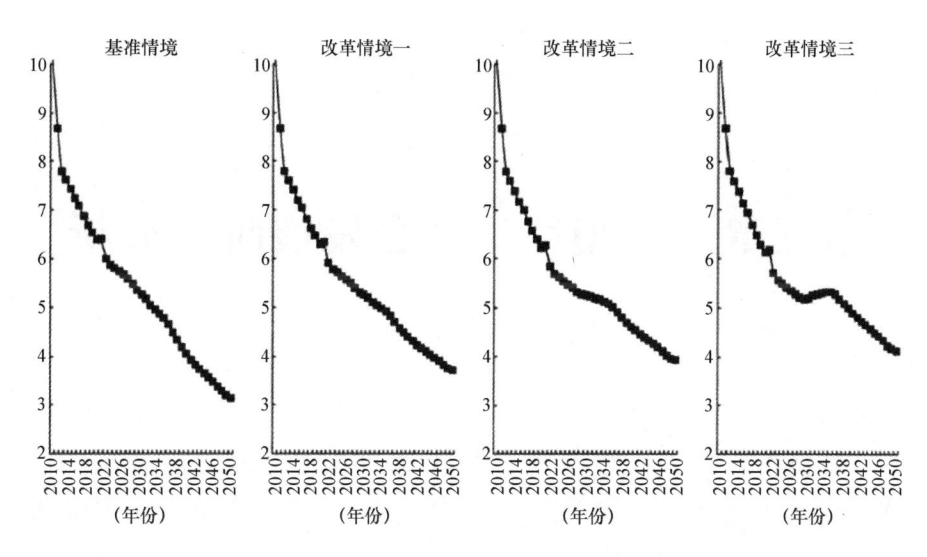

图 2-3 供给侧结构性改革红利模拟

资料来源：蔡昉：《认识中国经济减速的供给侧视角》，《经济学动态》2016 年第 4 期。

综上可知，我国经济发展已进入新常态，呈现经济增长减速的特点。这一时期，人口结构转变，亟须供给侧结构性改革与重视公共服务供给体系的完善。那么，在此背景下，广州市处于何种经济社会发展阶段，应匹配怎样的公共服务就成为规划广州未来公共服务发展亟待解决的问题。在第三章中，在判断广州市经济社会发展阶段基础上，笔者将分析经济社会发展阶段与公共服务供给的关系，找出未来广州市公共服务供给方向。

第三章 广州经济社会发展阶段分析

经济增长是人民生活和社会福利改善的基础,后者是经济增长的根本落脚点。经济发展是经济体由低水平向高水平演进的过程,在此期间国民收入、社会制度、产业发展、贸易发展、科技教育等多方面不断发展,呈现由量变演化到质变的过程。对于经济发展阶段的划分及特点剖析,是制定战略性经济发展规划及与之相匹配的各项公共政策的重要前提之一。

第一节 经济阶段分析

学界关于经济阶段划分标准的研究由来已久,并取得了丰富的成果。较具代表性的学者有库兹涅茨、罗斯托、钱纳里、霍夫曼等,如表3-1所示,分别以三次产业间比重、制造业结构、人均GDP、消费资料占资本资料比重作为判断标准,对经济体所处经济阶段进行划分。

表3-1　国内外学者关于经济阶段划分标准的界定

年份	作者	划分标准	经济阶段
20世纪中期	库兹涅茨	三次产业间比重	第一产业比重大:以农业为主的初级阶段 第二产业比重大:工业化阶段 第三产业比重大:后工业化阶段

续表

年份	作者	划分标准	经济阶段
1960年	罗斯托	主导产业的制造结构和人类追求的目标	传统社会阶段、为起飞创造前提阶段、起飞阶段、成熟阶段、高消费阶段、追求生活质量阶段
1970年	钱纳里	人均国内生产总值水平	初级产品生产阶段Ⅰ、初级产品生产阶段Ⅱ、工业化初期、工业化中期、工业化后期、发达经济初期、发达经济时代
1931年	霍夫曼	霍夫曼比例（=消费资料工业净产值/资本资料工业净产值）	工业化四个阶段
1999年	中国统计局	①国内生产总值中第二产业增加值比重超过第一产业增加值比重 ②从事第二产业生产活动的劳动力超过从事第一产业生产活动的劳动力 ③工业化程度=增加值贡献率+劳动力贡献率	工业化社会、半工业化社会、农业社会

综上可知，鉴于判定标准存在片面性和单一性，采用不同的判定标准对经济体经济阶段进行划分均缺乏说服力。因此，采用综合性、多维度的判定标准进行经济发展阶段划分更具科学性。梁炜、任保平于2009年指出：经济体的经济发展，伴随着经济总量的提高、产业结构的优化、制度环境的改善、创新能力的提升，这四个方面分别以不同的方式推动经济发展，发达国家由工业社会发展成为信息社会，发展中国家由农业社会发展成为工业社会进而发展成为信息社会。[①] 因此，梁炜、任保平提出了划分经济阶段的四个维度，分别为经济总量标准、经济结构标准、制度水平标准、创新水平标准。

---

① 梁炜、任保平：《中国经济发展阶段的评价及现阶段的特征分析》，《数量经济技术经济研究》2009年第4期。

（1）经济总量标准。经济发展最重要的体现是经济总量的上升。其中，GDP（国内生产总值）是用于表征经济总量使用最为广泛最具代表性的指标之一。但是由于不同经济体的人口因素不同，其GDP并不具有较强的可比性。人均GDP能够更好体现经济体经济发展水平。

（2）经济结构标准。产业、就业、分配、消费等结构均是构成经济结构的不同部分。经济结构的多元多维的特征是经济发展的核心表征，是经济发展带来的不同构成要素的结构变迁。没有结构变迁的经济总量扩张只是经济增长，不是经济发展。

（3）制度水平标准。制度的变迁是经济发展的重要环境因素，不同的制度水平也在一定程度上反映出经济体所处的经济阶段。完善的制度环境能够有效促进经济增长，而落后的制度环境则会阻碍经济增长。同时，理论和实践均表明，在世界经济一体化背景下，经济体的贸易结构与开放水平同样显著影响经济发展水平。

（4）创新水平标准。信息时代，科学技术日新月异，科学技术及创新能力对经济发展具有重要推动作用。其中，颠覆性技术创新重塑产业结构，有效推动经济增长。

梁炜、任保平根据上述四个维度，构建了用于评估经济发展阶段的指标体系，如表3-2所示。经济总量维度由人均GDP一个指标构成；经济结构由产业结构、分配结构、消费结构、就业结构、人口城乡结构5个二级指标构成，涵盖8个三级指标；制度水平则由市场化水平、开放度水平2个二级指标构成，涵盖3个三级指标；创新水平则由教育水平、研发水平2个二级指标构成，涵盖2个三级指标。每一个三级指标的具体测算方式都在表3-2中进行了详细说明。

表 3-2　本书用于判断广州市经济发展阶段的指标体系

一级指标	二级指标	三级指标	说明
总量水平	人均 GDP（A1）	人均 GDP（U1）	GDP/人口数量
经济结构	产业结构（A2）	工业结构（U2）（霍夫曼系数，逆指标）	轻工业总产值/重工业总产值
		工业化程度（U3）	工业产值/GDP
		第三产业占 GDP 比重（U4）	第三产业产值/GDP
	分配结构（A3）	城乡收入分配差距（U5）	城市居民家庭人均可支配收入/农村居民家庭人均纯收入（经过消胀处理）
	消费结构（A4）	恩格尔系数（U6）	食品支出总额/个人消费性支出总额的比重
		服务消费占比重（U7）	非商品性消费/消费性支出总额
	就业结构（A5）	非农就业量占总就业量的比重（U8）	非农就业人数/就业总人数
	人口城乡结构（A6）	城市化水平（U9）	城镇人口/总人口
制度水平	市场化水平（A7）	非国有工业企业总产值占全部工业总产值比重（U10）	非国有工业企业总产值/工业总产值
	开放度水平（A8）	制成品出口占全部商品出口的比重（U11）	工业制成品/出口总额
		对外贸易依存度（U12）	对外贸易总额/国民生产总值
创新水平	教育水平（A9）	人力资本（U13）	（教育总经费+卫生总费用）/GDP
	研发水平（A10）	研发经费占 GDP 的比重（U14）	研发经费/GDP

资料来源：梁炜、任保平：《中国经济发展阶段的评价及现阶段的特征分析》，《数量经济技术经济研究》2009 年第 4 期。

为从整体上综合表达经济发展程度，利用层次分析法（AHP）计算各指标权重，如表 3-4、表 3-5 所示。

表3-3　2000—2014年广州市经济阶段划分各年指标特征值（无量纲化）

	U1	U2	U3	U4	U5	U6	U7	U8	U9	U10	U11	U12	U13	U14
2000	0.000	(0.000)	0.783	0.000	0.179	1.000	0.000	0.000	0.000	(0.000)	0.021	0.866	0.227	0.231
2001	0.028	0.203	0.526	0.220	0.139	0.735	0.121	(0.000)	0.038	0.247	0.966	0.668	0.314	0.317
2002	0.065	0.301	0.394	0.375	0.179	0.837	0.504	0.049	0.182	0.363	0.921	0.753	0.372	0.374
2003	0.123	0.445	0.742	0.231	0.578	0.622	0.575	0.078	0.193	0.498	1.000	0.834	0.167	0.171
2004	0.196	0.592	0.879	0.196	0.842	0.561	0.679	0.231	0.222	0.732	0.974	0.948	0.160	0.163
2005	0.272	0.753	0.872	0.256	0.932	0.459	0.844	0.368	0.229	0.779	0.852	1.000	0.051	0.055
2006	0.362	0.845	1.000	0.237	0.843	0.429	0.856	0.480	0.237	0.757	0.584	0.985	(0.004)	0.000
2007	0.425	0.858	0.981	0.310	1.000	0.000	1.000	0.608	0.958	0.689	0.308	0.383	0.326	0.329
2008	0.490	0.948	0.887	0.378	0.914	0.092	0.846	0.718	0.975	0.772	0.125	0.262	0.389	0.391
2009	0.519	0.931	0.605	0.562	0.702	0.041	0.827	0.752	0.959	0.851	0.345	0.120	0.481	0.483
2010	0.597	1.000	0.573	0.578	0.503	0.051	0.890	0.973	0.958	1.000	0.275	0.221	0.257	0.260
2011	0.695	0.923	0.479	0.628	0.256	0.122	0.891	0.959	0.969	0.941	0.315	0.159	0.724	0.725
2012	0.775	0.998	0.180	0.836	0.105	0.122	0.893	0.945	0.983	0.608	0.199	0.086	0.991	0.991
2013	0.908	0.930	0.078	0.939	0.000	0.112	0.887	0.955	0.983	0.892	0.127	0.000	1.000	1.000
2014	1.000	0.934	0.000	1.000	0.538	0.010	0.248	1.000	1.000	0.887	(0.000)	0.339	0.845	0.845

表 3-4　　　　　　　　　　二级指标权重

指标	A1	A2	A3	A4	A5
权重	0.268	0.112	0.061	0.061	0.061
指标	A6	A7	A8	A9	A10
权重	0.061	0.192	0.112	0.036	0.036

资料来源：梁炜、任保平：《中国经济发展阶段的评价及现阶段的特征分析》，《数量经济技术经济研究》2009 年第 4 期。

表 3-5　　　　　　　　　　三级指标权重

指标	U1	U2	U3	U4	U5	U6	U7
权重	0.268	0.034	0.045	0.034	0.061	0.031	0.031
指标	U8	U9	U10	U11	U12	U13	U14
权重	0.061	0.061	0.192	0.056	0.056	0.036	0.036

资料来源：梁炜、任保平：《中国经济发展阶段的评价及现阶段的特征分析》，《数量经济技术经济研究》2009 年第 4 期。

根据上述指标，计算广州市 2000—2014 年发展度，如图 3-1 所示，由此可对其进行经济阶段划分。

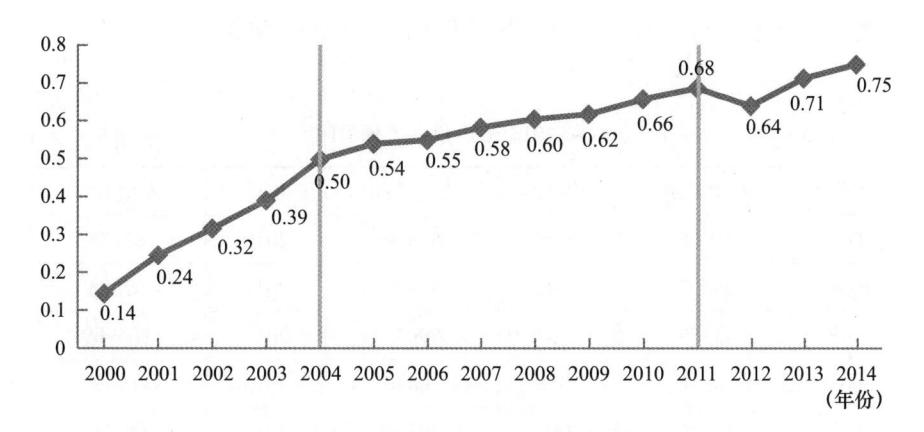

图 3-1　2000—2014 年广州市经济阶段划分

资料来源：《广州统计年鉴》（2001—2015）。

利用 Fisher 最优分割法对各年发展度进行分期，可将广州市 2000—2014 年经济发展阶段分为 3 个阶段，分段结果如下：第一阶段（2000—2004）；第二阶段（2005—2011）；第三阶段（2012 年至 2014 年）。接下来，笔者将运用不同的标准分析每一个阶段的特点、不同经济发展阶段对于公共服务的需求。

第二节 经济阶段与公共服务需求特点

划分经济阶段的目的在于，找出不同经济时期的特点及公众对公共服务的需求特征。因此，笔者通过不同的社会经济判别标准对不同阶段特点与公共服务需求特征进行评析。

一 广州经济社会处于"后工业化富裕发展型"阶段

从经济视角推断，由表 3－6 可知，2000 年广州市人均 GDP 为 25626 元，到了 2014 年人均 GDP 为 129242 元，2000—2014 年广州市人均 GDP 不断升高，按照钱纳里的划分标准（见表 3－7），可看出广州市已处于发达经济初级阶段，属于后工业化阶段。但是，仅从单一的指标来判断经济阶段的特点过于武断，因此，还应从如下指标来看待广州市经济发展阶段的特点。

表 3－6　　　　　2000—2014 年广州市人均 GDP　　　　（单位：元）

年份	人均 GDP	年份	人均 GDP	年份	人均 GDP
2000	25626	2005	53809	2010	87458
2001	28537	2006	63100	2011	97588
2002	32339	2007	69673	2012	105909
2003	38398	2008	76440	2013	119695
2004	45906	2009	79383	2014	129242

资料来源：《广州统计年鉴》（2001—2015）。

表 3-7　　　　　　　　　　钱纳里划分标准

时期	人均 GDP 的变动范围			发展阶段	
	1964 年（美元）	2008 年（美元）	2014 年人民币（元）		
1	100—200	819—1638	5688—11376	初级产品生产阶段	准工业化阶段
2	200—400	1638—3277	11376—22759	工业化初级阶段	工业化阶段
3	400—800	3277—6553	22759—45511	工业化中级阶段	
4	800—1500	6553—12287	45511—85334	工业化高级阶段	
5	1500—2400	12287—19660	85334—136541	发达经济初级阶段	后工业化阶段
6	2400—3600	19660—29490	136541—204811	发达经济高级阶段	

从库兹涅茨标准来看，2000 年广州市一、二、三产业的比例为 3.96∶43.69∶52.35；至 2015 年广州市一、二、三产业的比例为 1.26∶31.97∶66.77。2000—2014 年广州市一直都是第三产业占比超过第二产业占比，这意味着从 2000—2014 年都是后工业化阶段，即广州市经济三阶段均属于后工业化阶段。

霍夫曼标准将经济阶段划分为四大阶段。第一阶段：消费资料获得快速发展，在制造业中占据重要地位；此时资本资料尚未大发展，在制造业中占比小，消费资料净产值与资本资料工业净产值之比为 5 倍左右。第二阶段：资本资料工业获得快速发展，迅速扩大在制造业中的占比；消费资料工业发展放缓；尽管如此，此时的消费资料净产值与资本资料工业净产值之比为 2.5 倍左右。第三阶段：资本资料工业继续快速发展，消费资料工业衰落，此时的消费资料净产值与资本资料工业净产值之比为 1 倍左右。第四阶段：资本资料工业发展超过消费资料工业，资本资料工业在制造业中的占比大，此时的消费资料净产值与资本资料工业净产值之比小于 1。表 3-8 列出了 2000—2014 年广州市霍夫曼系数，第一阶段（2000—2004）：资本资料工业在制造业中的比重不断上升，与消费资料工业占比持平，走向重工业化趋势。第二阶段（2005—2011）：资本资料工业在制造业中的比重超过消费资料工业占比，呈现重工业化趋势。第三阶段（2012年至今）：资本资料工业在制造业中的比重进一步提升，产业结构不断高级化。

表3-8　　　　　　　2000—2014年广州市霍夫曼系数

年份	霍夫曼系数	年份	霍夫曼系数	年份	霍夫曼系数
2000	1.47	2005	0.71	2010	0.46
2001	1.26	2006	0.62	2011	0.54
2002	1.16	2007	0.61	2012	0.47
2003	1.02	2008	0.52	2013	0.53
2004	0.87	2009	0.53	2014	0.53

资料来源：《广州统计年鉴》（2001—2015）。

上述的钱纳里、库兹涅茨、霍夫曼标准均为经济特征的标准，未能给予社会领域指标的关注。接下来笔者将借鉴世界银行和联合国人类发展指数的标准，增加社会的视角来看广州的发展阶段。世界银行关于不同收入水平的划分详见表3-9。随着经济实力的累积和经济发展的转型升级，广州也在经历社会转型，广州已于2010年步入"高收入城市"的行列。按照此标准，广州市经济三阶段的演进历程是：第一阶段（2000—2004）：中等收入水平；第二阶段（2005—2011）：从中等收入水平迈入上中等收入水平；第三阶段（2012至今）：上中等收入水平行列。

表3-9　　　　　世界银行按人均国民收入的分组标准

	2010年标准（美元）	2015年标准（美元）	2015年标准（人民币）（元）
高收入国家	>12196	>12746	>79387

续表

	2010 年标准（美元）	2015 年标准（美元）	2015 年标准（人民币）（元）
上中等收入国家	3946—12195	4126—12745	25698—79381
中等收入国家	996—12195	1046—12745	6515—79381
下中等收入国家	996—3945	1046—4125	6515—25692
低收入国家	<995	<1045	<6509

除了收入水平，联合国人类发展指数又增加了其他社会评价指标，来判断一个地区的经济社会发展状况。1990 年联合国开发计划署（UNDP）发布了人类发展指数（Human Development Index，HDI）用以衡量各国的社会经济发展状况。人类发展指数包括预期寿命、学校教育年限、人均国民收入三大指标，据此将各国经济社会发展状况划分为：极高、高、中、低四组。从联合国人类发展指数来看，广州也进入到高水平人类发展阶段。根据相关学者的计算，在 2012 年，北京人类发展指数达 0.917，广州人类发展指数达 0.907，深圳人类发展指数达 0.960，与联合国公布的人类发展水平线比较，广州属于高人类发展水平阶段。[1]

综上可知，从经济指标体系来看，可以将广州市 2000 年以来的经济发展划分为三个阶段：第一阶段（2000—2005）；第二阶段（2006—2011）；第三阶段（2012 至今）。从钱纳里经济阶段划分标准来看，广州市处于发达经济初级阶段。从库兹涅茨的划分标准来看，广州市处于后工业阶段。从霍夫曼的划分标准来看，广州市处于资本资料工业在制造业中的比重超过消费资料工业并继续上升，即"重工业化趋势"。当前，广州市的经济发展阶段属于：后工业化阶段、重化工业趋势、发达经济初

---

[1] 《中国城市可持续发展绿皮书——中国 35 个大中城市和长三角 16 个城市可持续发展评估（2011—2012）》。

级阶段。

从社会视角来看,随着经济实力的累积和经济发展的转型升级,广州也在经历社会转型。按照世界银行的计算标准,广州已经步入"高收入城市"的行列;2014年广州恩格尔系数为32.9%,依据恩格尔系数的划分标准,恩格尔系数为30%—40%为富裕型社会,广州已经属于"富裕型社会"类型;从联合国人类发展指数来看,广州也进入到高水平人类发展阶段。参照这些划分类型、指数标准,在一定程度上标示着社会的转型。根据国际经验,人均GDP超过7500美元是一个标志,意味着已经由"生存型"社会进入"发展型"社会。

由此推断,广州市经济社会目前处于"后工业化时期的富裕发展型"阶段。

二 收入分化与公共服务需求弹性

叶可新、邓智团、徐靖通过收入分配、收入结构对公共服务需求的分析逻辑对广州居民对公共服务需求进行剖析。[①]

收入分配将会显著影响居民对公共服务的需求。其中,收入分配的公平程度可通过洛伦兹曲线、基尼系数来表征。表3-10详细描述了在不同收入分配结构下居民对公共服务的需求状况。当收入差距系数小于0.3时,居民收入分配相对均等,居民的公共服务需求以社会发展需求为主;当收入差距系数处于0.4—0.5时,居民收入分配差距明显扩大,居民的公共服务需求分层,高收入群体的公共服务需求多为社会发展需求,中低收入群体的公共服务需求多为经济发展需求;当收入差距系数大于0.5时,居民收入分配差距处于极端不公平阶段,高收入群体和低收入群体产生对立,中间收入群体占比较小,社会不稳定,维持社会存在的需求居于主导地位。

---

① 叶可新、邓智团、徐靖:《中国城市公共产品需求的决定因素及发展趋势》,《上海市经济管理干部学院学报》2011年第9卷第5期。

表 3-10　　　　　　　不同收入分配结构下的公共服务需求

收入差距系数	公共服务需求状况
在 0.3 以下	此时，居民收入差距不明显，相对公平，社会对立情绪少。发达经济体中的居民对公共服务需求侧重于社会发展需求，如环境保护、维护人权等方面；发展中经济体的居民对公共服务需求则侧重于经济发展需求，如基础设施投资、制度改革等。
0.4—0.5	收入分配差距逐渐扩大，阶层分化明显，不同阶层对公共服务的需求呈现明显差异。高收入群体对公共服务需求集中于社会发展需求；中低收入群体对公共服务需求则集中于经济发展、社会生存需求。其中，城乡居民收入差距拉大，城乡居民公共服务需求分化显著，公共服务供给难以同时满足两个群体需求。
超过 0.5	收入分配极端不公平，贫富差距大，高收入群体与低收入群体矛盾尖锐，中间收入群体占比小，社会矛盾激化。处于社会最底层的低收入群体出现失地、迁移状况，社会极端不稳定，此时居民的公共服务需求则为社会存在的需求。

资料来源：叶可新、邓智团、徐靖：《中国城市公共产品需求的决定因素及发展趋势》，《上海市经济管理干部学院学报》2011 年第 9 卷第 5 期。

同时，居民收入结构对公共服务需求也产生重要影响。在经济学中，衡量产品需求和居民收入之间的关系主要使用需求收入弹性指标。引入公共服务需求的收入弹性，用于衡量收入水平变化对公共服务需求的影响，并按照弹性的高低，将公共服务分为高收入弹性公共服务、单位收入弹性公共服务和低收入弹性公共服务（见表 3-11）。

表 3-11　　　　　　　　公共服务收入弹性

公共服务类型	特征	含义	产品范围	适用人群
高收入弹性公共服务	弹性大于 1	居民公共服务需求与居民收入正相关，且居民公共服务需求增加高于收入增加	高质量教育、环境保护、高档医疗保健等	高收入群体

续表

公共服务类型	特征	含义	产品范围	适用人群
单位收入弹性公共服务	弹性等于1	居民公共服务需求与居民收入正相关，且居民公共服务需求增加等于收入增加	基本公共服务，公立学校、基本医疗服务、基本社会保障等	中高收入群体
低收入弹性公共服务	弹性小于1	居民公共服务需求与居民收入正相关，且居民公共服务需求增加小于收入增加	社会救助、教育救助、医疗救助等	中低收入群体

资料来源：叶可新、邓智团、徐靖：《中国城市公共产品需求的决定因素及发展趋势》，《上海市经济管理干部学院学报》2011年第9卷第5期。

低收入弹性、单位收入弹性和高收入弹性公共服务分别对应维持社会存在的公共服务、促进社会发展的公共服务、促进社会进步的公共服务。随着居民收入的不断提升，对公共服务的需求也发生显著改变，即从需求低收入弹性公共服务发展至单位收入弹性公共服务再至高收入弹性公共服务，换言之，从维持社会存在的公共服务需求发展至促进社会发展、进步的公共服务需求。

从广州来看，2000—2011年，广州市居民用于食品、设备用品及服务的支出在不断下降，而对医疗保健、教育文化娱乐等的需求在震荡中上升，这也反映广州市居民对社会公共服务需求有明显的收入弹性。

如图3-2—图3-9所示，通过广州市居民消费支出结构的变化，对广州市经济阶段不同时期的公共服务需求分析如下。

第一阶段：2000—2004年，食品支出占比较高，教育文化娱乐服务、交通通信、医疗保障等占比较低，仍是以低收入弹性公共服务为主，即维持社会存在的公共服务。

第二阶段：2005—2011年，食品支出占比走低，教育文化娱乐服务、交通通信、医疗保障等占比走高，走向单位收入弹性公共服务为主，即促进社会发展的公共服务。

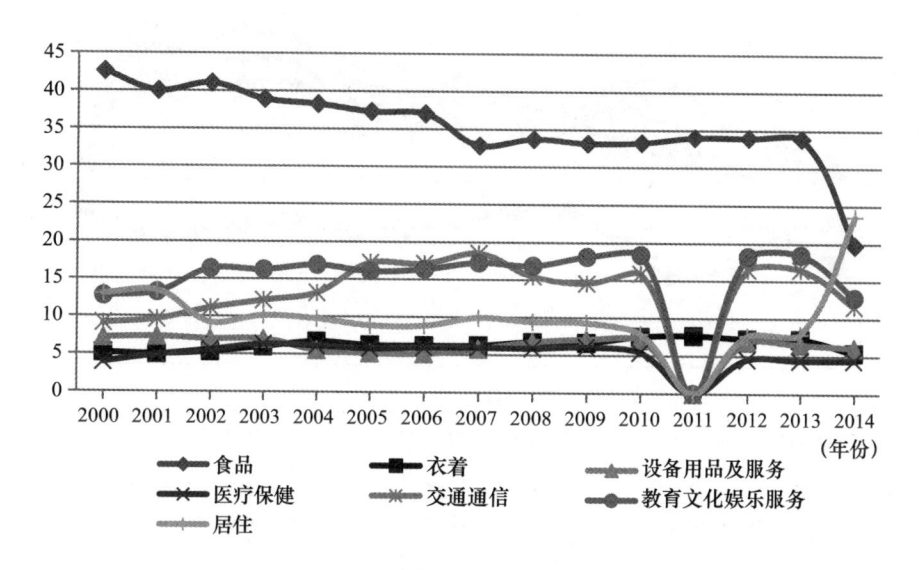

图 3-2 2000—2014 年广州市居民消费支出结构（单位：%）
资料来源：《广州统计年鉴》（2001—2015）。

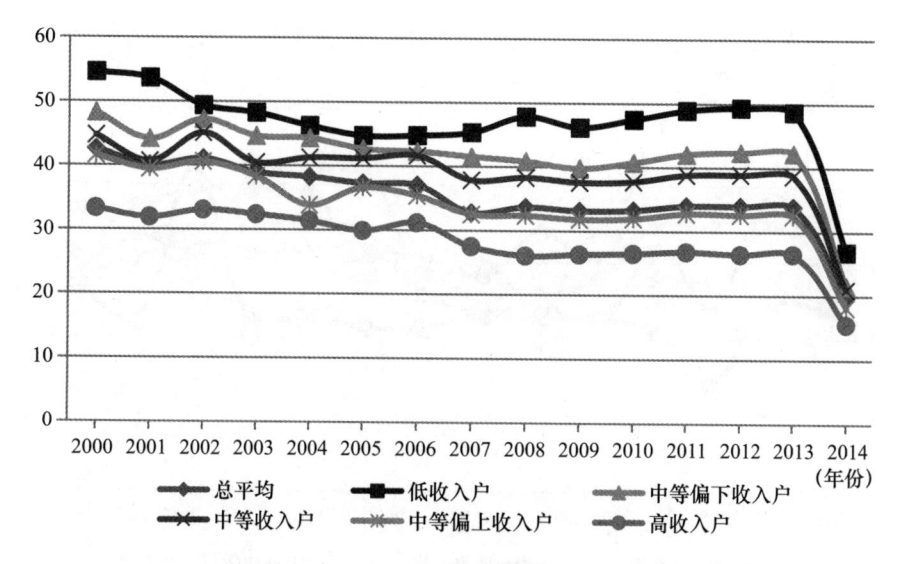

图 3-3 2000—2014 年广州市居民消费支出（食品）（单位：%）
资料来源：《广州统计年鉴》（2001—2015）。

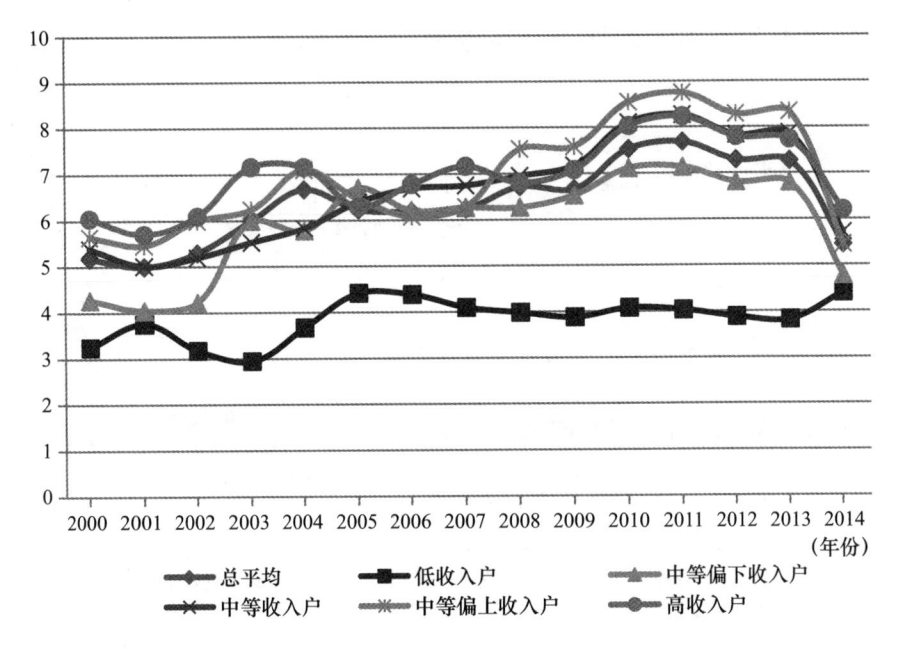

图 3-4 2000—2014 年广州市居民消费支出（衣着）（单位:%）

资料来源：《广州统计年鉴》（2001—2015）。

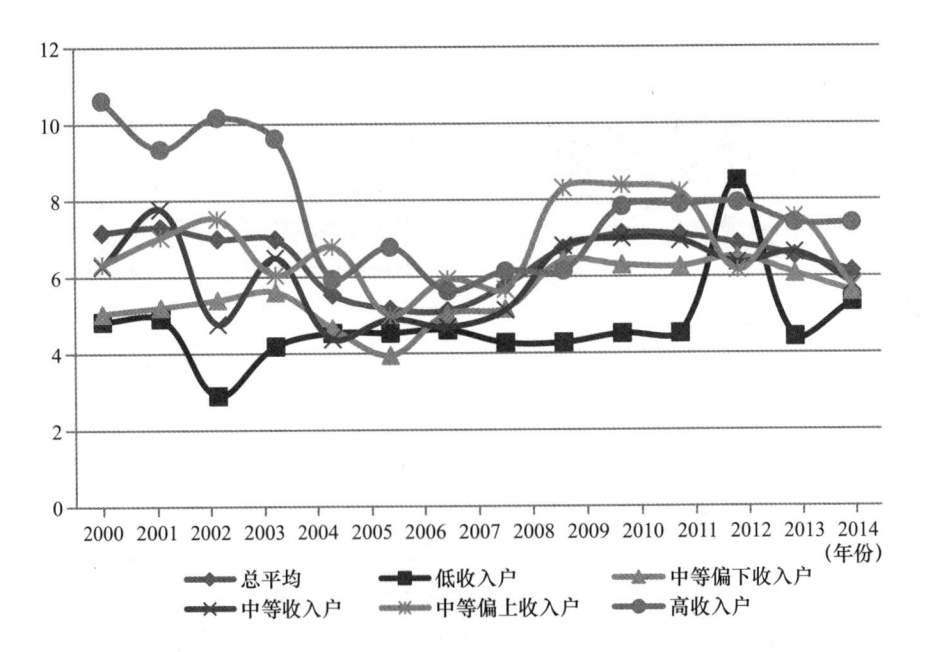

图 3-5 2000—2014 年广州市居民消费支出（设备用品及服务）（单位:%）

资料来源：《广州统计年鉴》（2001—2015）。

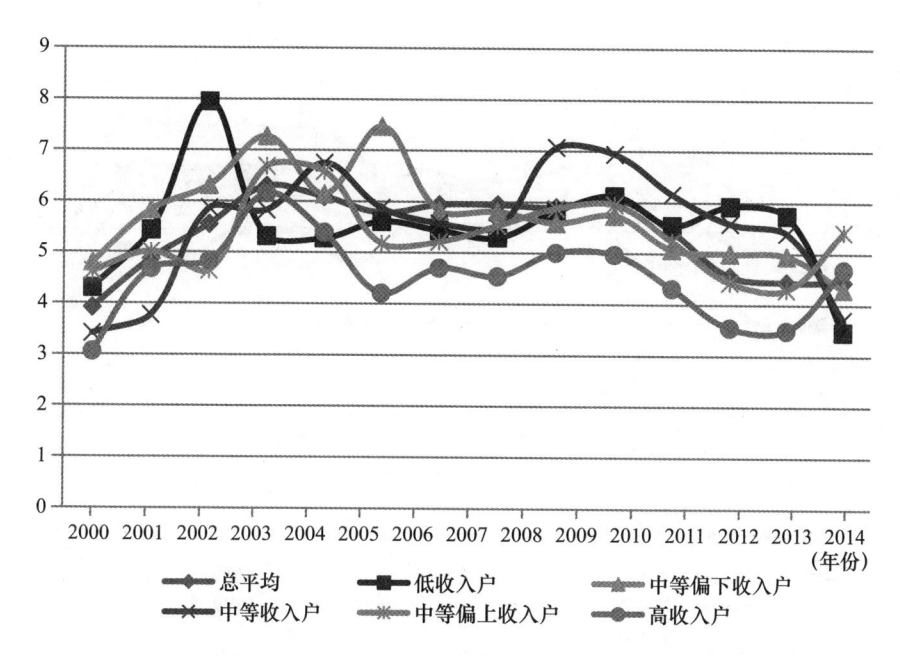

图 3-6　2000—2014 年广州市居民消费支出（医疗保健）（单位:%）
资料来源：《广州统计年鉴》（2001—2015）。

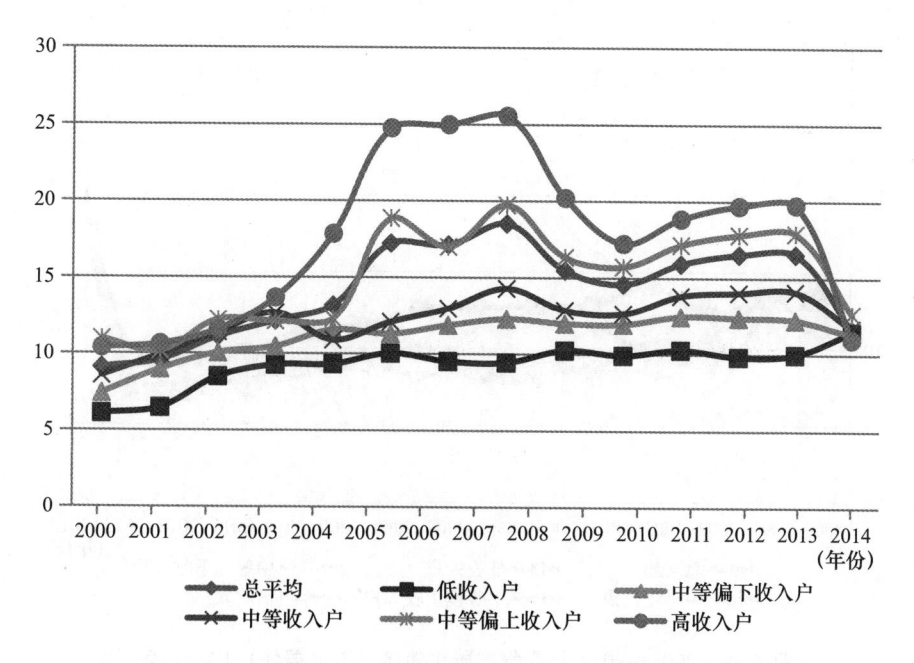

图 3-7　2000—2014 年广州市居民消费支出（交通通信）（单位:%）
资料来源：《广州统计年鉴》（2001—2015）。

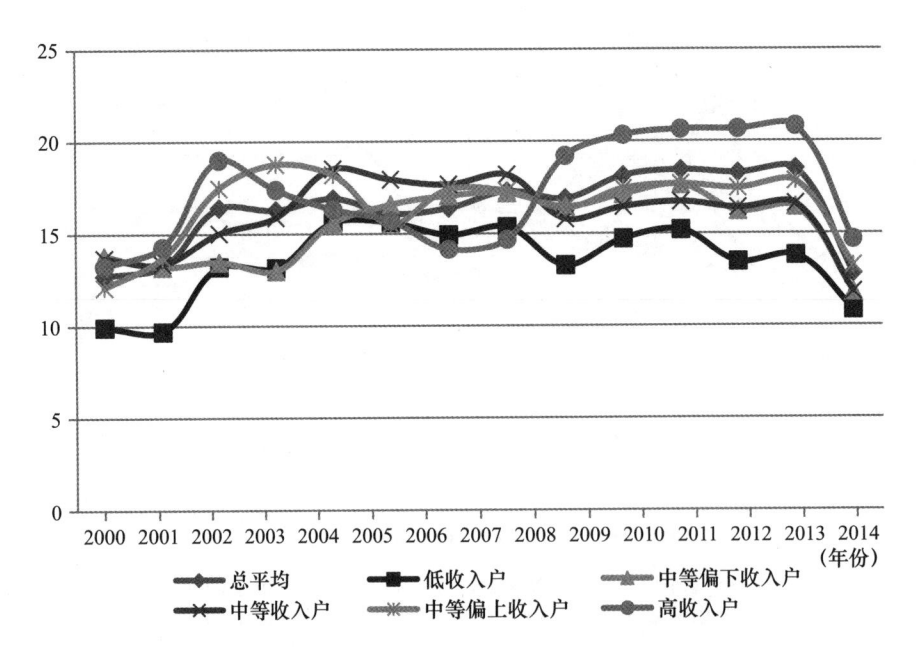

图 3-8 2000—2014 年广州市居民消费支出（教育文化娱乐服务）（单位:%）
资料来源:《广州统计年鉴》(2001—2015)。

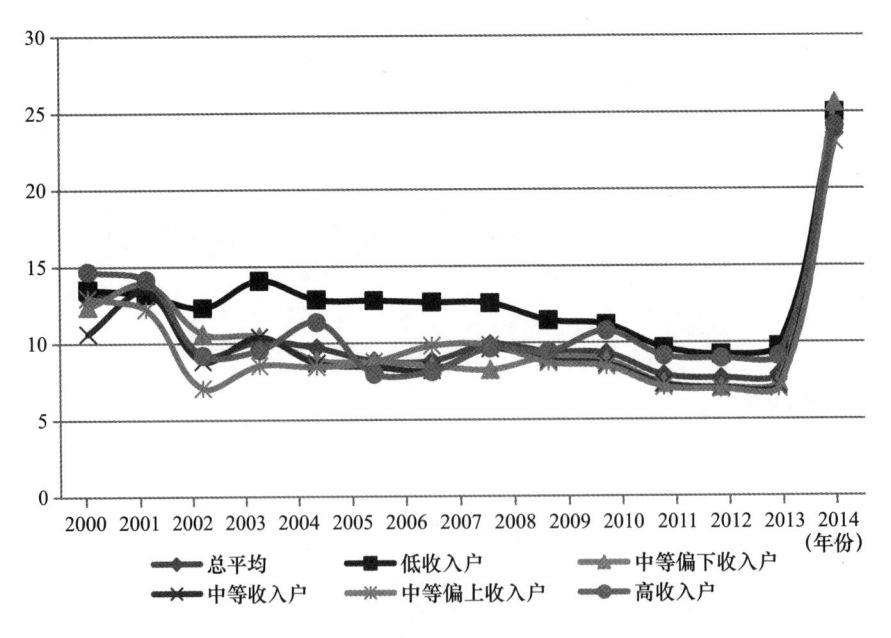

图 3-9 2000—2014 年广州市居民消费支出（居住）（单位:%）
资料来源:《广州统计年鉴》(2001—2015)。

第三阶段：2012 年至今，食品支出占比持续下降，随着广州房价的大幅提升，广州市居民的居住支出大幅提升，使得教育文化娱乐服务、交通通信、医疗保障等支出占比降低，中、低、高收入群体的支出结构走向趋同。排除 2014 年由于居住费用高昂造成的异常值。从食品、教育文化、医疗保健三个指标来看，低收入群体和高收入群体消费支出差距拉大，说明不同收入群体之间产生分异，此时的公共需求开始分化，高收入阶层的需求集中在社会发展需求方面，而中低收入阶层的需求层次依然保持在经济发展需求和维持社会存在需求上。

总而言之，根据不同的标准，对广州市经济发展阶段特点及对公共服务需求进行了剖析，每一个阶段各具特点，详见表 3 - 12 所示。目前及之后的一段时间，广州的经济社会发展是处于"后工业化时期的富裕发展型"阶段中，在这个阶段其公共服务需求的特点是：不同收入群体分化，高收入群体需求高收入弹性公共服务，中低收入群体需求低收入弹性公共服务和单位弹性公共服务。

表 3 - 12   广州市不同经济阶段特点及公共服务需求特征

阶段	经济特点	公共服务需求特征
2000—2004	工业化中级阶段、中等收入水平	以低收入弹性公共服务为主，即维持社会存在的公共服务
2005—2011	工业化高级向发达经济初级阶段发展、从中等收入水平迈入上中等收入水平	以单位收入弹性公共服务为主，即促进社会发展的公共服务
2012 年至今	发达经济初级阶段、上中等收入水平行列	不同收入群体之间产生分异，此时的公共服务需求开始分化，高收入群体的需求集中在高收入弹性公共服务（社会发展需求方面）上，而中低收入阶层的需求层次依然保持在低收入弹性公共服务、单位收入弹性公共服务（社会发展需求和维持社会存在需求）上

第四章 广州经济发展阶段与公共服务发展水平相关性分析

随着经济发展水平提升，居民可支配收入不断增加，居民对公共服务需求发生新的变化，用于公共服务方面的消费支出占其可支配收入的比重呈现递增趋势，对公共服务的需求分化、层次提升，这是从需求侧的判断。一个地方，公共服务的投入究竟与经济发展存在怎样的关系，公共领域的投入会否对经济发展存在消减作用？本章将从构建数据模型入手，科学分析广州市公共服务水平与经济发展的关系，揭示其相互作用机制。

第一节 广州经济发展阶段与公共服务相适应的必要性

借鉴陈振明教授课题组的研究，评估公共服务发展水平指标应包括十大维度——就业服务、住房服务、公共安全、公共教育、医疗卫生、环境保护、社会保障、基础设施、公共交通、文体休闲。[①] 但是，鉴于数据可得性，陈振明教授课题组提出的评估公共服务发展水平的指标体系囊括了九个维度，如表4-1所示，共包括9个一级指标，24个二级指标。

---

① 陈振明课题组：《公共服务与经济发展相关性的实证检验——厦门市的个案研究》，《电子科技大学学报》（社科版）2012年第14期。

表 4-1 公共服务水平测量指标

一级指标	二级指标
就业服务	失业率（U1）
	城镇居民消费支出占可支配收入的比例（U2）
住房服务	城镇居民人均居住面积（U3）
	城镇居民居住支出占消费性支出的比例（U4）
公共教育	普通中学学校在校人数（U5）
	普通高等学校本专科在校人数（U6）
医疗卫生	万人专业卫生技术人员数（U7）
	万人医疗机构床数（U8）
环境保护	绿化覆盖率（U9）
	垃圾无害化处理率（U10）
	污水处理率（U11）
基础设施	燃气普及率（U12）
	万人公厕数量（U13）
	人均城市道路面积（U14）
	未铺装路面占通车里程的比例（U15）
	每万人占有城市公共交通营运车船数（U16）
文体休闲	万人图书馆图书藏量（U17）
	万人公园景点面积（U18）
社会保障	基本养老保险参保人数（U19）
	基本医疗保险参保人数（U20）
	失业保险参保人数（U21）
	工伤保险参保人数（U22）
	生育保险参保人数（U23）
社会安全	刑事案件破案率（U24）

为测量广州市公共服务发展水平，需要构建一个综合指标及就业服务、住房服务、公共教育、医疗卫生、环境保护、基础设施、文体休闲、社会保障、社会安全分指标，采用指数法

和基于协方差的因子分析法测量和分析。

第一步：数据无量纲化。

表4-1中24个二级指标测度广州市公共服务发展水平的计量单位完全不相同，无法直接合成各个分指标。同时，由于合成各个分指标的指标个数存在差异，不能直接利用各个分指标数值合成社会公共服务综合指标值。因此，需要对24个指标值进行无量纲化处理，以消除因量纲和量级的不同所带来的影响。

第二步：综合指标及分指标权重。

利用协方差因子分析法计算出24个二级指标的权重，对数据进行主成分分析。

如图4-1所示，前三个成分占据的特征根大，后面的成分占据的特征根小。前三个成分的累计贡献率为91.338%，按照累计贡献率超过80%即可确定为主成分的原则，前三个主成分已经囊括了91.338%的信息，可提取为主成分，且三个主成分的因子系数可作为各指标的权重，如表4-2所示。

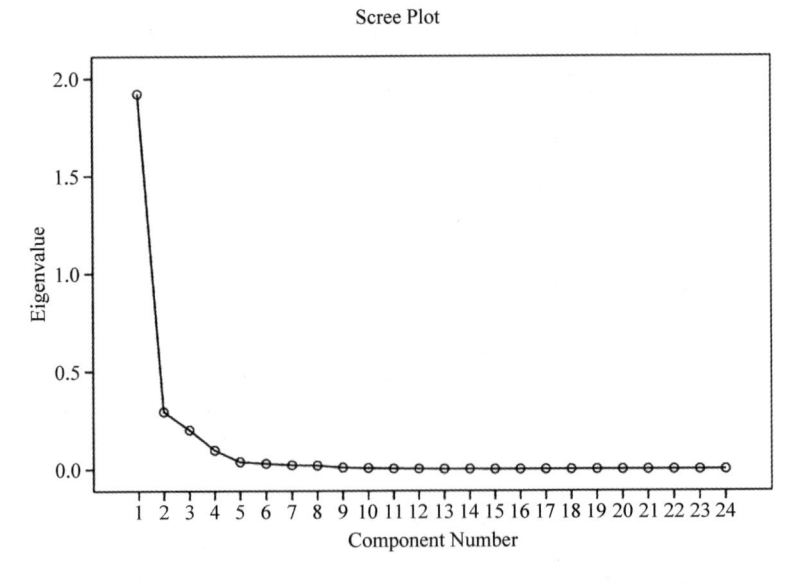

图4-1 广州市社会公共服务水平指标体系构建的碎石图

表 4-2　　　　　　　　　　　成分矩阵

	原始			重新标度		
	成分			成分		
	1	2	3	1	2	3
失业率	0.224	0.149	0.101	0.711	0.473	0.321
城镇居民消费支出占可支配收入的比例	0.076	0.152	-0.212	0.249	0.495	-0.692
城镇居民人均居住面积	0.311	0.045	0.059	0.968	0.141	0.184
城镇居民居住支出占消费性支出的比例	-0.231	-0.053	-0.108	-0.792	-0.182	-0.369
普通中学学校在校人数	0.213	0.196	0.053	0.712	0.656	0.179
普通高等学校本专科在校人数	0.332	0.018	0.019	0.996	0.055	0.056
万人专业卫生技术人员数	0.338	-0.079	-0.016	0.97	-0.226	-0.047
万人医疗机构床数	0.329	-0.06	0.011	0.981	-0.18	0.034
绿化覆盖率	0.334	0.018	0.039	0.987	0.052	0.114
垃圾无害化处理率	-0.201	-0.191	0.034	-0.608	-0.577	0.103
污水处理率	0.31	0.088	0.057	0.926	0.263	0.171
燃气普及率	0.331	0.077	-0.008	0.934	0.218	-0.022
万人公厕数量	-0.047	0.014	0.252	-0.148	0.044	0.799
人均城市道路面积	-0.095	0.203	0.136	-0.309	0.661	0.444
未铺装路面占通车里程的比例	0.319	0.034	-0.154	0.829	0.089	-0.4
每万人占有城市公共交通营运车船数	0.301	-0.062	0.015	0.97	-0.2	0.047
万人图书馆图书藏量	0.358	-0.038	-0.017	0.983	-0.104	-0.048
万人公园景点面积	0.299	0.024	0.006	0.972	0.079	0.019
基本养老保险参保人数	0.263	-0.141	0.022	0.863	-0.462	0.072
基本医疗保险参保人数	0.356	-0.092	0.001	0.959	-0.247	0.004
失业保险参保人数	0.327	-0.078	0.009	0.972	-0.231	0.027
工伤保险参保人数	0.396	-0.005	-0.058	0.987	-0.012	-0.145
生育保险参保人数	0.314	-0.128	0.006	0.923	-0.377	0.016
刑事案件破案率	0.007	0.215	-0.106	0.024	0.752	-0.37

由表 4-2 可知，前三个主成分的方差贡献率分别为 72.588%、11.128%、7.622%，因此，选取前 3 个主成分构造广州市的权重为：

$$score = \frac{0.72588}{0.91338} \times 成分1 + \frac{0.11128}{0.91338} \times 成分2 + \frac{0.07622}{0.91338} \times 成分3$$

第三步：广州市公共服务综合指数测算。

由以上公式计算出 2000—2014 年广州市公共服务水平得分，如图 4-2 所示。

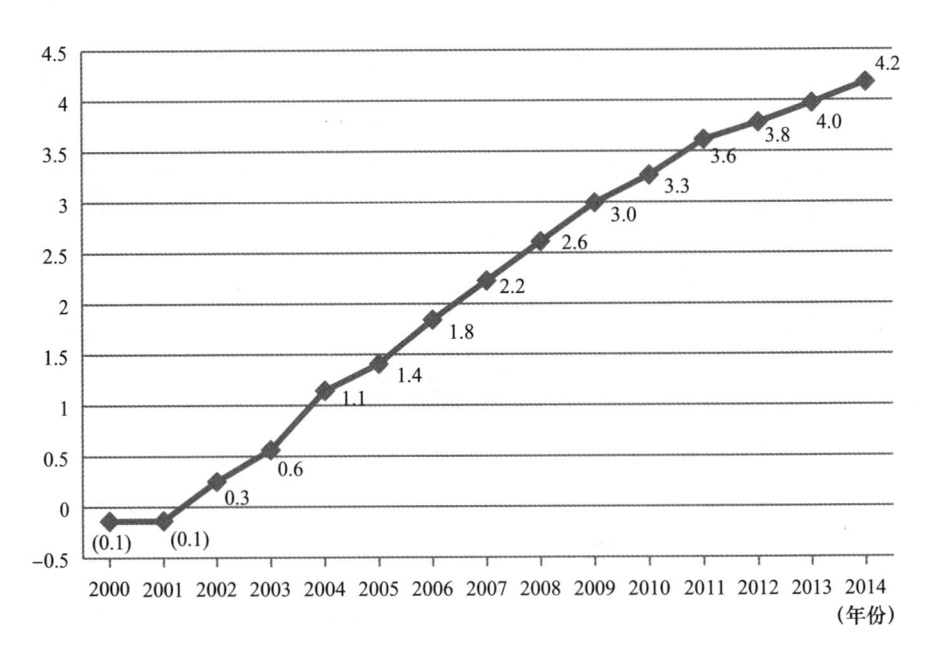

图 4-2　广州市 2000—2014 年公共服务发展水平得分

由图 4-2 所示，经权重处理计算后得到的广州市公共服务综合指标在历年走势中呈现出逐渐上升的趋势，这种趋势与上一章中各个分类公共服务十多年来发展的基本情况吻合，且综合指数的趋势在 2002 年之后出现较为明显的增长。

第二节 广州经济发展阶段与公共服务
发展水平相关性实证检验

一 广州经济发展阶段与公共服务发展水平测量

采用上述评估广州市经济发展阶段的发展数值、广州市公共服务发展水平综合指数代表广州市经济发展水平和公共服务水平。这两个变量取值分别是广州市2000—2014年对应数值的对数值。

二 广州经济发展阶段与公共服务发展水平相关性分析

一般时间序列模型是用于描述平稳序列的变化规律，而大多数经济时间序列都是非平稳的。因此，在计算广州市经济发展水平与公共服务发展水平相关关系时，首先应对其平稳性进行分析。

第一步：平稳性检验

首先，借鉴以往研究习惯，对发展数值（ed）、公共服务发展水平综合指数（sd）取对数再进行平稳性检验。

本章使用ADF方法对广州市公共服务发展水平、经济发展水平进行单位根检验，这两个变量在1%水平平稳，属于一阶平稳，同阶平稳。

表4-3 两个变量的单位根检验

变量	ADF统计量	临界值（1%）	临界值（5%）	临界值（10%）	P值	结论
公共服务发展水平（lnsd）	-9.516	-3.750	-3.000	-2.630	0.0000	平稳
发展值（lned）	-11.306	-3.750	-3.000	-2.630	0.0000	平稳

第二步：格兰杰模型

对lned和lnsd进行格兰杰关系检验的之后系数由AIC和SC

信息准则为准,即要求它们的数值越小越好,最终确定的滞后阶数为3。结果如表4-4所示,通过格兰杰检验,广州市公共服务发展水平的提升对经济发展具有显著的推动作用,且经济增长也必然推进公共服务水平的提高,两者呈现双向格兰杰因果关系。

表4-4　　　　　　　　格兰杰因果关系检验结果

原假设	F统计量	P值	结论
lnsd 不导致 lned 的格兰杰因果关系	1.23	0.0064	成立
lned 不导致 lnsd 的格兰杰因果关系	1.00	0.0185	成立

根据上述检验结论,可以广州市公共服务发展水平为因变量,以发展值为自变量建立协整模型,模型分析结果如下:

$lned = 0.599 lnsd (0.000) - 0.585$

上述回归方程显示,广州市公共服务发展水平和经济发展水平之间存在正相关关系,公共服务发展水平关于经济发展水平的长期弹性是0.599,即公共服务发展水平每增加1个百分点,经济发展水平上升0.599个百分点。同时,格兰杰检验结果说明广州市公共服务综合指数和经济发展水平之间存在双向格兰杰因果关系,公共服务水平综合指数的提升对经济发展有着显著的推动作用;反之,经济发展对公共服务水平也具有明显的推动作用。

第三节　广州经济发展阶段与公共服务发展水平主要结论

一　随着经济发展,广州公共服务水平呈现不断上升趋势

从2000—2014年广州市公共服务水平综合指数值的变动趋势来看,公共服务水平不断提升,这种趋势与各个公共服务项

目10多年来发展的基本情况相吻合,且增长较为明显。这表明广州市政府致力于增强政府公共服务能力,改善民生实际,并取得了一定的成果,从而为在全市范围内基本建成全覆盖、可持续的基本公共服务体系奠定了基础。也进一步说明广州市在"十三五"规划中提出的"人民生活持续改善,公共服务优质化均等化水平显著提高"具有合理性与重大的现实意义。

二 广州公共服务水平提升对经济发展有着显著的推动作用

广州市公共服务综合指数和经济发展水平之间存在双向格兰杰因果关系,公共服务水平的提升正向促进经济发展,且经济发展也推动公共服务发展水平的提升。经济发展受到多元多维因素的影响,如制度发展、创新水平、人力资本等,而公共服务水平的提高能够吸引并留住优质人才,提升人力资本,从而促进经济发展。由此可知,广州市经济发展中公共服务发展也具有重要作用,改变了以往认为公共服务只是花钱的观点。值得注意的是,在构成广州公共服务发展水平评价指标体系中,医疗卫生、教育服务、就业等因素影响力较大,对广州市经济发展的解释力较强。广州市的教育、医疗资源一直具有较强竞争力,对于提高人口素质具有重要的促进作用,有利于劳动生产率提高。

三 建设性公共投资与增加社会服务类公共服务并举

在制定公共服务供给策略时,究竟应该将有限的财政资源投入到哪一个公共服务项目中?究竟应该选择优先投入到建设性公共投资,如基础设施建设,还是社会服务类公共服务,如教育、医疗卫生等?这是策略制定的难点与重点。随着政府职能的转变,政府从管理者向服务者转变,财政支出重点也应有所变化。张晓娣基于多部门CGE框架模型,模拟预测在不同的公共支出策略下，经济总量、居民收入的变化。① 结果显示：财政支出投入到建设性公共服务中能够短期快速提升经济总量，但并不能提高居民收入。而在保持其他支出绝对量不变的前提下，增加社会服务类公共服务支出，可提高生产要素质量从而显著提升经济总量，这是一种长期要素积累效果，能够达到提高居民收入的作用。但是值得注意的是，对教育、医疗等社会服务类公共服务的投入不能挤占建设性公共服务投入，否则将会导致人力资本积累与资本增长不匹配现象，加剧失业与不公平。因此，只有建设性公共投资与增加社会服务类公共服务并举才能取得最佳效果。

---

① 张晓娣：《公共支出与有质量的经济增长——多部门CGE框架下的政策模拟实验》，《宏观质量研究》2015年第3卷第4期。

第五章　广州公共服务供给状况分析

公共服务供给是指公共服务主体输入资源将其转化为具体公共服务绩效（输出）的过程。公共服务供给包括为了满足公共需求公共部门向公众提供的公共服务的种类、数量、质量高低，包括公共服务供给财力支出、模式与方法，各供给主体在公共服务供给中的角色、公共服务供给绩效等。[①] 根据此思路，以下从公共服务种类、数量、质量等维度，运用国际对比分析、七大城市间横向比较分析深入挖掘广州公共服务供给状况，旨在更全面刻画广州公共服务供给现状。

第一节　广州公共服务供给种类分析

一　国家、广东省对公共服务种类的规定

2012年国家明确基本公共服务种类，广东省有所扩容。从国家层面来看，首次在规划中明确我国基本公共服务的范围和项目是在2012年由国务院印发的《国家基本公共服务体系"十二五"规划》（以下简称《规划》）中。此《规划》提出我国基本公共服务由九大类构成——基本公共教育、劳动就业服务、社会保险、基本社会服务、基本医疗卫生、人口和计划生育、基本住房保障、公共文化体育、残疾人基本公共服务。这一范

[①] 张序：《公共服务供给的理论基础：体系梳理与框架构建》，《四川大学学报》（哲学社会科学版）2015年第4期。

围界定是根据我国经济发展水平、财力保障可能、保障群众最基本公共服务需求统筹考虑而界定的。随后,2017 年《国家基本公共服务体系"十三五"规划》确定的基本公共服务范围与"十二五"保持基本一致,认为基本公共服务由八大类构成——基本公共教育、基本劳动就业创业、基本社会保险、基本医疗卫生、基本社会服务、基本住房保障、基本公共文化体育、残疾人基本公共服务,将"人口与计划生育"归并进"基本医疗卫生"中。

从广东省层面来看,2017 年修编版的《广东省基本公共服务均等化规划纲要(2009—2020 年)》,根据广东经济发展水平和社会对公共服务的需求,将基本公共服务的范围界定为十大类——公共教育、公共卫生、公共文化体育、公共交通、公共安全、生活保障(含养老保险、最低生活保障、特困人员供养、残疾人保障)、住房保障、就业保障、医疗保障、生态环境保障。相较于国家关于基本公共服务的范围,广东省进行了扩容,从八类增加至十类。其中公共交通、公共安全、生态环境保障在国家层面在其他规划中体现,广东省将其纳入基本公共服务范畴,拓展了基本公共服务的范畴。

二 广州基本公共服务种类的特点

为了分析广州公共服务种类和范围的特点,本书进行了纵向和横向的比较。纵向上,比较《广州市人口发展和基本公共服务体系建设第十三个五年规划(2016—2020 年)》与《广州市基本公共服务均等化重点工作实施方案(2013—2016 年)》两个时间段两份文件的内容。横向上,比较同时期国家、省到广州及上海、北京等大城市的综合类公共服务规划政策文件所涉及的公共服务种类,从而分析广州基本公共服务种类的特点(见表 5 - 1)。

表 5-1　　基本公共服务种类划分比较

	国家	广东省	广州	北京	上海
规划名称	《"十三五"推进基本公共服务均等化规划》（国发〔2017〕9号）	《广东省基本公共服务均等化规划纲要（2009—2020年）》（2017年修编版）	《广州市人口发展和基本公共服务体系建设第十三个五年规划（2016—2020年）》（穗府办〔2017〕7号）	《北京市"十三五"时期社会基本公共服务发展规划》（京政发〔2016〕47号）	《上海市基本公共服务体系"十三五"规划》（沪府发〔2016〕104号）
基本公共服务种类	1. 基本公共教育 2. 基本劳动就业创业 3. 基本社会保险 4. 基本医疗卫生 5. 基本社会服务 6. 基本住房保障 7. 基本公共文化体育 8. 残疾人基本公共服务	1. 公共教育 2. 公共卫生 3. 公共文化体育 4. 公共交通 5. 公共安全 6. 生活保障 7. 住房保障 8. 就业保障 9. 医疗保障 10. 生态环境保障	1. 基本公共教育 2. 基本劳动就业服务 3. 基本社会保险服务 4. 基本医疗和公共卫生服务 5. 基本社会服务 6. 基本住房保障 7. 基本公共文化体育服务 8. 残疾人基本公共服务 9. 基本养老服务	1. 就业服务 2. 社会保障 3. 教育 4. 医疗卫生服务 5. 养老服务 6. 公共文化体育服务	1. 教育领域 2. 就业与社会保险领域 3. 社会服务领域 4. 卫生领域 5. 养老领域 6. 住房保障领域 7. 文化领域 8. 体育领域 9. 残疾人服务领域
规划名称	《国家基本公共服务体系"十二五"规划》（国发〔2012〕29号）	《广东省基本公共服务均等化规划（2009—2020年）》（粤府〔2009〕153号），及修编版（粤财办〔2014〕23号）	《广州市基本公共服务均等化重点工作实施方案（2013—2016年）》（穗府办〔2013〕36号）	《北京市十二五时期社会公共服务发展规划》（京政发〔2011〕62号）	《上海市基本公共服务体系暨2013—2015年建设规划》（沪府发〔2014〕4号）

续表

	国家	广东省	广州	北京	上海
基本公共服务种类	1. 基本公共教育 2. 劳动就业服务 3. 社会保险 4. 基本社会服务 5. 基本医疗卫生 6. 人口和计划生育 7. 基本住房保障 8. 公共文化体育 9. 残疾人基本公共服务	1. 公共教育 2. 公共卫生 3. 公共文化体育 4. 公共交通 5. 公共安全 6. 生活保障 7. 住房保障 8. 就业保障 9. 医疗保障 10. 生态环境保障	1. 公共教育 2. 医疗卫生服务 3. 公共文化体育 4. 公共交通 5. 社会保障 6. 住房保障 7. 就业服务 8. 人居环境 9. 人口计生 10. 公共安全	1. 公共教育 2. 公共卫生和基本医疗（居民健康） 3. 就业保障 4. 社会保障 5. 公共文化体育 6. 公共安全	1. 基本公共教育 2. 就业服务和社会保险 3. 基本社会服务 4. 基本医疗卫生 5. 计划生育 6. 基本住房保障 7. 公共文化 8. 公共体育 9. 残疾人基本公共服务

（一）纵向比较广州基本公共服务种类的变化

从纵向来看，广州市基本公共服务种类呈现出相当大的调整，删掉"公共交通""人居环境""公共安全"三项，增加了"基本养老服务"和"残疾人基本公共服务"，将"社会保障"拆分为"社会保险服务"和"基本社会服务"，"人口计生"整合到"基本医疗和公共卫生服务"中。

第一，剥离"公共交通""人居环境""公共安全"等项，更加凸显出基本公共服务民生、社会事业的性质。

第二，将"基本养老服务"和"基本残疾人服务"单独列出，凸显了广州市政府对这两个领域的重视程度。随着广州人口老龄化的加剧和广州市养老资源的紧缺，养老服务成为一个重要问题。在《广州市财政改革与发展第十三个五年规划》中，老年事业发展经费正式归入财政预算，为应对未来养老需求建立相匹配的财政投入增长机制，确保市、区两级50%以上的福彩公益金用于社会养老服务体系建设。关于残疾人服务，广州市的规划内容与国家、广东省、北京和上海相比，详细包含了残疾人保障体系、服务体系等13项内容,国家层面有11项,北京、上海分别是6项和8项,广州的残疾人服务内容体现出对残疾人服务这一领域的重视(见表5-2)。

表5-2　　　　　残疾人基本公共服务内容的比较

残疾人服务内容	国家	广州	北京	上海
残疾人保障体系	√	√	√	
残疾人服务体系		√	√	
残疾预防		√		
多元主体参与(包括社会资本、公益慈善等)	√	√	√	√
法律支持	√	√		√
基层服务(以区级、县级开展残疾人服务)	√	√		
残疾人教育	√	√	√	√
残疾人就业	√	√	√	√
残疾人康复	√	√	√	√
残疾人文化服务	√	√		√
无障碍建设	√	√	√	
信息化	√	√		
专业服务训练	√	√		√

注:所参考的政策文件:《"十三五"推进基本公共服务均等化规划》(国发〔2017〕9号);《广州市人口发展和基本公共服务体系建设第十三个五年规划(2016—2020年)》(穗府办〔2017〕7号);《北京市"十三五"时期社会基本公共服务发展规划》(京政发〔2016〕47号);《上海市基本公共服务体系"十三五"规划》(沪府发〔2016〕104号)。

第三,将"社会保障"分为"社会保险"和"基本社会服务"两个部分也使相关的公共服务项目界定更加清晰,主管单位职责更加明确。"社会保障"既包括对风险的防范,是居民的安全网;又包括社会服务,致力于改善居民的生活。[①] 将"社会

[①] 董克用、孙博:《社会保障概念再思考》,《社会保障研究》2011年第5期。

保障"划分成"社会保险"和"基本社会服务"两部分，正对应着风险防范和改善生活两部分，从而有利于更好地发挥不同性质公共服务的功能。

第四，随着人口形势和人口政策的变化，人口计生的工作重点也开始变化。在《广州市人口发展和基本公共服务体系建设第十三个五年规划（2016—2020年）》中，删除了"人口计生"一项，人口计生的部分内容（避孕节育、优生优育、生殖保健等）被归入"基本医疗和公共卫生"。这显示出在实施"全面二孩"政策背景下，基本公共服务更加重视人口出生缺陷防控和幼儿教育资源等，而不再是人口计生。

第五，可以看到广州市在公共服务各种类前都加了"基本"二字，这事实上有助于政府区分政策重点，实行分类施政。《广州市人口发展和基本公共服务体系建设第十三个五年规划（2016—2020年）》指出："近年来，国家加快推动公共服务体制改革，在确保政府对基本公共服务承担最终责任的前提下，逐步放开公共服务市场，一方面对于养老、托幼、健康保健、家庭服务等非基本公共服务放开市场，积极引入社会资本，发挥市场配置资源的决定性作用；另一方面在义务教育、基本医疗卫生、基本保障住房等基本公共服务领域，加大政府购买公共服务力度，为解决广州市公共服务需求全面快速增长，公共服务供给压力显著增大的问题提供了解决途径。"由此可见，在发展公共服务时，非"基本"的就可以更好地放开公共服务市场，发展多元供给主体，从而提供更多样的公共服务，满足人们更多元的需求。

（二）横向比较广州基本公共服务的特点

在公共服务领域，广州的基本社会服务发展一直处于全国领先地位，不仅体现在已有的成绩上，如在全国率先对低保、低收入困难家庭成员实行分类救助制度；更体现在发展理念上，从发展"补缺型"基本社会服务转向发展"普惠型"基本社会服务。

在《广州市人口发展和基本公共服务体系建设第十三个五年规划（2016—2020年）》中，广州市对基本社会服务规划的内容不仅比国家（《"十三五"推进基本公共服务均等化规划》）和上海（《上海市基本公共服务体系"十三五"规划》）列出的基本公共服务内容更详细、全面；更重要的是，广州发展基本社会服务强调从"补缺型"向"普惠型"转变。以殡葬服务为例，广州市在"十二五"期间就"建立普惠型殡葬福利制度，实现户籍人员殡葬基本服务费用减免全覆盖"，而上海在《上海市基本公共服务体系"十三五"规划》中还只是"为最低生活保障家庭、重点优抚对象和其他符合条件人员提供殡仪服务补贴"。

第二节 广州公共服务供给的财政数量分析

财政支出是政府职能实现的一个重要途径。根据2005年财政收支科目改革要求，广东省明确基本公共服务财政支出科目包括：教育、科学技术、文化体育与传媒、社会保障与就业、医疗卫生、环境保护、农林水事务、城乡社区事务八个方面。由此，广州公共服务财政支出与广东省保持一致，将公共服务财政支出范围认定为上述八方面。

一 公共服务供给财政投入总量分析

"坚持共享发展，注重解决社会公平正义问题，不断增进人民福祉"是新时期的"五大发展理念"之一。提高公共服务供给总量与效果成了提高人民福祉的重要抓手。总的来看，近五年广州公共服务财政支出逐年增加，公共服务供给效果评价向好。

广州从2010年至2015年公共服务财政支出逐年增加，从

2010年的493.9亿元增长至2015年的1069.7亿元，翻了一倍多，平均年增长率为17.3%（见图5-1）。与此同时，广州GDP则从2010年的10748.28亿元增长至2015年的18100.41亿元，年均增长率为11.03%。可见，公共服务财政支出增幅高于GDP增幅（见图5-2）。同时，公共服务财政支出占GDP比重呈现上升趋势，从2010年的4.60%上升至2015年的5.91%。

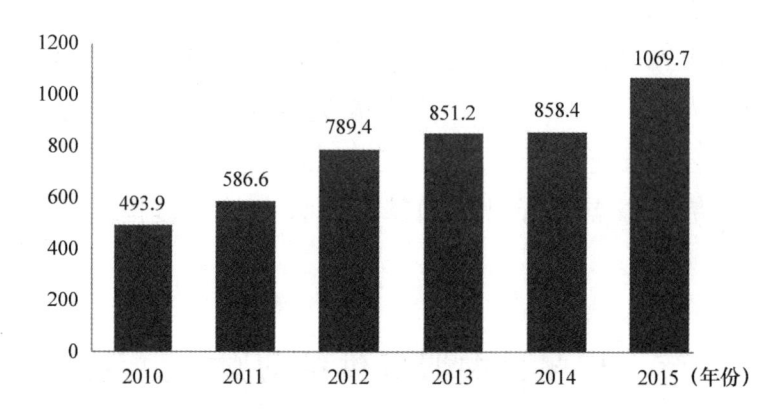

图5-1　2010—2015年广州公共服务财政支出（单位：亿元）

资料来源：《广州统计年鉴》（2011—2016）。

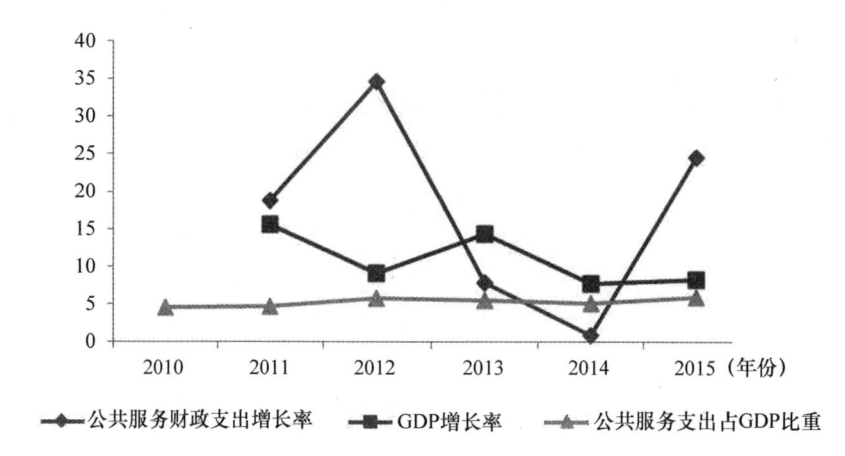

图5-2　2010—2015年广州公共服务财政支出、GDP增长率与公共服务财政支出占GDP比重（单位:%）

资料来源：《广州统计年鉴》（2011—2016）。

广州政府对公共服务财政投入的增加，切实提高了广州公共服务水平，近年来广州公共服务供给效果评价逐年向好。在《2016 中国主要城市公共服务满意度评价报告》中，通过地方政府基本公共服务评价指标体系对全国 38 个主要城市（包括直辖市、省会城市、经济特区和计划单列市）进行系统评价和比较研究，研究结果表明：相较于 2015 年，2016 年广州公共服务满意度排名第 11 位，上升了 14 名（2015 年排名第 25 位），上升幅度明显。从单项要素来看，公共交通、公共安全、公共住房、基础教育、社保就业、医疗卫生、城市环境、文化体育、公职服务满意度均有不同程度的提升。其中，提升幅度最大的是基础教育，分数提高了 10.57 分；其次是文化体育、公共住房和医疗卫生，分数分别提高了 7.95 分、7.49 分和 7.40 分（见表 5-3）。

表 5-3　　　　　　广州基本公共服务满意度各要素得分　　　　　（单位：分）

年份	公共交通	公共安全	公共住房	基础教育	社保就业	医疗卫生	城市环境	文化体育	公职服务	总体满意
2016	58.88	66.78	58.72	64.74	65.61	64.98	63.88	65.42	63.62	63.48
2015	52.82	65.37	51.23	54.17	58.95	57.58	59.67	57.47	57.23	57.68

资料来源：《2016 中国主要城市公共服务满意度评价报告》，上海交通大学民意与舆情调查研究中心发布。

二　公共服务财政分项目支出比较分析

2010—2015 年广州公共服务各项支出中（见图 5-3），除文化体育与传媒之外，其余各项支出均呈现波动上升趋势。其中，教育支出一直位列第一位，公共财政支出从 2010 年的 112.63 亿元上升为 2015 年的 287.07 亿元，年均增长率为 22.46%；城乡社区事务在 2015 年排名第二位，其在 2012 年实现大幅跃升，增长了 311.28%，数据的变化反映出广州从 2011

年开始逐步加大城乡社区事务的财政支出，主要用于加大对社区管理和公共设施建设、旧城区危破房改造、保障性住房建设、解决城市低收入家庭的住房困难问题；社会保障和就业在2010—2015年排名第三位，公共财政支出从2010年的114.12亿元增长到2015年的204.96亿元，年均增长率为13.28%；医疗卫生在2010—2015年一直保持在第四位的位置，公共财政支出从2010年的51.39亿元上涨至2015年的134.88亿元，年均增长率为21.64%；2015年排名第五位的是科学技术，这也是广州近年来的发展重点之一，公共财政支出从2010年的31.94亿元上涨至2015年的88.67亿元，年均增长率为24.22%；2015年排名第六位的是农林水事务，公共财政支出从2010年的38.93亿元上涨至2015年的75.69亿元，年均增长率为17.61%；2015年排名第七位的是文化体育与传媒，财政支出呈现逐年下降趋势，从2010年的52.47亿元降至2015年的27.40亿元，年均增长率为-8.21%；2015年排名第八位的是环境保护，由于2012—2015年的数据缺失，无法进行分析。

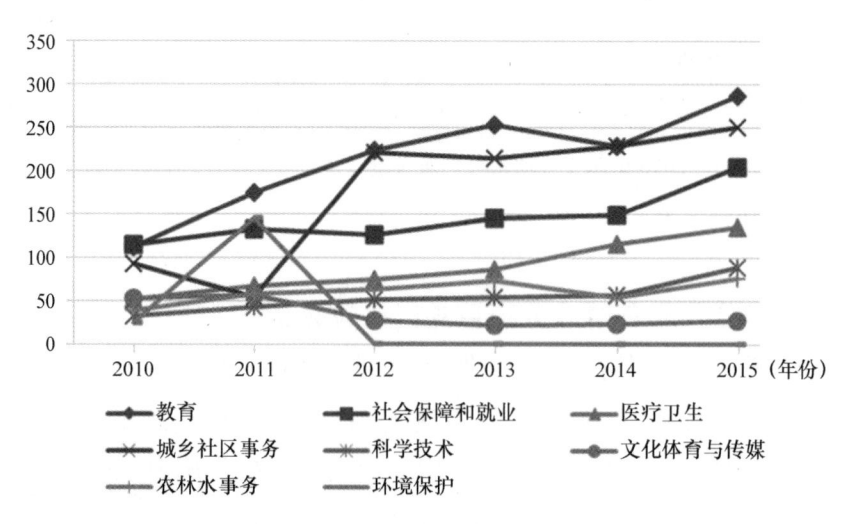

图5-3 2010—2015年广州公共服务各项支出情况（单位：亿元）

资料来源：《广州统计年鉴》（2011—2016）。

综上所述，广州公共服务财政支出排名前四位的分别是教育、城乡社区事务、社会保障和就业领域、医疗卫生。其中，教育、医疗卫生、社会保障和就业是与民生最密切相关的。

为客观反映广州在教育、医疗卫生、社会保障领域的公共服务投入状况，接下来分别从三个领域的财政支出总量、各项目财政支出占GDP比重、各项目财政支出占财政支出总量比重、各项目人均财政支出四大指标进行分析。这四大指标分别涵盖了总量水平、与经济水平匹配度、占比水平、人均水平，具有一定的完备性和代表性。城市比较中选择北京、上海、深圳三个一线城市和重庆、天津两个直辖市，以及杭州进行城际公共服务财政支出分项目比较。

（一）广州公共财政在教育领域中的支出

第一，广州教育财政支出总额在国内城市间的比较。从教育财政支出来看，广州教育财政支出总额排名低于国内其他一线城市与直辖市，2010—2015年，广州在北上广深四大一线城市中一直位居第四。其中，2015年广州教育支出总额为287.07亿元，仅相当于北京、上海的3成左右。与重庆、天津直辖市相比，广州的教育财政支出也一直低于这两个直辖市，2015年，广州教育支出总额仅相当于重庆、天津的5成左右。在七个城市中，广州教育财政支出仅高于杭州市（见表5-4、图5-4）。

表5-4　　　　　2010—2015年广州与其他城市教育支出　　　（单位：亿元）

城市\年份	2010	2011	2012	2013	2014	2015
北京	450.22	520.08	628.65	681.18	742.05	855.67
上海	417.28	549.24	648.95	679.54	763.95	767.32
重庆	240.46	318.70	399.33	437.28	469.98	536.24
天津	229.56	302.32	378.75	461.36	517.01	507.44

续表

年份 城市	2010	2011	2012	2013	2014	2015
深圳	152.50	196.79	246.13	287.73	329.41	288.55
广州	112.63	175.33	223.50	253.95	229.04	287.07
杭州	105.88	132.05	146.93	162.44	182.69	223.44

资料来源：《广州统计年鉴》《深圳统计年鉴》《重庆统计年鉴》《天津统计年鉴》《北京统计年鉴》《上海统计年鉴》《杭州统计年鉴》。

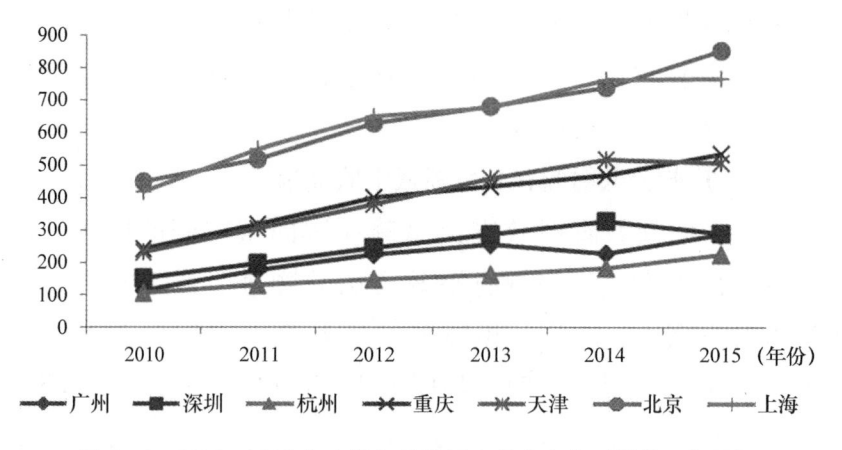

图 5-4 2010—2015 年广州与其他城市教育支出（单位：亿元）

第二，广州教育财政支出占 GDP 比重在国际、国内城市间比较。随着国家经济实力的增长，不同类型国家会相应地增加在教育上的财政支出。2000—2010 年，世界领域高收入国家、中高收入国家、中等收入国家、中低收入国家、低收入国家在公共教育的财政支出整体上呈现逐年递增的趋势。从单一时间节点来看，在相同年份，低收入国家、中低收入国家、中等收入国家、中高收入国家、高收入国家的教育财政支出是不断递增的。高收入国家的教育财政支出占 GDP 比重维持在 5.3% 左右；中高收入国家的教育财政支出占 GDP 比重维持在 4.4% 左右；中等收入国家的教育财政支出占 GDP 比重维持在 4.1% 左右；中低收入国家的教育财政支出占 GDP 比重维持在 3.8% 左右；低收入国家的教育财政支出占 GDP 比重维持在 3.4% 左右；世界教育财政支出占 GDP 比重均值为 4.4% 左右。而广州教育财政支出占 GDP 比重 2010—2015 年最高为 1.6%，最低为 1.0%，明显低于世界平均水平，这与广州迈入"高收入城市"行列所需的公共教育服务配套不相符（见表 5-5、图 5-5）。

表 5-5　　　　　公共教育支出占 GDP 比重　　　　（单位:%）

年份 国家类别	2000	2001	2002	2003	2004	2005
高收入国家	4.96	5.09	5.27	5.38	5.42	5.35
中高收入国家	4.01	4.35	4.09	4.29	4.01	4.23
中等收入国家	3.96	4.12	4.05	4.18	3.93	4.10
中低收入国家	3.89	—	—	3.59	3.63	—
低收入国家	3.19	3.65	3.15	3.27	3.22	—
世界	3.97	4.29	4.25	4.37	4.33	4.43
年份 国家类别	2006	2007	2008	2009	2010	
高收入国家	5.42	5.19	5.15	5.26	—	
中高收入国家	4.34	4.67	4.61	5.29	—	
中等收入国家	4.04	4.03	4.39	—	—	
中低收入国家	3.80	—	4.03	—	—	
低收入国家	—	—	3.78	—	4.45	
世界	4.53	4.44	4.56	—	—	

注：公共教育开支由两部分构成：公共经常性支出和资本支出。包括政府在教育机构（公立和私立）、教育管理以及私人实体（学生/家庭和其他私人实体）补贴方面的支出。

资料来源：张英宏等：《北京市城乡基本公共服务发展研究》，中国政法大学出版社 2013 年版。

从教育财政支出占 GDP 比重的国内比较来看，2010—2015 年北京、上海、深圳年均值分别为 3.5%、3.0%、1.8% 左右。

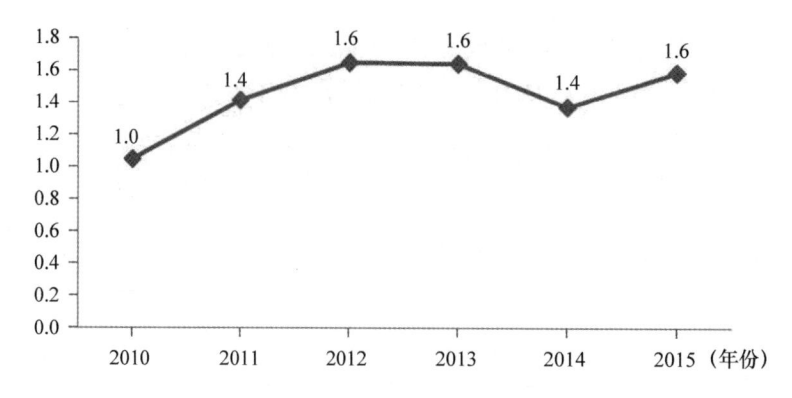

图 5-5　2010—2015 年广州教育支出占 GDP 的比重（单位:%）

资料来源:《广州统计年鉴》(2011—2016)。

广州年均值则为 1.4% 左右,明显低于北上深三个城市。与重庆、天津两大直辖市相比,重庆、天津年均值分别为 3.3%、3.0% 左右,也高于广州。而杭州年均值为 2.0%,同样高于广州。由上可知,广州教育财政支出占 GDP 比重明显落后于国内城市(见表 5-6、图 5-6)。

表 5-6　2010—2015 年广州与其他城市教育支出占 GDP 比重　（单位:%）

城市\年份	2010	2011	2012	2013	2014	2015
北京	3.2	3.2	3.5	3.5	3.5	3.7
重庆	3.0	3.2	3.5	3.5	3.3	3.4
上海	2.4	2.9	3.2	3.1	3.2	3.1
天津	2.5	2.7	2.9	3.2	3.3	3.1
杭州	1.8	1.9	1.9	1.9	2.0	2.2
广州	1.0	1.4	1.6	1.6	1.4	1.6
深圳	1.6	1.7	1.9	2.0	2.1	1.6

资料来源:《广州统计年鉴》《深圳统计年鉴》《重庆统计年鉴》《天津统计年鉴》《北京统计年鉴》《上海统计年鉴》《杭州统计年鉴》。

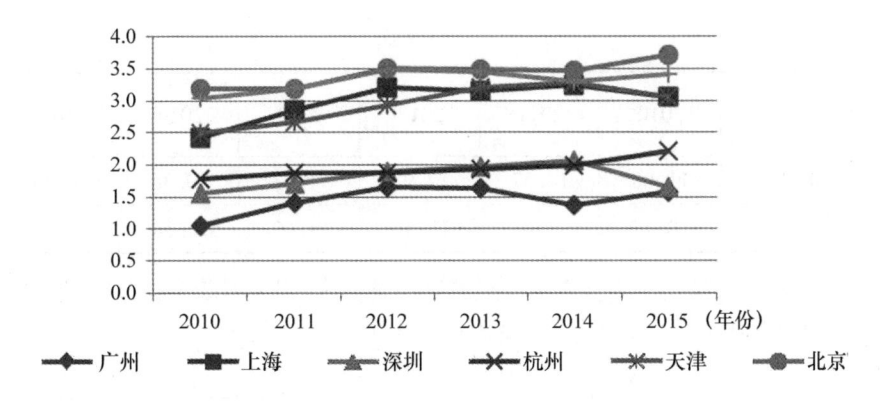

图 5-6 2010—2015年多市教育支出占GDP比重（单位:%）

资料来源:《广州统计年鉴》《深圳统计年鉴》《上海统计年鉴》《杭州统计年鉴》《天津统计年鉴》《重庆统计年鉴》《北京统计年鉴》。

第三，广州教育占财政支出比重在国内城市间的比较。2010—2015年广州教育占财政支出比重整体呈现震荡上行的趋势，从2010年的7.57%上升至2015年的10.87%，年均值为10.14%。与北上深一线城市相比，北京、上海、深圳年均值分别为11.27%、14.05%、11.39%，广州落后于这三个一线城市。与重庆、天津两大直辖市相比，重庆、天津年均值分别为13.89%、17.15%，广州也落后于两大直辖市。而杭州年均值位居七大城市第一位，为18.34%，广州与之差距较大（见表5-7、图5-7）。

表 5-7 2010—2015年广州与其他城市教育支出占财政支出的比重 （单位:%）

年份 城市	2010	2011	2012	2013	2014	2015
杭州	17.17	17.67	18.69	18.98	19.01	18.54
天津	16.67	16.83	17.67	18.10	17.92	15.70
重庆	13.59	12.40	14.69	14.30	14.22	14.14
上海	12.63	14.03	15.51	15.01	14.74	12.39
广州	7.57	9.78	12.44	11.12	9.07	10.87

续表

年份 城市	2010	2011	2012	2013	2014	2015
北京	11.08	11.37	12.92	11.28	10.38	10.59
深圳	10.17	11.04	13.10	14.02	12.54	7.47

资料来源：《广州统计年鉴》《深圳统计年鉴》《重庆统计年鉴》《天津统计年鉴》《北京统计年鉴》《上海统计年鉴》《杭州统计年鉴》。

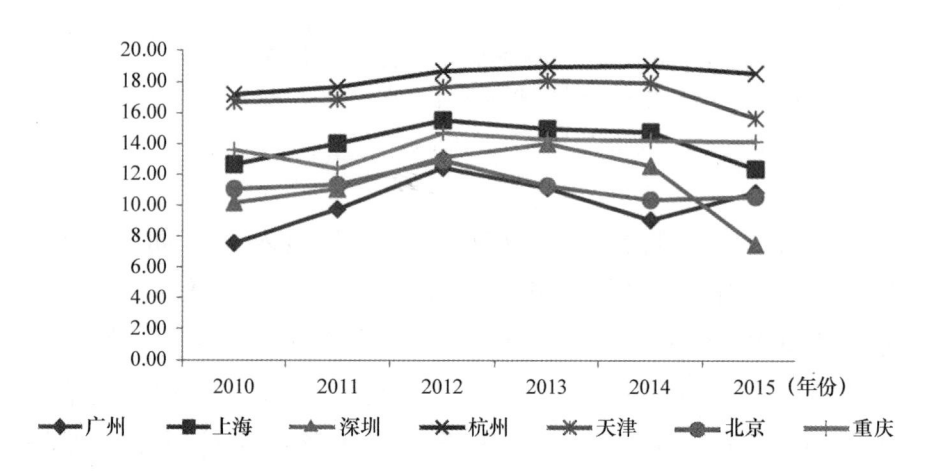

图 5-7 2010—2015 年多市教育支出占财政支出比重（单位:%）

资料来源：《广州统计年鉴》《深圳统计年鉴》《上海统计年鉴》《杭州统计年鉴》《天津统计年鉴》《重庆统计年鉴》《北京统计年鉴》。

第四，广州人均教育财政支出在国内城市间的比较。2010—2015 年，七大城市均呈现增长态势，而广州排名一直维持在第五、第六名，排名靠后。其中，2015 年广州人均教育财政支出为 2194.67 元/人，排名第六位，仅高于重庆，仅占排名第一位的北京市的 55.67%，分别是排名第二、第三位的天津、上海的 66.91% 和 69.08%。由此看出，广州在人均教育支出方面也明显落后于国内城市（见表 5-8、图 5-8）。

表 5-8　　　2010—2015 年广州与其他城市人均教育支出　　（单位：元/人）

年份 城市	2010	2011	2012	2013	2014	2015
北京	2294.79	2576.43	3037.99	3221.00	3448.85	3942.25
天津	1766.85	2231.87	2680.18	3133.77	3408.54	3280.26
上海	1812.17	2339.72	2726.19	2813.66	3149.43	3176.95
深圳	1470.26	1880.05	2333.60	2707.03	3056.10	2535.90
杭州	1536.49	1898.11	1669.24	1836.78	2054.57	2477.74
广州	948.92	1379.52	1752.73	1977.95	1771.85	2194.67
重庆	833.60	1091.82	1355.95	1472.32	1571.11	1777.67

资料来源：《广州统计年鉴》《深圳统计年鉴》《重庆统计年鉴》《天津统计年鉴》《北京统计年鉴》《上海统计年鉴》《杭州统计年鉴》。

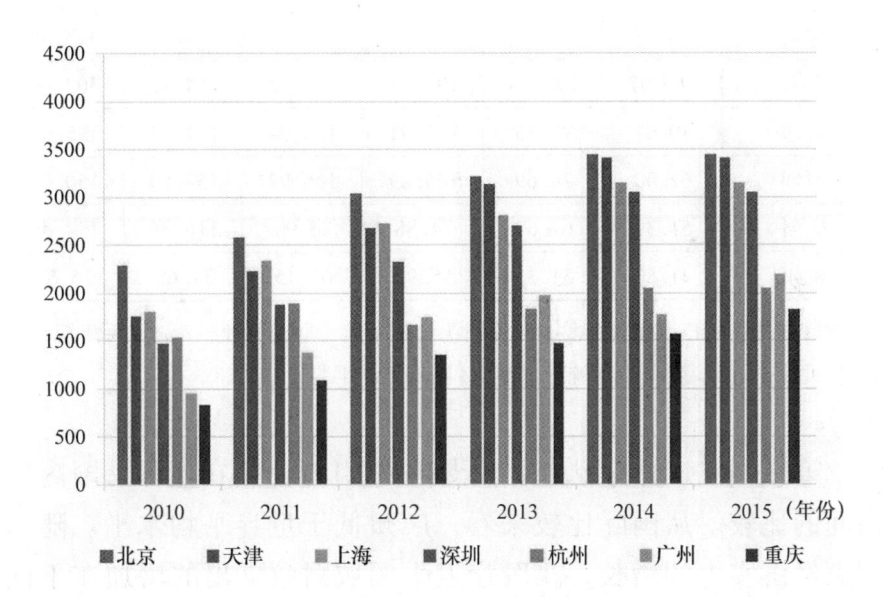

图 5-8　2010—2015 年广州与其他城市人均教育支出（单位：元/人）

资料来源：《广州统计年鉴》《深圳统计年鉴》《重庆统计年鉴》《天津统计年鉴》《北京统计年鉴》《上海统计年鉴》《杭州统计年鉴》。

（二）广州公共财政在医疗卫生领域的支出

第一，广州医疗卫生财政支出总额在国内城市间的比较。

广州医疗卫生财政支出总额排名低于国内其他一线城市与直辖市。2010—2015年,广州在北上广深四大一线城市中一直位居第四位。其中,2015年广州医疗卫生支出总额为134.88亿元,仅相当于北京、上海的四成左右。广州的医疗卫生财政支出也一直低于重庆、天津这两个直辖市,2015年,广州医疗卫生支出总额分别相当于重庆的四成、天津的七成左右(见表5-9、图5-9)。

表5-9　　　　2010—2015年广州与其他城市医疗卫生支出　　(单位:亿元)

年份 城市	2010	2011	2012	2013	2014	2015
北京	186.82	225.49	256.06	276.13	322.29	370.52
重庆	94.87	143.70	167.43	198.05	246.34	313.98
上海	160.07	190.03	197.34	228.45	264.75	303.46
天津	70.07	90.53	105.91	128.94	161.33	195.02
深圳	62.00	78.69	105.29	106.92	157.60	150.60
广州	51.39	67.67	74.88	86.90	116.35	134.88
杭州	41.80	51.35	55.92	62.15	71.68	76.63

资料来源:《广州统计年鉴》《深圳统计年鉴》《重庆统计年鉴》《天津统计年鉴》《北京统计年鉴》《上海统计年鉴》《杭州统计年鉴》。

第二,广州医疗卫生财政支出占GDP比重在国际、国内城市间的比较。从国际比较来看,广州低于世界平均水平。随着国家经济实力的增长,在医疗卫生领域财政支出的增加在不同类型国家都有体现。2000—2010年,高收入国家、中高收入国家、中等收入国家、中低收入国家、低收入国家在医疗卫生领域的财政支出整体上亦呈现逐年递增的趋势。在相同年份,低收入国家、中低收入国家、中等收入国家、中高收入国家、高收入国家的医疗卫生的财政支出大体是呈现增加的趋势。高收入国家的医疗卫生财政支出占GDP比重维持在11.3%左右;中

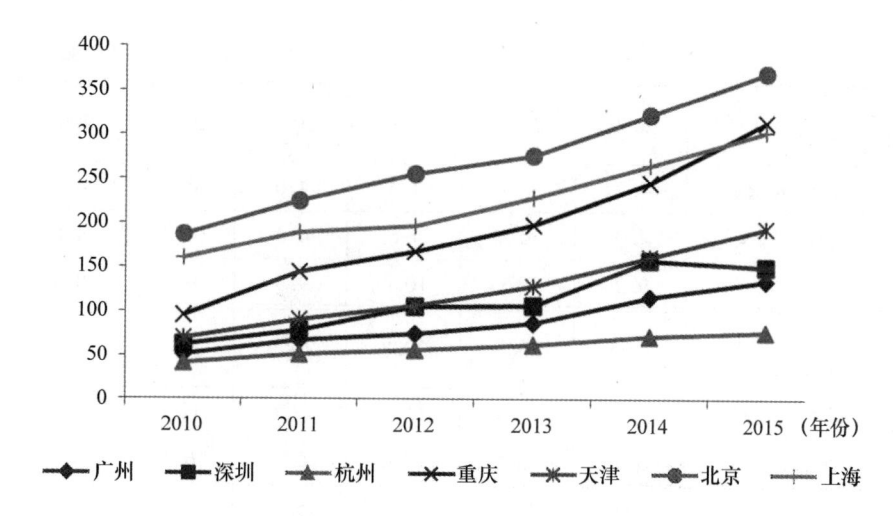

第五章　广州公共服务供给状况分析　83

图 5-9　2010—2015 年广州与其他城市医疗卫生支出（单位：亿元）

资料来源：《广州统计年鉴》《深圳统计年鉴》《重庆统计年鉴》《天津统计年鉴》《北京统计年鉴》《上海统计年鉴》《杭州统计年鉴》。

高收入国家的医疗卫生财政支出占 GDP 比重维持在 5.8% 左右；中等收入国家的医疗卫生财政支出占 GDP 比重维持在 5.5% 左右；中低收入国家的医疗卫生财政支出占 GDP 比重维持在 4.4% 左右；低收入国家的医疗卫生财政支出占 GDP 比重维持在 4.8% 左右；世界医疗卫生财政支出占 GDP 比重均值为 9.9% 左右。广州医疗卫生财政支出占 GDP 比重在 2010—2015 年最高为 0.7%，最低为 0.5%，大大低于世界平均水平，也与广州迈入"高收入城市"行列所需的公共服务配套不相符（见表 5-10、图 5-10）。

表 5-10　　　　　　　　医疗总支出占 GDP 比重　　　　　　　　（单位：%）

年份 国家类别	2000	2001	2002	2003	2004	2005
高收入国家	10.1	10.6	11.0	11.0	10.9	10.9
中高收入国家	5.7	5.7	5.6	5.7	5.6	5.8
中等收入国家	5.3	5.5	5.3	5.4	5.3	5.4

续表

年份 国家类别	2000	2001	2002	2003	2004	2005
中低收入国家	4.2	4.5	4.4	4.6	4.3	4.3
低收入国家	4.0	4.2	4.5	4.6	4.7	4.8
世界	9.2	9.6	10.0	9.9	9.8	9.7

年份 国家类别	2006	2007	2008	2009	2010	
高收入国家	11.3	11.3	11.5	12.6	12.5	
中高收入国家	5.7	5.7	5.7	6.2	6.1	
中等收入国家	5.4	5.4	5.4	5.8	5.7	
中低收入国家	4.2	4.3	4.3	4.4	4.3	
低收入国家	5.3	5.1	5.0	5.3	5.3	
世界	9.9	9.8	9.8	10.6	10.4	

注：公共医疗卫生由三部分构成：一是政府（中央和地方）预算中的经常性支出和资本支出；二是外部借款和赠款；三是社会（或强制）医疗保险基金构成。

资料来源：张英宏等：《北京市城乡基本公共服务发展研究》，中国政法大学出版社 2013 年版。

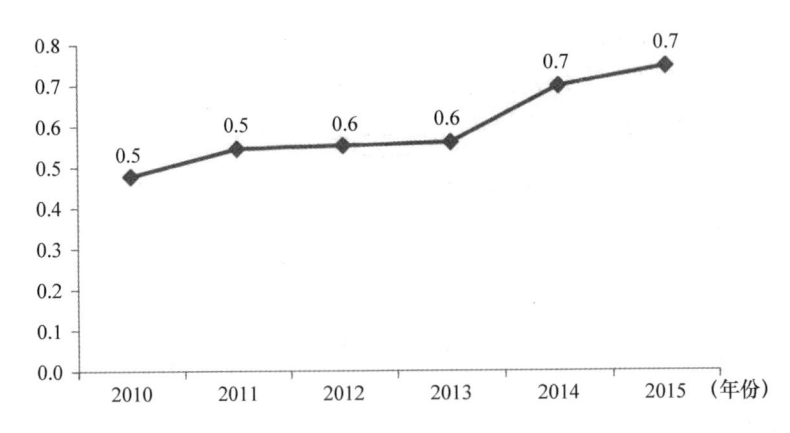

图 5-10　2010—2015 年广州医疗卫生支出占 GDP 的比重（单位:%）

资料来源：《广州统计年鉴》（2011—2016）。

从国内城市间比较来看，2010—2015 年北京、上海、深圳医疗卫生支出占 GDP 的比重分别为 1.4%、1.1%、0.8% 左右，广州为 0.6% 左右，同样是低于北上深一线城市。与重庆、天津两大直辖市相比，重庆、天津分别为 1.6%、1.0% 左右，也均高于广州。而杭州为 0.7%，也略高于广州。可以说，广州医疗卫生财政支出占 GDP 比重落后于国内主要城市（见表 5-11、图 5-11）。

表 5-11　2010—2015 年广州与其他城市医疗卫生支出占 GDP 比重　（单位:%）

城市 \ 年份	2010	2011	2012	2013	2014	2015
北京	1.3	1.4	1.4	1.4	1.5	1.6
重庆	1.2	1.4	1.5	1.6	1.7	2.0
上海	0.9	1.0	1.0	1.1	1.1	1.2
天津	0.8	0.8	0.8	0.9	1.0	1.2
深圳	0.6	0.7	0.8	0.7	1.0	0.9
杭州	0.7	0.7	0.7	0.7	0.8	0.8
广州	0.5	0.5	0.6	0.6	0.7	0.7

资料来源：《广州统计年鉴》《深圳统计年鉴》《重庆统计年鉴》《天津统计年鉴》《北京统计年鉴》《上海统计年鉴》《杭州统计年鉴》。

第三，广州医疗卫生支出占财政支出比重在国内城市间的比较。2010—2015 年，广州年均值一直落后于国内其他城市。在 2015 年排名有所提高，2015 年广州排名第四位，落后于两大直辖市与杭州。2010—2015 年广州整体呈现震荡上行的趋势，从 2010 年的 3.46% 上升至 2015 年的 5.11%，年均值为 4.16%。与北上深一线城市相比，北京、上海、深圳年均值分别为 4.74%、4.91%、4.88%，广州均落后于这三个一线城市。与重庆、天津两大直辖市相比，重庆、天津年均值分别为 6.55%、5.29%，广州也落后于两大直辖市。而杭州年均值（为 6.97%）位居七大城市第一位，广州与之差距较大（见表 5-12、图 5-12）。

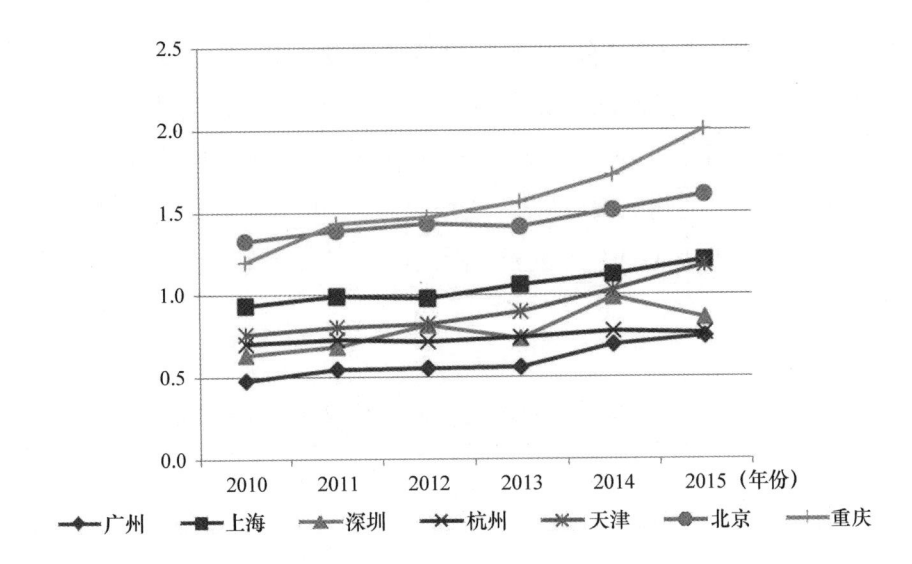

图 5-11 2010—2015 年多市医疗卫生支出占 GDP 比重（单位:%）

资料来源:《广州统计年鉴》《深圳统计年鉴》《上海统计年鉴》《杭州统计年鉴》《天津统计年鉴》《重庆统计年鉴》《北京统计年鉴》。

表 5-12　　　　2010—2015 年广州与其他城市医疗卫生支出
占财政支出的比重　　　　（单位:%）

城市\年份	2010	2011	2012	2013	2014	2015
重庆	5.36	5.59	6.16	6.47	7.45	8.28
杭州	6.78	6.87	7.11	7.26	7.46	6.36
天津	5.09	5.04	4.94	5.06	5.59	6.03
广州	3.46	3.77	4.17	3.81	4.61	5.11
上海	4.85	4.85	4.72	5.04	5.11	4.90
北京	4.60	4.93	5.26	4.57	4.51	4.59
深圳	4.14	4.41	5.60	5.21	6.00	3.90

资料来源:《广州统计年鉴》《深圳统计年鉴》《重庆统计年鉴》《天津统计年鉴》《北京统计年鉴》《上海统计年鉴》《杭州统计年鉴》。

第四，广州人均医疗卫生财政支出在国内城市间的比较。2010—2015 年，七大城市均呈现增长态势，而广州排名一直维

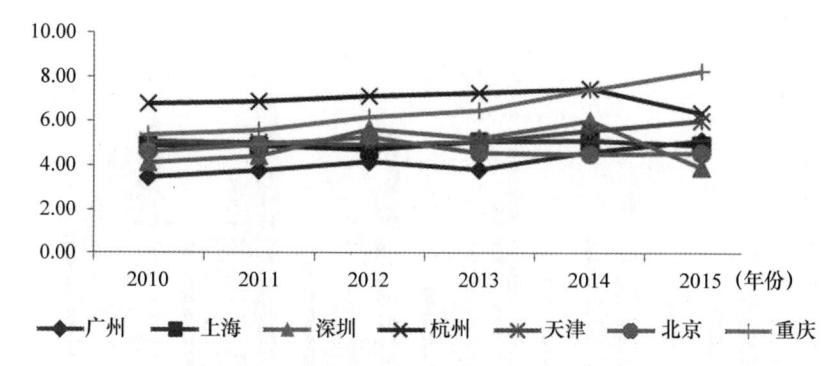

第五章 广州公共服务供给状况分析 87

图 5-12 2010—2015 年多市医疗卫生支出占财政支出比重（单位:%）

资料来源：《广州统计年鉴》《深圳统计年鉴》《上海统计年鉴》《杭州统计年鉴》《天津统计年鉴》《重庆统计年鉴》《北京统计年鉴》。

持在第五、第六名，排名靠后。其中，2015 年广州为 1031.17 元/人，排名第六位，仅高于重庆，仅相当于排名第一的北京的 60.41%，分别仅相当于排名第二、第三位的深圳、天津的 77.91%、81.80%。从人均量来看，广州在医疗卫生上的支出仍显不足，落后于国内其他主要城市（见表 5-13、图 5-13）。

表 5-13　　2010—2015 年广州与其他城市人均医疗支出　　（单位：元/人）

城市\年份	2010	2011	2012	2013	2014	2015
北京	952.26	1117.04	1237.44	1305.69	1497.92	1707.09
深圳	597.75	751.79	998.28	1005.92	1462.14	1323.50
天津	539.31	668.29	749.48	875.82	1063.61	1260.67
上海	695.15	809.51	829.01	945.90	1091.45	1256.42
重庆	328.88	492.28	568.54	666.83	823.48	1040.85
广州	432.96	532.44	587.26	676.82	900.10	1031.17
杭州	606.55	738.03	635.34	702.76	806.07	849.78

资料来源：《广州统计年鉴》《深圳统计年鉴》《重庆统计年鉴》《天津统计年鉴》《北京统计年鉴》《上海统计年鉴》《杭州统计年鉴》。

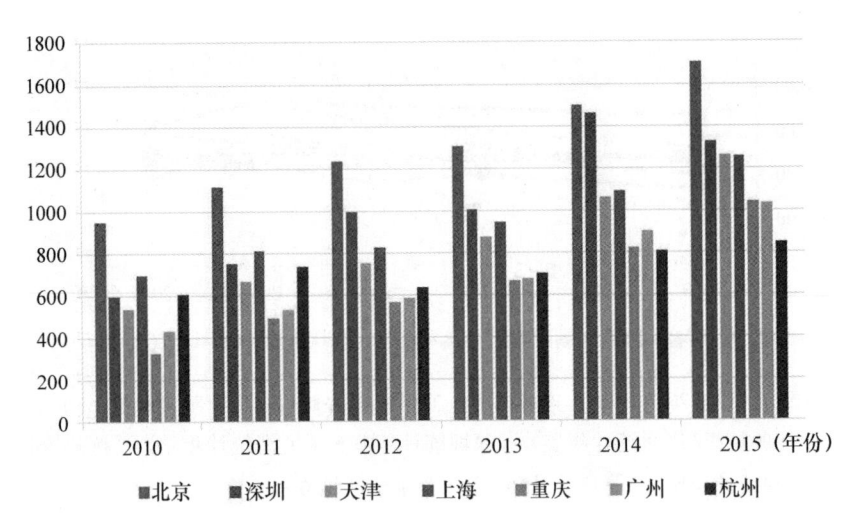

图 5-13　2010—2015 年广州与其他城市人均医疗支出（单位：元/人）

资料来源：《广州统计年鉴》《深圳统计年鉴》《重庆统计年鉴》《天津统计年鉴》《北京统计年鉴》《上海统计年鉴》《杭州统计年鉴》。

（三）广州公共财政在社会保障与就业领域的支出

第一，广州社会保障与就业财政支出在国内城市间的比较。相较于国内其他城市，2010—2015 年，广州以年平均增长率为 13.28% 的增速增加对社会保障的投入。2015 年广州社会保障支出比 2010 年增长了 0.8 倍。尽管如此，相较于国内其他城市，广州在社会保障支出总额上明显低于北京、上海、重庆、天津。2015 年广州社会保障与就业支出总额为 204.96 亿元，仅相当于北京、上海、重庆的三成左右，相当于天津的六成左右（见表 5-14、图 5-14）。

表 5-14　2010—2015 年广州与其他城市社会保障支出　（单位：亿元）

年份 城市	2010	2011	2012	2013	2014	2015
北京	275.90	354.88	424.31	469.13	509.01	700.48
重庆	236.98	338.76	383.12	431.89	502.94	569.63

续表

年份城市	2010	2011	2012	2013	2014	2015
上海	362.56	417.5	443.01	468.01	514.22	543.16
天津	137.74	168.34	201.17	229.28	259.56	314.77
广州	114.12	132.48	126.46	145.33	149.52	204.96
杭州	63.92	77.54	87.14	94.60	108.26	130.99
深圳	47.82	51.89	66.78	78.50	63.88	84.58

资料来源：《广州统计年鉴》《深圳统计年鉴》《重庆统计年鉴》《天津统计年鉴》《北京统计年鉴》《上海统计年鉴》《杭州统计年鉴》。

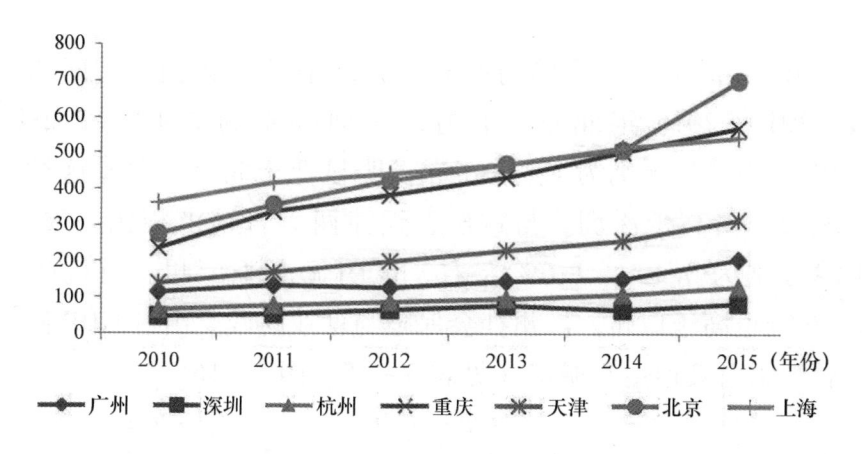

图 5-14 2010—2015 年广州与其他城市社会保障支出（单位：亿元）

资料来源：《广州统计年鉴》《深圳统计年鉴》《重庆统计年鉴》《天津统计年鉴》《北京统计年鉴》《上海统计年鉴》《杭州统计年鉴》。

第二，广州社会保障与就业财政支出占 GDP 比重在国际、国内城市间的比较。根据世界银行数据，高收入国家社会保障支出占 GDP 的比重普遍在 25% 以上，如 2005 年欧盟用于社会保障的支出占 GDP 的 27.2%。尽管广州进入高收入城市行列，但是 2010—2015 年社会保障与就业占 GDP 的比重最高为 1.1%，最低为 0.9%。广州社会保障与就业财政支出占 GDP 比重显著低于高收入国家水平（见图 5-15）。

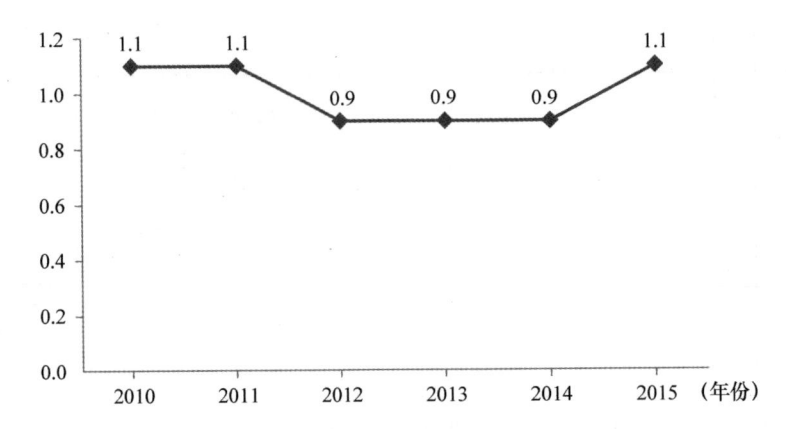

图 5-15　2010—2015 年广州社会保障与就业支出占 GDP 的比重（单位：%）
资料来源：《广州统计年鉴》（2011—2016）。

第三，广州社会保障与就业占 GDP 比重在国内城市间的比较。2010—2015 年北京、上海、深圳分别为 2.4%、2.2%、0.5% 左右。广州则为 1.0% 左右，明显低于北京、上海这类一线城市，仅高于深圳。与重庆、天津两大直辖市相比，重庆、天津分别为 3.4%、1.6% 左右，也明显高于广州。而杭州为 1.2%，也高于广州。广州社会保障与就业财政支出占 GDP 比重落后于国内其他主要城市（见表 5-15、图 5-16）。

表 5-15　2010—2015 年广州与其他城市社会保障支出占 GDP 比重　（单位：%）

年份 城市	2010	2011	2012	2013	2014	2015
重庆	3.00	3.40	3.40	3.40	3.50	3.60
北京	2.00	2.20	2.40	2.40	2.40	3.00
上海	2.10	2.20	2.20	2.20	2.20	2.20
天津	1.50	1.50	1.60	1.60	1.70	1.90
杭州	1.10	1.10	1.10	1.10	1.20	1.30
广州	1.10	1.10	0.90	0.90	0.90	1.10
深圳	0.50	0.50	0.50	0.50	0.40	0.50

资料来源：《广州统计年鉴》《深圳统计年鉴》《重庆统计年鉴》《天津统计年鉴》《北京统计年鉴》《上海统计年鉴》《杭州统计年鉴》。

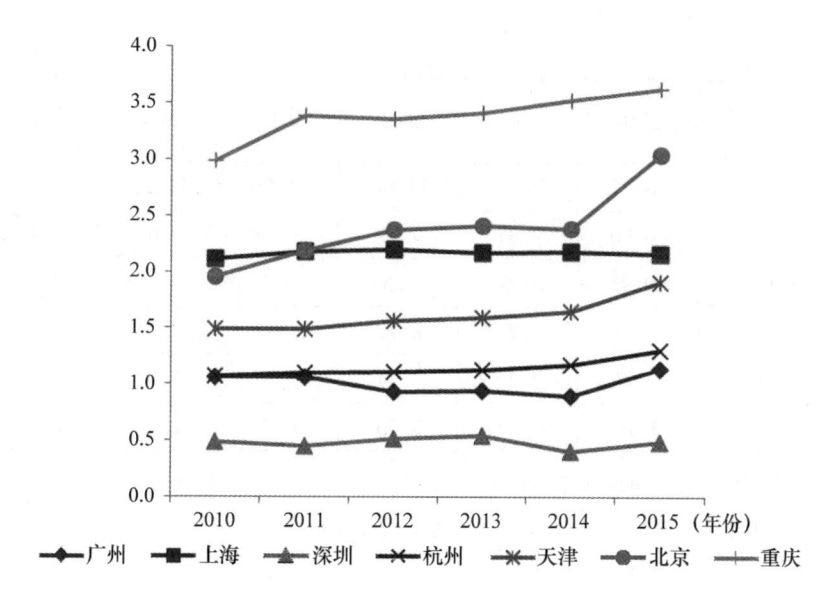

图 5-16 2010—2015 年多市社会保障与就业支出占 GDP 比重（单位:%）

资料来源：《广州统计年鉴》《深圳统计年鉴》《上海统计年鉴》《杭州统计年鉴》《天津统计年鉴》《重庆统计年鉴》《北京统计年鉴》。

第三，广州社会保障与就业支出占财政支出比重在国内城市间的比较。2010—2015 年，广州的排名一直处于第五位或第六位，排名靠后。2010—2015 年广州社会保障与就业支出占财政支出的比重是先降后升的走势（见图 5-17），从 2010 年的 7.67% 上升至 2015 年的 7.76%，年均值为 7.02%。同期，北京、上海、深圳年均值分别为 7.81%、10.21%、3.02%，广州落后于北京与上海，但高于深圳。与重庆、天津两大直辖市相比，重庆、天津年均值分别为 14.17%、9.42%，广州也落后于两大直辖市。而杭州年均值为 10.84%，广州与之差距较大（见表 5-16）。

表 5-16 2010—2015 年广州与其他城市社会保障与就业支出占财政支出比重 （单位:%）

年份 城市	2010	2011	2012	2013	2014	2015
重庆	13.40	13.18	14.10	14.12	15.22	15.02

续表

年份 城市	2010	2011	2012	2013	2014	2015
杭州	10.37	10.37	11.08	11.06	11.26	10.87
天津	10.00	9.37	9.39	8.99	9.00	9.74
上海	10.98	10.66	10.59	10.33	9.92	8.77
北京	6.79	7.76	8.72	7.77	7.12	8.67
广州	7.67	7.39	7.04	6.36	5.92	7.76
深圳	3.19	2.91	3.55	3.83	2.43	2.19

资料来源：《广州统计年鉴》《深圳统计年鉴》《重庆统计年鉴》《天津统计年鉴》《北京统计年鉴》《上海统计年鉴》《杭州统计年鉴》。

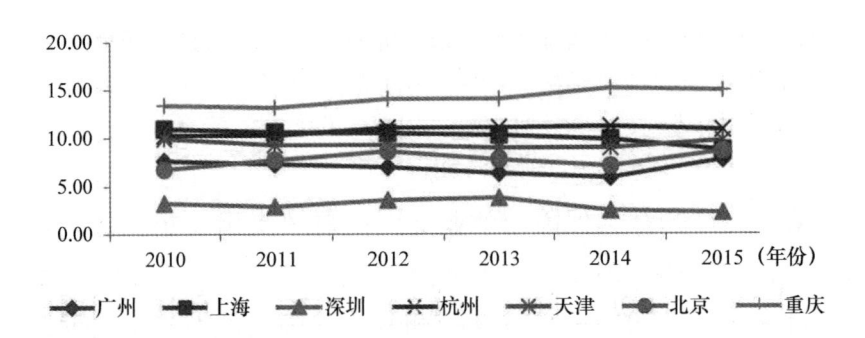

图 5-17 2010—2015 年多市社会保障与就业支出占财政支出比重（单位：%）

资料来源：《广州统计年鉴》《深圳统计年鉴》《上海统计年鉴》《杭州统计年鉴》《天津统计年鉴》《重庆统计年鉴》《北京统计年鉴》。

第四，广州人均社会保障与就业支出在国内城市间的比较。2010—2015 年广州人均社会保障与就业支出大致是呈现上升的趋势。然而，相较于其他主要城市而言，广州排名也一直较为靠后，七大城市中处于第五或第六位。以 2015 年为例，广州人均社保支出为 1566.89 元/人，在七个城市中排名第五位，高于杭州、深圳。广州仅相当于排名第一的北京的 48.55%，相当于排名第二、第三位的上海、天津的 69.67%、77.01%。从人均量来看，广州在社会保障与就业上的财政支出相对落后于国内

第五章 广州公共服务供给状况分析

其他主要城市（见表 5-17、图 5-18）。

表 5-17　2010—2015 年广州与其他城市人均社会保障与就业支出

（单位：元/人）

年份 城市	2010	2011	2012	2013	2014	2015
北京	1406.29	1758.06	2050.51	2218.33	2365.72	3227.29
上海	1574.53	1778.52	1861.05	1937.81	2119.90	2248.86
天津	1060.14	1242.78	1423.58	1557.39	1711.22	2034.78
重庆	821.53	1160.55	1300.93	1454.18	1681.27	1888.36
广州	961.46	1042.33	991.70	1131.92	1156.65	1566.89
杭州	927.49	1114.58	990.04	1069.69	1217.46	1452.50
深圳	461.01	495.69	633.13	738.54	592.67	743.32

资料来源：《广州统计年鉴》《深圳统计年鉴》《重庆统计年鉴》《天津统计年鉴》《北京统计年鉴》《上海统计年鉴》《杭州统计年鉴》。

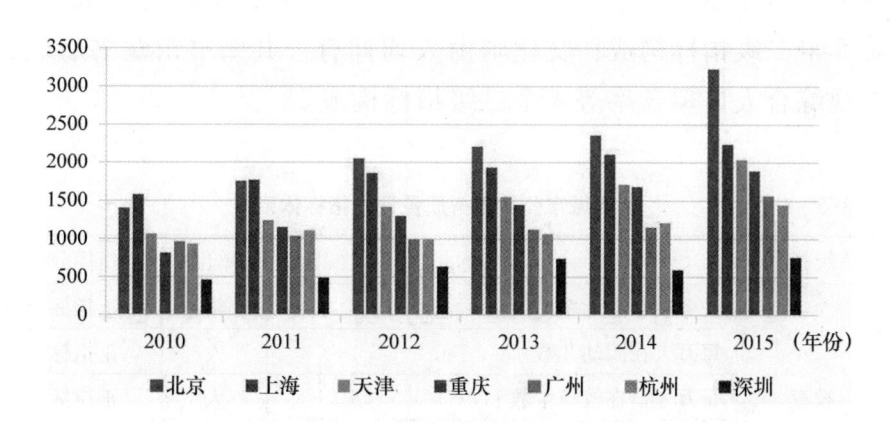

图 5-18　2010—2015 年广州与其他城市人均社会保障与就业支出（单位：元/人）

资料来源：《广州统计年鉴》《深圳统计年鉴》《重庆统计年鉴》《天津统计年鉴》《北京统计年鉴》《上海统计年鉴》《杭州统计年鉴》。

综上数据分析可知，广州已迈入高收入地区行列，但是在教育、医疗卫生、社会保障与就业的支出总量、各项财政支出占 GDP 比重、各项财政支出占财政总支出比重、人均各项财政支出四大指标中,均处于较为落后的位置。广州这三项财政支出占 GDP 比重显著低于高收入国家平均水平;同时在四大指标的国内城市比较中,广州相对落后于国内其他主要城市。

第三节 广州公共服务供给质量分析

一 公共服务供给质量的重点分析

(一)七大城市公共服务供给质量的综合评价

综合考虑公共服务供给的构成要素与数据可得性,从教育、医疗卫生、社会保障与就业、文化四方面构建公共服务供给质量的评价指标体系。该指标体系共由 4 个一级指标和 19 个二级指标构成(见表 5-18)。其中,教育由义务教育升学率、每万人在园幼儿数等 5 个二级指标构成;医疗卫生则由每万人拥有医院床位数、每万人口执业医师数等 5 个二级指标构成;社会保障与就业由城镇登记失业率、城乡最低生活保障人数增长率等 5 个二级指标构成;文化则由人均拥有公共图书馆藏书册数、电视综合人口覆盖率等 4 个二级指标构成。

表 5-18　　七大城市公共服务质量评价指标体系

一级指标	二级指标	单位	单指标分类
教育	义务教育升学率	%	正指标
	每万人在园幼儿数	人	正指标
	每万人口在校学生数	人	正指标
	中小学每百名在校学生拥有专任教师数	人	正指标
	普通高校每百名在校学生拥有专任教师数	人	正指标
医疗卫生	每万人拥有医院床位数	张	正指标
	每万人口执业医师数	人	正指标
	每万人口卫生机构数	个	正指标
	每万人口卫生技术人员数	人	正指标
	每万人口注册护士数	人	正指标

续表

一级指标	二级指标	单位	单指标分类
社会保障与就业	城镇登记失业率	%	逆指标
	城乡最低生活保障人数增长率	%	逆指标
	基本养老保险参保人数增长率	%	正指标
	基本医疗保险参保人数增长率	%	正指标
	每万人拥有收养性社会福利单位床位数	张	正指标
文化	人均拥有公共图书馆藏书册数	册	正指标
	电视综合人口覆盖率	%	正指标
	每万人拥有文化站机构数	个	正指标
	博物馆参观人次	千人次	正指标

注：广州公共服务质量评价指标体系根据北京市十六区县公共服务绩效综合评价指标体系进行设计，并进行适当修正。参见北京市社会科学院管理研究所"北京区县公共服务绩效综合评价研究"课题组《2014年北京市十六区县公共服务绩效综合评价》，载《北京公共服务发展报告（2015—2016）》，2016年。

采用熵权法①确定一级指标和二级指标的权重，具体的权重数据如表5-19所示。

表5-19　　七大城市公共服务质量评价体系指标权重

一级指标	权重	二级指标	权重
教育	0.27	义务教育升学率	0.05
		每万人在园幼儿数	0.05
		每万人口在校学生数	0.05
		中小学每百名在校学生拥有专任教师数	0.06
		普通高校每百名在校学生拥有专任教师数	0.06

---

① 熵权法是在客观条件下，由评价指标值构成的判断矩阵来确定指标权重的一种方法，其尽可能消除各因素权重的主观性，使评价结果更符合实际。由于熵权法不受样本数量限制，选取该方法分析地方政府公共服务质量，可以提高评估的有效性。

续表

一级指标	权重	二级指标	权重
医疗卫生	0.27	每万人拥有医院床位数	0.05
		每万人口执业医师数	0.05
		每万人口卫生机构数	0.06
		每万人口卫生技术人员数	0.06
		每万人口注册护士数	0.05
社会保障与就业	0.25	城镇登记失业率	0.05
		城乡最低生活保障人数增长率	0.04
		基本养老保险参保人数增长率	0.06
		基本医疗保险参保人数增长率	0.05
		每万人拥有收养性社会福利单位床位数	0.05
文化	0.21	人均拥有公共图书馆藏书册数	0.05
		电视综合人口覆盖率	0.04
		每万人拥有文化站机构数	0.06
		博物馆参观人次	0.06

经公共服务质量评价指标体系计算得到七大城市公共服务质量综合得分如表5-20、图5-19、图5-20所示。

表5-20 七大城市公共服务质量综合评价

	北京	广州	杭州	上海	深圳	重庆	天津
综合得分	0.72	0.51	0.48	0.42	0.41	0.30	0.28
教育	0.20	0.12	0.11	0.09	0.11	0.08	0.06
医疗卫生	0.20	0.15	0.16	0.07	0.03	0.07	0.03
社会保障与就业	0.16	0.14	0.10	0.10	0.18	0.10	0.13
文化	0.16	0.10	0.11	0.15	0.09	0.05	0.07

资料来源：《广州统计年鉴》《深圳统计年鉴》《重庆统计年鉴》《天津统计年鉴》《北京统计年鉴》《上海统计年鉴》《杭州统计年鉴》。

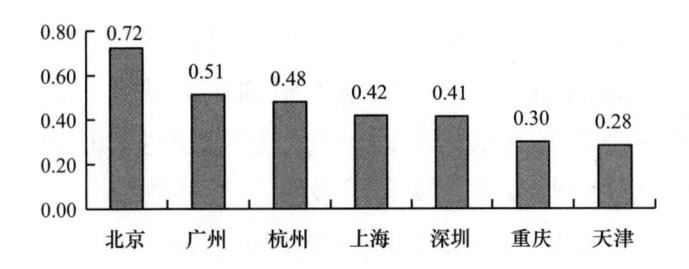

图 5-19 七大城市公共服务质量综合评价结果

资料来源：《广州统计年鉴》《深圳统计年鉴》《重庆统计年鉴》《天津统计年鉴》《北京统计年鉴》《上海统计年鉴》《杭州统计年鉴》。

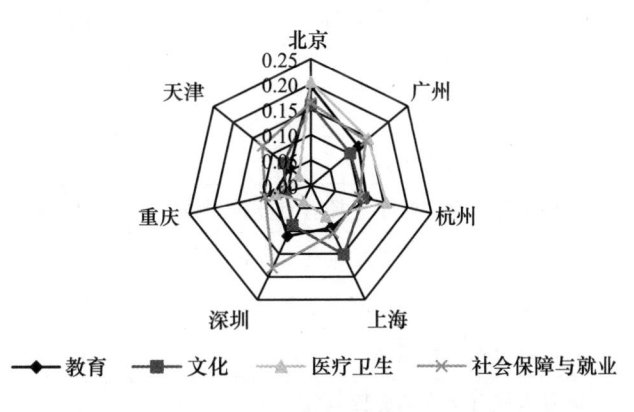

图 5-20 七大城市公共服务质量四个方面评价结果

资料来源：《广州统计年鉴》《深圳统计年鉴》《重庆统计年鉴》《天津统计年鉴》《北京统计年鉴》《上海统计年鉴》《杭州统计年鉴》。

计算结果显示，七大城市公共服务质量综合评价中，北京、广州、杭州位列前三，广州公共服务供给质量表现良好。尽管从国际、七大城市公共服务财政支出的数量角度，广州的投入力度有待强化，但是公共服务供给质量排名靠前。其中，广州的教育在七大城市排名中位居第二，广州医疗卫生、社会保障与就业在七大城市中排名第三位，而文化则表现较差，广州在七大城市中排名第四位。

（二）广州公共服务供给质量的态势判断

2015 年广州人均 GDP 超过 2 万美元，已经步入高收入城市行列。人民群众的利益诉求和生活方式日趋多元，对自身全面发展有着更高的期待，对公共服务精细化、品质化需求进一步提升。考虑公共服务供给的内涵与数据可得性，从教育、医疗卫生、社会保障与就业、文化以及社会服务管理五个方面设计指标体系进行评估，分析2011—2015年广州公共服务供给质量演化特点。指标设计如表5-21所示。

表5-21　　　　　广州公共服务质量评价指标体系

一级指标	二级指标	单位	单指标分类
教育	义务教育升学率	%	正指标
	每万人在园幼儿数	人	正指标
	每万人口在校学生数	人	正指标
	中小学每百名在校学生拥有专任教师数	人	正指标
	普通高校每百名在校学生拥有专任教师数	人	正指标
文化	人均拥有公共图书馆藏书册数	册	正指标
	电视综合人口覆盖率	%	正指标
	每万人拥有文化站机构数	个	正指标
	博物馆参观人次	千人次	正指标
医疗卫生	每万人拥有医院床位数	张	正指标
	每万人口执业医师数	人	正指标
	每万人口卫生机构数	个	正指标
	每万人口卫生技术人员数	人	正指标
	每万人口注册护士数	人	正指标
社会保障与就业	城镇登记失业率	%	逆指标
	城乡最低生活保障人数增长率	%	逆指标
	基本养老保险参保人数增长率	%	正指标
	基本医疗保险参保人数增长率	%	正指标
	每万人拥有收养性社会福利单位床位数	张	正指标

续表

一级指标	二级指标	单位	单指标分类
社会服务管理	万人社区服务中心数	站	正指标
	万人社区服务设施数	个	正指标
	刑事案件破案率	%	正指标
	治安案件查处率	%	正指标

注：广州公共服务质量评价指标体系根据北京市十六区县公共服务绩效综合评价指标体系进行设计，并进行适当修正。参见北京市社会科学院管理研究所"北京区县公共服务绩效综合评价研究"课题组《2014年北京市十六区县公共服务绩效综合评价》，《北京公共服务发展报告（2015—2016）》，2016年。

2011—2015年，广州在教育、文化、医疗卫生、社会保障与就业以及社会服务管理方面的指标值有差异的表现，多数指标呈现增长的走势，如义务教育升学率、每万人拥有医院床位数、城市登记失业率等；但也有一些指标在下降，比如普通高校每百名在校学生拥有专任教师数（由2011年的5.78下降到2015年的5.66）、万人社区服务设施数（由2011年的2.59下降到2015年的1.63）、刑事案件破案率（下降幅度较大，由2011年的52.15下降到2015年的17.20）（见表5-22）。

表5-22　　2011—2015年教育、文化、医疗卫生、就业和社会保障以及社会服务管理指标值

一级指标	二级指标	2011	2012	2013	2014	2015
教育	义务教育升学率	87.93	88.03	95.26	95.51	96.51
	每万人在园幼儿数	281.43	298.6	292.98	309.06	329.76
	每万人口在校学生数	2795.93	2812.2	2870.53	2910.95	2922.4
	中小学每百名在校学生拥有专任教师数	12.24	12.71	12.71	13.05	13.34
	普通高校每百名在校学生拥有专任教师数	5.78	5.72	5.64	5.61	5.66

续表

一级指标	二级指标	2011	2012	2013	2014	2015
文化	人均拥有公共图书馆藏书册数	1.24	1.28	1.43	1.53	1.60
	电视综合人口覆盖率	100	100	100	100	100
	每万人拥有文化站机构数	0.13	0.13	0.12	0.12	0.12
	博物馆参观人次	8359	10510	9147	10616	10373
医疗卫生	每万人拥有医院床位数	68.05	75.63	77.93	81.53	85.83
	每万人口执业医师数	27.9	29.16	30.71	31.13	31.48
	每万人口卫生机构数	3459	3511	3729	3749	3724
	每万人口卫生技术人员数	79.1	83.11	88.81	92.44	93.83
	每万人口注册护士数	32.7	34.79	37.54	40.03	40.74
社会保障与就业	城镇登记失业率	2.35	2.41	2.15	2.26	2.20
	城乡最低生活保障人数增长率	-0.04	-0.12	-0.08	-0.16	-0.21
	基本养老保险参保人数增长率	10.40	3.50	2.90	42.80	8.30
	基本医疗保险参保人数增长率	6.90	5.70	3.70	3.80	-0.20
	每万人拥有收养性社会福利单位床位数	23.37	26.56	32.49	35.85	33.33
社会服务管理	万人社区服务中心数	0.95	1.15	1.16	1.15	0.97
	万人社区服务设施数	2.59	3.03	1.78	1.82	1.63
	刑事案件破案率	52.15	25.76	9.84	14.8	17.20
	治安案件查处率	98.74	98.45	97.80	96.94	97.16

资料来源：《广州统计年鉴》(2012—2016)。

为综合判断公共服务质量，在获取2011—2015年指标值基础上，采用熵权法确定权重系数。具体权重数据如表5-23所示。

表 5-23　　　　　　广州公共服务质量评价体系指标权重

一级指标	权重	二级指标	权重
教育	0.22	义务教育升学率	0.20
		每万人在园幼儿数	0.20
		每万人口在校学生数	0.20
		中小学每百名在校学生拥有专任教师数	0.21
		普通高校每百名在校学生拥有专任教师数	0.19
文化	0.17	人均拥有公共图书馆藏书册数	0.23
		电视综合人口覆盖率	0.28
		每万人拥有文化站机构数	0.23
		博物馆参观人次	0.26
医疗卫生	0.22	每万人拥有医院床位数	0.20
		每万人口执业医师数	0.21
		每万人口卫生机构数	0.19
		每万人口卫生技术人员数	0.19
		每万人口注册护士数	0.21
社会保障与就业	0.21	城镇登记失业率	0.23
		城乡最低生活保障人数增长率	0.22
		基本养老保险参保人数增长率	0.19
		基本医疗保险参保人数增长率	0.16
		每万人拥有收养性社会福利单位床位数	0.20
社会服务管理	0.18	万人社区服务中心数	0.22
		万人社区服务设施数	0.24
		刑事案件破案率	0.26
		治安案件查处率	0.28

分别计算出一级指标和二级指标权重后，计算出 2011—2015 年广州公共服务质量得分情况，如表 5-24、图 5-21 所示。

表 5-24　　2011—2015 年广州公共服务质量综合评价

年份＼领域	医疗卫生	社会保障与就业	教育	文化	社会服务管理	公共服务质量
2011	45.52	37.23	49.16	49.44	68.74	49.37
2012	48.11	48.84	50.14	53.44	65.27	52.66
2013	50.88	40.97	50.79	51.60	50.84	48.92
2014	52.62	80.70	51.77	54.96	52.69	58.70
2015	53.60	66.71	52.98	55.15	49.08	55.67

资料来源：《广州统计年鉴》（2012—2016）。

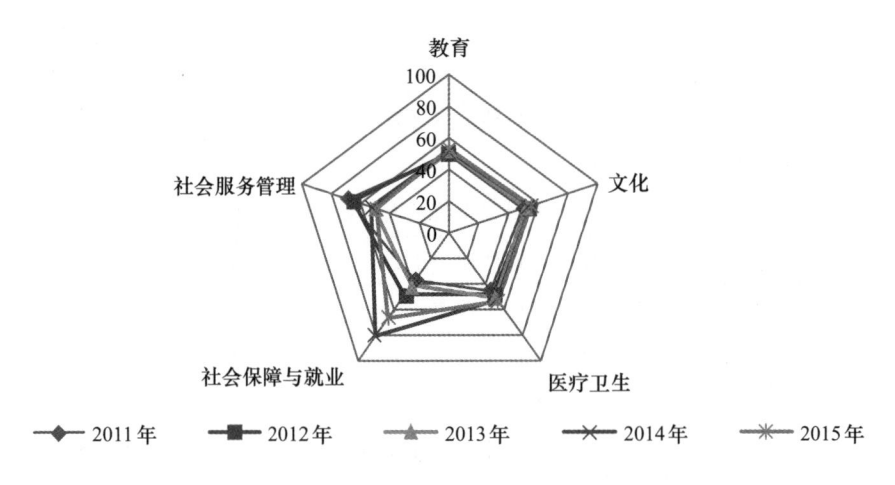

图 5-21　2011—2015 年广州政府公共服务质量雷达图

资料来源：《广州统计年鉴》（2012—2016）。

总体来看，广州公共服务质量在 2011—2015 年呈现出提升的走向（见图 5-22）。五年里，2013 年得分最低，为 48.92 分；2014 年得分最高，为 58.70 分；2015 年分数有所回落，为 55.67 分。从构成来看，广州公共服务中社会保障与就业、文化、医疗卫生、教育的质量都有提升，其中，社会保障与就业的质量提升尤为明显，社会服务管理方面则有下降的走势。接下来择取教育、医疗卫生领域的一些主要指标，根据数据的可获得性，进行具体指标的比较分析。

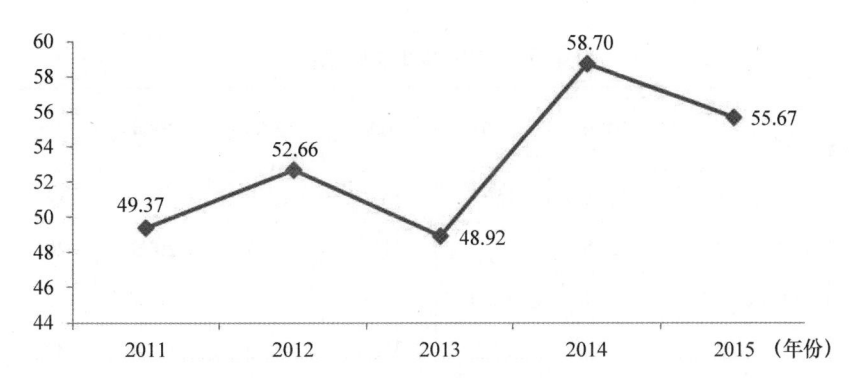

图 5-22　2011—2015 年广州公共服务质量总体得分折线图

资料来源：《广州统计年鉴》（2012—2016）。

（三）教育领域师生比指标的比较

师生比数值是衡量教育发展水平的一项重要指标，主要反映办学机构的师资实力和办学效益。随着收入和教育发展水平的提高，师生比应呈现下降趋势。如表 5-25 所示，从不同发达程度国家来看，高收入国家、中高收入国家、中等收入国家、中低收入国家、低收入国家小学师生比呈现出负的相关关系，其中，高收入国家小学师生比最低，2010 年这五类国家的师生比分别是：14.0、18.6、24.2、30.5、43.2，世界平均水平为 24.2。从时间序列来看，2000—2010 年，高收入国家、中高收入国家、中等收入国家、中低收入国家、低收入国家小学师生比都呈现下降趋势。其中，高收入国家从 15.8 下降至 14.0，其他四类国家下降数量分别是：中高收入国家从 23.5 下降至 18.6，中等收入国家从 27.4 下降至 24.2，中低收入国家从 33.0 下降至 30.5，低收入国家从 45.0 下降至 43.2，世界平均水平从 26.4 下降至 24.2。这意味着随着经济增长、国民收入提高，教育资源投入也在相应增加，教育质量在提高。广州 2010—2015 年小学师生比维持在 1∶19 左右，其师资投入水平处于中高收入国家水平，但是低于高收入水平国家。

表 5-25　　　　　　　2000—2010 年小学师生比

年份 国家类别	2000	2001	2002	2003	2004	2005
高收入国家	15.8	15.7	15.4	15.3	15.1	14.8
中高收入国家	23.5	22.7	21.1	21.7	20.9	20.1
中等收入国家	27.4	26.9	25.9	26.4	26.1	25.7
中低收入国家	33.0	32.7	32.6	32.5	32.4	32.6
低收入国家	45.0	45.2	46.5	46.9	46.3	46.4
世界	26.4	26.1	25.4	25.9	25.6	25.4
年份 国家类别	2006	2007	2008	2009	2010	
高收入国家	14.6	14.4	14.3	14.2	14.0	
中高收入国家	19.9	19.5	19.2	18.9	18.6	
中等收入国家	25.7	25.4	25.0	24.5	24.2	
中低收入国家	32.8	32.4	31.7	31.0	30.5	
低收入国家	45.7	45.4	45.2	44.6	43.2	
世界	25.3	25.1	24.9	24.6	24.2	

注：小学师生比为小学注册学生数除以小学教师数量。

资料来源：张英宏等：《北京市城乡基本公共服务发展研究》，中国政法大学出版社 2013 年版。

2010—2015 年，广州小学师生比、普通高校师生比都呈现上升趋势，唯有中学师生比呈现下降趋势，这意味着广州小学、普通高校教育水平未能有所改善，中学教育情况有所好转。相较于国内其他城市，广州小学师生比仅低于深圳，高于其他城市；广州中学师生比、普通高校师生比仅低于深圳与重庆，高于其他城市。

由此可见，广州教育发展水平优于中高收入国家，但是低于高收入国家,同时也低于国内其他城市(见表 5-26、图 5-23、图 5-24、图 5-25)。

表 5-26　　　　2010—2015 年七市小学师生比情况

年份 城市	2010	2011	2012	2013	2014	2015
北京	13.2	13.4	13.7	14.4	14.4	14.3
天津	14	14	14	14	15	15
上海	16	16	16	16	16	15
杭州	16.28	16.70	18.45	15.92	15.96	15.98
重庆	17.23	16.95	17.04	17.27	17.48	17.44
广州	18.88	18.74	18.43	19.06	19	19.01
深圳	20.81	20.88	20.39	20.54	20.28	20.29

资料来源:《广州统计年鉴》《深圳统计年鉴》《上海统计年鉴》《杭州统计年鉴》《天津统计年鉴》《重庆统计年鉴》《北京统计年鉴》。

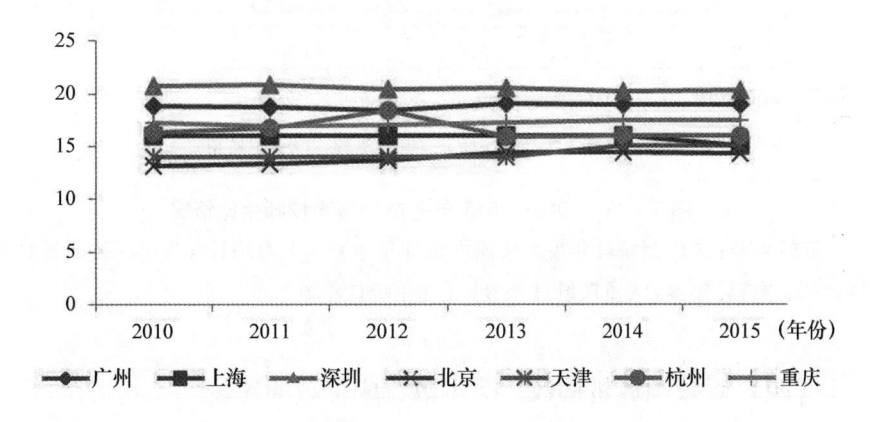

图 5-23　2010—2015 年七市小学师生比情况

资料来源:《广州统计年鉴》《深圳统计年鉴》《上海统计年鉴》《杭州统计年鉴》《天津统计年鉴》《重庆统计年鉴》《北京统计年鉴》。

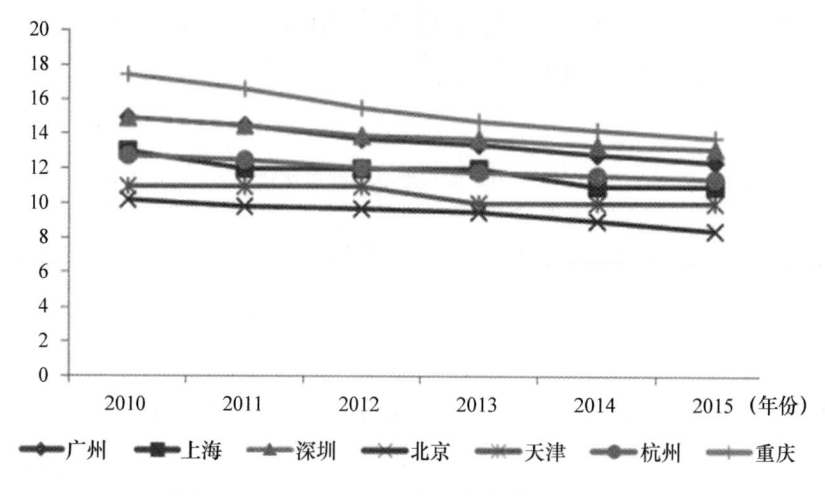

图 5-24　2010—2015 年七市中学师生比情况

资料来源：《广州统计年鉴》《深圳统计年鉴》《上海统计年鉴》《杭州统计年鉴》《天津统计年鉴》《重庆统计年鉴》《北京统计年鉴》。

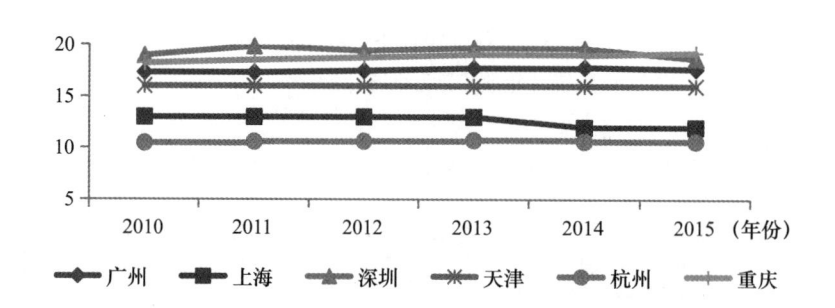

图 5-25　2010—2015 年七市普通高校师生比情况

资料来源：《广州统计年鉴》《深圳统计年鉴》《上海统计年鉴》《杭州统计年鉴》《天津统计年鉴》《重庆统计年鉴》《北京统计年鉴》。

（四）医疗领域机构数、医生数、床位数的比较

医疗卫生机构数、执业医师数、医疗卫生机构床位数三个指标在一定程度上集中反映一个区域的医疗资源状况。从医疗卫生机构数来看，广州2010—2015年逐年增加，2015年比2010年增加了36个医疗卫生机构。然而，与国内其他主要城市相比，广州医疗卫生机构数低于北京、上海、重庆、天津。2015年广州医疗卫生机构数仅相当于北京、上海、重庆、天津的三

到四成（见表5-27）。从执业医师数来看，2015年广州比2010年增长了36.6%，达到42499人，在总量上仍低于北京（96445人）、上海（49427人）、重庆（47161人）（见表5-28）。从医疗卫生机构床位数来看，2015年广州比2010年增长了41.8%，达到75138张，不过，数量同样低于重庆（120095张）、上海（117499张）、北京（104644张）（见表5-29）。

表5-27　　　　2010—2015年七市医疗卫生机构数　　　（单位：个）

年份 城市	2010	2011	2012	2013	2014	2015
上海	558	565	576	586	594	601
重庆	660	635	749	797	873	967
北京	537	552	591	631	641	701
天津	357	380	385	399	631	661
广州	223	224	—	224	223	259
杭州	138	140	146	156	182	207
深圳	107	110	117	119	124	125

资料来源：《广州统计年鉴》《深圳统计年鉴》《上海统计年鉴》《杭州统计年鉴》《天津统计年鉴》《重庆统计年鉴》《北京统计年鉴》。

表5-28　　　　2010—2015年七市执业医师数　　　（单位：人）

年份 城市	2010	2011	2012	2013	2014	2015
北京	62533	67502	79920	83407	87125	96445
上海	41506	41883	45931	45060	47799	49427
重庆	29320	33749	35473	38175	42561	47161
广州	31105	32905	—	36668	37547	42499
天津	25564	26649	27476	28766	33340	35871
杭州	19414	20566	22004	23886	27675	30316

续表

年份 城市	2010	2011	2012	2013	2014	2015
深圳	22012	22657	24042	25358	26858	29007

资料来源：《广州统计年鉴》《深圳统计年鉴》《上海统计年鉴》《杭州统计年鉴》《天津统计年鉴》《重庆统计年鉴》《北京统计年鉴》。

表5-29　　2010—2015年七市医疗卫生机构床位数　　（单位：张）

年份 城市	2010	2011	2012	2013	2014	2015
重庆	64928	68032	88511	91001	103476	120095
上海	99969	102047	104163	109861	112270	117499
北京	84147	85667	90658	113395	100743	104644
广州	52971	55502	—	61919	65471	75138
天津	40339	40801	44775	48690	59490	62495
杭州	30919	33509	37383	39489	44677	51710
深圳	21126	22322	26205	27160	31042	31506

资料来源：《广州统计年鉴》《深圳统计年鉴》《上海统计年鉴》《杭州统计年鉴》《天津统计年鉴》《重庆统计年鉴》《北京统计年鉴》。

综上可知，广州医疗卫生机构数量偏少，低于其他城市。同时，医生数目、床位数也偏低。

二　公共服务均等化产出质量评价

《广州市统筹城乡发展第十三个五年规划（2016—2020年）》提出：城乡公共服务均等共享是"十三五"时期广州发展目标之一，要求广州在"十三五"时期明显提高城乡教育、就业服务、社会保障、基本养老、医疗卫生、文化等基本公共服务均等化水平。

为全面评价全省各市公共服务均等化水平，广东省构建了一套包括两大一级指标、10个二级指标、44个三级指标的评价体系，该体系涵盖了公共服务的10个领域，并且侧重公共服务的均等化测度，作为考核全省各市的量化指标（见表5-30）。

表5-30　　　　广东省公共服务均等化评价指标体系

一级指标	二级指标	三级指标
共性指标	1. 基本公共服务投入指标	（1）人均公共财政预算支出浮动范围
		（2）县级均衡度
		（3）人均基本公共服务支出增长率
	2. 基本公共服务产出指标	（1）财政基本公共服务支出占比
		（2）工作协调推进机制建设
		（3）制度机制建设
		（4）目标管理和实施
		（5）公众满意度
个性指标	1. 公共教育服务方面	（1）学前教育毛入园率
		（2）适龄残疾儿童入学率
		（3）中等职业教育免学费覆盖率
	2. 公共卫生服务方面	（1）食品安全风险监测点及县（市、区）为单位覆盖率
		（2）零差率销售基本药物的村卫生室占比
		（3）以乡镇（街道）为单位适龄儿童免疫规划疫苗接种率
		（4）免费孕前优生健康检查目标人群覆盖率
	3. 公共文化体育服务方面	（1）每万人拥有社会体育指导员数
		（2）乡镇农民体育健身工程覆盖率
		（3）基层公共文化场馆达标率
		（4）每万人拥有室内公共文化设施面积
		（5）广播电视通电自然村户户通覆盖率
	4. 公共交通服务方面	（1）每万人拥有公交车标台数
		（2）公共交通占机动化出行比例

续表

一级指标	二级指标	三级指标
个性指标	4. 公共交通服务方面	（3）"三个百分百"（100%镇有站、100%行政村有亭、100%行政村通车）覆盖率
		（4）公交一卡通终端装机率
	5. 公共安全服务方面	（1）基层"以案说法"平台建设覆盖率
		（2）广东省生产的国家基本药物目录品种抽检覆盖率
		（3）法律援助服务覆盖率
		（4）立体化治安防控体系建设覆盖率
	6. 生活保障服务方面	（1）城乡居民养老保险参保率
		（2）城乡低保最低标准达标率
		（3）年五保供养标准达标率
	7. 住房保障服务方面	（1）城镇户籍低收入住房困难家庭人均住房建筑面积
		（2）公共租赁住房数
		（3）政策性农房保险覆盖率
	8. 就业保障服务方面	（1）城镇登记失业率
		（2）劳动力技能晋升培训任务完成率
		（3）企业劳动合同签订率
		（4）劳动人事争议仲裁结案率
	9. 医疗保障服务方面	（1）城乡基本医疗保险参保率
	10. 生态环境保障服务方面	（1）城镇生活污水集中处理率
		（2）城镇生活垃圾无害化处理率
		（3）城市人均公园绿地面积
		（4）森林蓄积量
		（5）森林覆盖率

2016年广东省用上述指标体系对全省21个市2015年公共服务均等化绩效进行考核，广州绩效考评等级为"优"，在全省排名从2014年的第17名跃升为第11名。从公共服务均等化公

众满意度调查来看,① 相较于2014年,2015年广州基本公共服务均等化公众满意度总得分略有提高(2015年得分为80.47分;2014年得分为80.42分)。广州市民对基本公共服务均等化的总体评价较好。2015年,82.29%的广州市民认为政府提供的基本公共服务的质量和水平有提高;86.59%的广州市民认为政府提供的基本公共服务的公平状况有提高。

同时,在教育、医疗卫生、社会保障、住房保障等领域,广州公共服务均等化的努力都有成效。比如,在学前教育领域,广州实施学前教育行动计划,幼儿教育的公益性、普惠性有了新发展,97%的镇建有1所以上规范化公办镇中心幼儿园,广州公办以及普惠性民办幼儿园1285所,普惠率达到74%。在义务教育领域,2016年广州出台了来穗人员随迁子女接受义务教育办法,通过积分入学制度,以财政补助随迁子女所占用的公办和民办学位方式,推动外来务工人员随迁子女接受义务教育,扩大广州教育均等化程度。在医疗卫生领域,广州着力提升镇卫生院、村卫生站等基层医疗机构服务能力,建立儿科专项补助机制,全科医生、住院医师规范化培训体系,全面完善医疗服务,推动医疗服务均等化。广州社会保障均等化水平持续提升,在阶段性降低社会保险缴费率的同时,推出大病保险新政,提高职工和居民住院政策内医保统筹支付率,切实减轻市民的看病负担。在住房保障领域,2016年广州出台了公共租赁住房保障办法,加大力度解决住房困难人员、新入职无房人员的住房保障。

总体而言,广州公共服务均等化持续改善,绩效考评排名上升,广州基本公共服务均等化公众满意度有所提高,但在全省来看尚属中等水平。

---

① 2016年9月,广州市委托国家统计局广州调查队组织实施了"广州市基本公共服务均等化公众满意度调查"。调查采用结构式问卷入户面访形式,调查由调查员独立入户,调查对象为18～65周岁且居住在本市1年以上的家庭成员,调查范围包括广州市11个区,调查样本为2000个。

第六章　广州社会结构分化及其对公共服务供给的需求

改革开放以来，伴随着市场化改革的推进以及中国的全球化进程，中国经济的飞速发展，同时也意味着社会转型必然发生。广州作为改革开放的前沿城市以及中国全球化进程中的门户城市，在这一浪潮中经历着深刻的社会结构分化，具体包括阶层分化、贫富分化、城市空间的社会分化。作为这一系列社会分化的亲历者，不断涌入广州的外来人口也同时为这座历史城市带来机遇与挑战。这一系列问题相互交织，相互影响，对广州的公共产品和公共服务的供给产生广泛影响，并提出全新的要求。

本章将着重从社会结构分化的视角，分析广州社会阶层的特点及其对公共服务供给的需求特征。公共产品公共服务的供给一方面需要满足不同社会阶层的需求，另一方面也要有利于促进社会结构的不断优化，注入经济社会发展的新动力。中等收入群体、外来人口是广州社会阶层分化的主要群体，扩大中等收入群体规模，促进外来人口融入成为优化社会结构、构建"橄榄型"社会结构形态的关键。

第一节　阶层分化与公共产品供给的关系

从过往关于阶层分化对公共产品供给影响的研究来看，阶层分化并不是单方面地影响公共服务和物品的供给,而是与公共产品的供给之间存在相互影响的关系。

一 阶层分化与基本公共服务的差异性

阶层分化意味着不同阶层享有不同的资源和观念,但目前导致对不同阶层公共服务的差异性供给。当前许多学者提出实现公共服务的均等化来减弱阶层分化带来的负面社会效应,基本公共服务的歧视性供给问题一直难以得到解决。我国基本公共服务歧视性供给主要表现在以下几个方面:一是广大农村地区的居民,尤其是农民享受到的公共服务数量少、层次低、种类最不齐全,教育、医疗、社会保障、交通等基础性基本公共服务最为突出;二是歧视体制外就业群体,体制内外收入差别过大,资源性产业和垄断企业职工、部分机关单位工作人员、领导干部等地收入远高于全社会职工平均收入;三是歧视低收入群体,打工群体、下岗职工、失业人员等低收入群体在基本医疗、公共安全、食品安全等基本公共服务的享受水平上明显低于其他社会群体;四是歧视不发达地区居民,中央的转移支付未能缓解中西部地区与东部地区由于公共财政能力差异导致的基本公共服务供给差异,各地政府在基本公共服务的供给能力上存在巨大差异。[1] 可以看到,在基本公共服务供给过程中受到歧视的阶层基本处于较低的阶层位序,属于农业劳动者阶层、产业工人阶层和城乡无业、失业、半失业者阶层。基本公共服务供给上的歧视性问题尚未解决,而日益凸显的阶层分化,给公共服务的均等化过程施加了更大的阻力。政府首先需要不断提高基本公共服务均等化水平,以消除公共服务供给的不公平现象,并针对相对弱势的社会阶层群体提供兜底保障的公共服务,进而提高公众对政府公共服务供给的满意度,并弥合因阶

---

[1] 陈海威:《中国基本公共服务体系研究》,《科学社会主义》2007 年第 3 期,第 98—100 页。

层分化而带来的社会不稳定因素。阶层分化是客观存在的，但如果不解决基本公共服务均等化的问题，歧视性的公共服务供给可能会反过来激化阶层分化带来的负面社会影响，并导致社会的不稳定。

二 公共服务与社会分层、社会流动

一方面，公共服务作为再分配手段，可以缩小初次分配中产生的差距，促进社会公平。例如，政府通过救助失业群体、低收入群体等贫困群体，为这部分群体构建安全网，保持社会稳定。另一方面，政府可以通过公共服务吸引人才，提高劳动力素质，提高城市发展竞争力。例如，政府通过为高素质人才提供完善的社会保障和优良的生活环境，吸引高素质人才在本地工作和生活，为本地经济发展做贡献。

一个阶层的自我认同也是阶层划分的重要依据，更是促成一个阶层形成的重要内在驱动力。对自身所受公共服务的不同评价促使不同的阶层产生相应的阶层认同。阶层位序较高的阶层，对自己所享受的公共服务满意度较高，处于社会底层的居民对自己所受公共服务的评价最低。社会各阶层对公共服务供给状况的看法是基本一致的，认为公共服务的供给存在层次差异，而这与公共服务的供给现实也相契合。不同的阶层对公共服务的评价存在明显差异，客观来讲，社会资源不均衡的确是这种差异化评价产生的重要原因，但同时由于阶层差异所催生出的阶层意识也导致了不同评价的产生。[①]

总的来说，阶层分化与公共服务的供给存在着相互影响的作用，从另一个意义上来说公共服务供给也影响了社会分层和流动。基本公共服务供给在不同群体上的供给差异成为阶层分化的主推力，阶层意识导致对公共服务供给的差异化评价和不

---

① 吴翠萍：《公共服务的阶层差异化认同研究》，《中国行政管理》2013年第2期。

同的满意度，而这又巩固了一个阶层的认同，进一步深化了阶层分化。因此，充分认识社会阶层分化特点对深入认识公共服务供给需求有重要意义。

第二节 广州社会阶层分化的特点

权力、财富和地位常常被认为是社会分层的三大维度，社会学三大理论家卡尔·马克思、马克斯·韦伯和埃米尔·涂尔干在这三大维度之间的关系上持不同看法。马克思、韦伯关注的核心均为社会资源的占有。马克思认为，生产资料即社会资源，财富与生产资料的占有对等，占有生产资料的多少决定了人们的经济收入以及社会地位的高低，生产资料占有量的不同决定了人们在社会生活中的角色和地位以及生活方式的差异。在韦伯的观点中，社会资源包括了物质财富、社会声望以及政治权力，三种资源相互独立成为三个维度并互为条件和因果，如个人的物质财富丰富，其社会声望会随之提升，更利于其获得政治权力。这三类资源的占有量决定了其所属的社会阶层，而韦伯本身则更关注权力维度。涂尔干认为社会地位是社会分层的主要维度，收入是派生的。

我国学者在阶层分化研究过程中，关注更多的则是社会分层即阶层的划分依据。部分学者关注"身份"在阶层划分中的作用。在以经济建设为中心的市场化改革进程中，原本的以政治身份为基础的"身份"制度逐渐瓦解，以政治分层为基础的阶层分化开始被以职业、学历、技术证书为基础的经济分层所取代。改革开放之前，中国区分社会地位高低的标准并非是财产、经济收入的多少，而是一种特殊的身份制度，包括政治身份的差异、城乡户籍身份的差异、工人与干部身份的差异。[①] 改

---

① 李强：《改革开放30年来中国社会分层结构的变迁》，《北京社会科学》2008年第5期。

革开放后，经济建设受到空前重视，个人通过自身努力获得的经济成就、学历、技术证书等在阶层区分过程中的作用日益凸显，政治身份的作用逐渐淡化；人口的大规模流动逐步打破户籍制度的限制；职业的差异取代了工人和干部身份的差异。

我国学者阶层划分的另外一种方式，则是以职业分类为基础，以经济资源、组织资源和文化资源的占有状况为标准，将当代中国的社会阶层划分为十类，分别为：国家社会管理者阶层、经理人员阶层、私营企业主阶层、专业技术人员阶层、办事人员阶层、个体工商户阶层、商业服务业员工阶层、产业工人阶层、农业劳动者阶层和城乡无业、失业、半失业者阶层。[①] 由于经济社会的发展，我国形成了现代社会的产业结构与职业结构，凡是在现代化国家所具备的社会阶层，都已经在中国陆续出现，且已具备了一定规模。与此同时，中国的社会阶层结构已然形成了其阶层位序。组织资源、经济资源和文化资源占有的多少是判断阶层序位的重要依据。这里的三种资源占有，与个人职业、收入以及受教育程度在一定程度上也是相匹配的。拥有三种资源越多、综合实力越强的阶层，其阶层位序越高，反之越低。在市场经济条件下，各社会阶层占有的三种资源的量与质不可能绝对均等，且差异会长期存在。在当前的中国，由于国家社会管理阶层、经理人员阶层、私营企业主阶层和专业技术人员阶层在三种资源的占有上最多，所以处于最高或是较高的阶层位序；与之相较，商业服务业员工阶层、产业工人阶层、农业劳动者阶层，在三种资源的占有上很少或较少，阶层位序则较低；而城乡无业者、失业、半失业阶层基本不拥有这三类资源，阶层序位最低。这些社会阶层的排列，是陆学艺等研究者基于大量的社会调查，并对各种文献和数据进行分析，根据各阶层占有的组织资源、经济资源与文化资源的数量和综

---

① 陆学艺：《当代中国社会阶层研究报告》，社会科学文献出版社2002年版。

合实力的多少、强弱进行排序的。① 这一阶层的划分标准，对于本书研究广州市社会阶层的划分和位序排列有着重大的借鉴意义。

2003年《广州阶层结构以及其政治影响》的问卷调查显示，广州当时的阶层结构分化的特点可体现为：阶层之间收入差异明显，各阶层职业分化现象显著，社会阶层属地性分化突出。这一系列的阶层结构分化与广州的整体经济发展密切相关。阶层之间的收入存在显著的差异，具体体现为，在该研究3244份各阶层的有效问卷中，年收入在1万元以下的群体，集中在外来工、失业人员、农民、离退休人员，这部分人也常被视作社会的弱势群体和阶层。在收入较高的群体中，如年收入达到7万元以上，党政机关干部、私营企业主、专业技术人员等占绝大多数，这部分人被视作"白领"阶层，也就是我国近年来不断壮大的中间阶层中重要的组成部分。②

根据对社会阶层理论的梳理和对广州市以往社会阶层结构的分析，本书综合职业分类、户籍差异、收入水平等国内常见的影响社会分层的因素，对当前广州市社会阶层结构进行分析。

首先，在职业分类上，本书主要以我国国家职业分类为标准，对广州当前的社会阶层结构进行分析（见表6-1）。从事不同职业的人们所具有的经济收入、教育程度、生活方式以及价值观念等存在较大差别，职业在很大程度上表征着社会分层。③

---

① 陆学艺：《当代中国社会阶层的分化与流动》，《江苏社会科学》2003年第4期。

② 尹德慈：《社会阶层分化与党的先进性的实证研究：以广州市为例》，《宁波党校学报》2007年第1期。

③ 关于使用职业分类作为社会分层划分标准，尽管学界有着不同认识，但以职业为标准仍然具有较高的可信度和权威性。理由有三：其一，社会分工的直观表现是职业结构分化；其二，职业结构反映的组织资源、经济资源和文化资源的轮廓较为清晰；其三，国际社会经济地位（International Socioeconomic Index, ISEI）测量方法，也是以职业分类为基础。

当前我国国家职业标准职业分类共有八类，包括：1. 国家机关、党群组织、企业、事业单位负责人；2. 专业技术人员；3. 办事人员和有关人员；4. 商业、服务业人员；5. 农、林、牧、渔、水利业生产人员；6. 生产、运输设备操作人员及有关人员；7. 军人（人口普查不涉及）；8. 不便分类的其他从业人员。①

表6-1 广州市2010年第六次人口普查各职业种类就业人口及占比

职业	数量（人）	占比（%）
1. 国家机关、党群组织、企业、事业单位负责人	32109	4.63
2. 专业技术人员	80639	11.63
3. 办事人员和有关人员	74162	10.69
4. 商业、服务业人员	210276	30.32
5. 农、林、牧、渔、水利业生产人员	56092	8.09
6. 生产、运输设备操作人员及有关人员	239324	34.50
7. 不便分类的其他从业人员	991	0.14
总计	693593	100

资料来源：根据2010年广州第六次人口普查资料整理。

根据不同职业种类就业人口的占比，可以推断出目前广州社会阶层结构（见表6-2）。在广州目前的社会结构中，商业服务人员阶层以及产业工人阶层合占64.82%，这一特点与广州的经济以及产业结构现状密不可分。根据广州第三次全国经济普查主要数据公报的资料显示，2013年末，在法人单位从业人员中，位居前三位的行业是：制造业216.74万人，占31.9%；

---

① 这里的职业划分与学者陆学艺提出的包括国家社会管理者阶层、经理人员阶层、私营企业主阶层、专业技术人员阶层、办事人员阶层、个体工商户阶层、商业服务业员工阶层、产业工人阶层、农业劳动者阶层和城乡无业、失业、半失业者阶层在内的十个社会阶层划分层级具有很大的相似性。

批发和零售业 91.08 万人，占 13.4%；交通运输、仓储和邮政业 52.32 万人，占 7.7%。从经济结构方面来看，第二产业法人单位从业人员占全部法人单位从业人员的 39.4%，第三产业法人单位从业人员占 60.6%。数据说明，经济的发展状况决定了广州社会阶层结构。具体来说，广州的社会阶层分化具有以下特点。

表 6-2　　　　　　　　2010 年广州社会阶层结构　　　　　（单位:%）

职业	占比
国家与社会管理阶层	4.63
专业技术人员阶层	11.63
办事人员阶层	10.69
商业服务业人员阶层	30.32
产业工人阶层	34.50
农业劳动者阶层	8.09

资料来源：根据 2010 年广州第六次人口普查资料整理。

一　产业结构与中等收入群体

第三产业的蓬勃发展以及从业人口规模的不断扩大，为中等收入群体的产生和壮大提供了经济基础。[①] 改革开放以来，市场经济体系的不断发展推动着各大城市进行产业结构的调整。从 1999 年到 2013 年，广州第二产业在地区生产总值的构成不断缩小，从 1999 年占比 45.7% 下降到 2013 年的 33.9%。第三产业则蓬勃发展，从 1999 年生产总值占比 49.8% 上升到了 2013 年的 64.6%（见表 6-3）。

[①] 于宁：《促进中产阶层发育，壮大社会中坚力量》，载卢汉龙、周海旺主编《上海社会发展报告 (2011)》，社会科学文献出版社 2011 年版。

表6-3　　　　　　　　广州地区生产总值构成变化　　　　　　（单位:%）

城市	年份	第一产业	第二产业	第三产业
广州	1999	4.5	45.7	49.8
	2010	1.8	37.2	61.0
	2013	1.5	33.9	64.6

尽管广州的第三产业呈现出快速发展的趋势,且吸纳了城市的大量就业,但其内部经济结构仍不成熟。从广州第三产业就业人数分布来看,传统服务业就业人口仍占较大比重,而新兴服务业吸纳就业的能力明显弱于传统服务业。根据广州第三次经济普查数据显示,广州第三产业法人单位从业人数最高的三个行业分别是批发零售业(91.08万人),交通运输、仓储和邮政业(52.32万人),租赁和商业服务业(51.70万人),均为传统服务业。新兴服务业如科学研究与技术服务(23.21万人),信息传输、软件与信息技术服务业(22.81万人)以及金融业(15.20万人)等(见表6-4),对就业的吸纳能力远不如传统服务业。① 与之相对应的是,广州商业服务人员阶层占30.32%,而专业技术人员阶层却仅占11.63%(见表6-2)。广州的第三产业经济结构反映出广州商贸之都的特色,同时也反映出第三产业中高端产业以及所吸纳的高端人才的欠缺。

表6-4　　广州第三产业按行业人员分组的法人单位从业人员

行业	法人单位从业人员（万人）	在第三产业中占比（%）
批发零售业	91.08	22.79
交通运输、仓储和邮政业	52.32	13.09

---

① 广州统计局:《广州第三次全国经济普查主要数据公报(一号)》,2015年2月28日(http://www.gzstats.gov.cn/tjgb/glpcgb/)。

续表

行业	法人单位从业人员（万人）	在第三产业中占比（%）
租赁和商业服务业	51.70	12.94
房地产业	32.94	8.24
教育	29.80	7.46
公共管理、社会保障与社会组织	29.18	7.30
科学研究和技术服务业	23.21	5.81
信息传输、软件和信息技术服务业	22.81	5.71
住宿和餐饮业	22.52	5.63
卫生与社会工作	15.95	3.99
金融业	15.20	3.80
文化、体育和娱乐业	8.14	2.04
水利、环境和公共设施管理业	4.83	1.21
合计	399.68	100

二 尚未形成"橄榄型"社会结构

从广州中间阶层的规模情况来看,广州目前尚未形成"橄榄型"的社会结构。首先,根据学者 2015 年对北京、上海、广州三地中间阶层的调查,根据样本情况对三个城市的中间阶层规模进行推算,北京中间阶层比例约为 55.4%,上海这一群体的比例约为 50.9%,而广州中间阶层在三个城市中最小,比例仅约为 42.5%。[1] 其次,从全国第六次人口普查的数据来看,广州中间阶层规模依然最小(见表 6-5),广州属于中间阶层的职业群体,如国家机关、党群组织、企业、事业单位负责人,专业技术人员,办事人员和有关人员合占 26.95%;北京的这一群体占比为 38.82%,上海的占比为 33.77%。

---

[1] 梁玉成、张海东:《北京、上海、广州社会中间阶层报告》,载于李培林、陈光金等主编《2016 年中国社会形势分析与预测》(社会蓝皮书),社会科学文献出版社 2015 年版。

表6-5　以2010年第六次人口普查职业种类为划分依据的
　　　　各大城市社会阶层结构　　　　　　　　　（单位:%）

阶层（职业）	广州	北京	上海
国家与社会管理阶层（国家机关、党群组织、企业、事业单位负责人）	4.63	2.97	5.27
专业技术人员阶层（专业技术人员）	11.63	20.39	15.03
办事人员阶层（办事人员和有关人员）	10.69	15.46	13.47
商业服务人员阶层（商业、服务业人员）	30.32	33.82	28.56
产业工人阶层（生产、运输设备操作人员及有关人员）	34.50	21.54	34.58
农业劳动者阶层（农、林、牧、渔、水利业生产人员）	8.09	5.82	3.02
不计入阶层划分（不便分类的其他从业人员）	0.14	0.00	0.06
总计	100	100	100

资料来源：根据2010年全国第六次人口普查资料整理（各省、自治区、直辖市按10%抽样比例抽样）。广州市统计局：《广州市2010年人口普查资料》（下册），中国统计出版社2012年版；李晓壮：《北京社会阶层结构的变迁及优化》，《北京社会科学》2016年第3期；仇立平：《上海社会阶层结构转型及其对城市社会治理的启示》，《国家行政学院学报》2014年第4期。

不同的测量方法之下，广州的中间阶层人口占比都较小，反映出广州中等收入群体规模偏小这一社会现实。①

---

①　西方发达国家已经形成了"橄榄型"的社会结构。从美国的社会结构发展情况来看，20世纪30年代，美国农业人口还占较大比例，为21%，包括公务员、推销员、管理人员和专业技术人员的中产阶级占28.4%。进入50年代，美国农业人口下降一半，占比为11.8%，工人阶层规模与30年代持平，占37.4%，中产阶层占比提高到36.7%。70年代，美国进入中产社会，中产阶层比例占53%，加上自认为属于中产阶层的部分工人阶层，美国中产阶层的比例已经达到70%。规模庞大的中产阶层为美国构建起了"橄榄型"的社会结构形态。比较之下，尽管广州农业劳动者阶层规模（8.09%）相对较少，产业工人阶层规模（34.50%）也接近美国50年代的水平，但广州能够纳入到中产阶层的人口仅为26.95%，与美国30年代的中产人口比例接近。伴随广州第三产业的发展，商业服务人员阶层呈现出不断增长的趋势，但中间阶层的规模距离形成稳定的"橄榄型"结构仍有较大差距。

第三节 中等收入群体的兴起和公共服务需求

中产阶级被定义为生活水平、财产地位处于中等层次的社会群体。作为一个群体概念,其常与上层阶级、下层阶级配套使用,而这里上、中、下三个相对概念并未有明确的界限划分。这个意义上的中产阶级与中间阶层内涵、概念相同。本书讨论的中间阶层即为生活水平、财产地位处于中等层次的社会群体。[①] 在我国虽然并未直接采用中产阶级的概念,但国家领导人界定出一类似于中产阶级的社会群体,比如"新社会阶层"和"中等收入群体"。与国外的白领等同于中产阶级一样,中等收入群体在中国实际上就等同于中产阶级。不过,中等收入主要是从经济的角度考虑,而中产阶级是教育、职业、收入和消费的综合衡量。在我国,普通知识分子(专业技术人员)和普通干部阶层(公务员、事业单位人员、公有制企业管理者)被认为是较为典型的中间阶层。随着经济改革的推进,20世纪80年代,越来越多的个体户成为当时中国社会的中等富裕者,可被视作中间阶层。进入90年代到新世纪,各类中小企业主、公司经理等以及党的十六大所提出的六大新阶层,都可被纳入到中间阶层这个群体中去。

广州"十三五"规划明确提出要扩大中等收入群体规模。接下来将通过对广州中等收入群体的社会、经济、价值观、身份认同以及社会态度的辨析,来研究该群体的公共服务需求。

一 广州中等收入群体的特征

(一)社会特征

广州中等收入群体多从事第三产业,以本土化、年轻化、

[①] 李强:《关于中产阶级和中间阶层》,《中国人民大学学报》2001年第2期。

知识化的双职工小家庭为主。

从单位性质来看，中等收入群体主要就职于私营企业（40.18%）、股份制企业（19.03%）、事业单位（16.81%）和国有企业（13.72%）。从职位上来看，中等收入群体以企事业单位的中高级管理人员（53.27%）、个体户和私营企业主（21.24%）为主，两者合占约76%。①

除此之外，针对广州中等收入群体的调查结果显示，广州市拥有广州市户籍的中产阶级占94.69%，这说明中等收入群体具备本土化特征；拥有大学本科及以上学历者79.03%，文化程度普遍较高；年龄结构以中青年为主；中等收入群体家庭2人就业的比例为74.34%，以双职工为主。

（二）经济特征

广州中等收入群体收入资产状况优越，经营性收入高，有较强的中心城区购房愿望，消费支出上教育支出比重大。

对北京、上海、广州三地中间阶层的资产调查结果显示，北京的中间阶层年收入达256016元，其次是上海中间阶层的年收入219770元，广州的中间阶层收入最低，为170037元。在经营性收入方面，广州的中间阶层年收入最高，为39925元。从北京、上海、广州三大城市的中间阶层来看，超过六成拥有自有房屋，且接近半数的中间阶层拥有私家车。② 另一份对广州中等收入群体资产研究的调查结果显示，几乎所有中等收入群体家庭都拥有住房和中高级汽车。③ 在住房情况上，中

---

① 代丹丹、周春山、张俨：《广州市中产阶级的特征及影响因素研究——基于马斯洛需求层次理论的实证分析》，《世界地理研究》2016年第1期。在梁玉成等人对北京、上海、广州三大城市的中间阶层的调查研究中，数据也显示，中间阶层就业占比最高的单位类型为私有企业。

② 梁玉成、张海东：《北京、上海、广州社会中间阶层报告》，载于李培林、陈光金等主编《2016年中国社会形势分析与预测》社会蓝皮书，社会科学文献出版社2015年版。

③ 代丹丹、周春山、张俨：《广州市中产阶级的特征及影响因素研究——基于马斯洛需求层次理论的实证分析》，《世界地理研究》2016年第1期。

等收入群体家庭100%拥有自己的住房,其中拥有2套的为49.73%,接近一半,拥有3套和4套及以上住房比例则分别为11.68%和1.41%。四居室及以上的占11.95%。中等收入群体有购房需求的占40%,以改善居住质量为购房目的为主的占46.63%,其次为投资增值(26.99%)和上班方便(10.84%)。中心城区购房意愿占72.60%,其原因是中心城区住房的升值潜力大,公共教育、医疗服务优质,生活配套设施健全以及交通出行方便等。[①] 广州中等收入群体在房屋和汽车上有足够的消费力,他们希望在中心城区买房的高意愿也反映出了他们对城市公共服务的一种期待,希望在工作生活中获得更便利的交通和生活设施。

(三)消费特征

广州中等收入群体注重生活质量,具有绿色、健康的生活习惯,拥有更好的休闲生活。

根据图6-1,广州的中等收入群体在购买商品时更看重商品的质量、品牌、价格和售后服务。为了确保消费品的质量,愿意付出比普通商品更高的价格,其中70.53%的中等收入群体表示愿意承担选择环保产品而带来的额外费用。[②]

中间阶层对生活质量的关注明显高于非中间阶层,已经有一些绿色、健康的生活习惯。关于北上广中间阶层消费以及生活习惯的研究结果表明,61.7%的中间阶层表示经常去大型超市购买食材,65.1%的中间阶层经常食用绿色食品,55.3%的中间阶层不吃转基因食品,且比例都大于非中间阶层(见表6-6)。

[①] 参见代丹丹、周春山、张俨《广州市中产阶层的特征及影响因素研究——基于马斯洛需求层次理论的实证分析》,《世界地理研究》2016年第1期。

[②] 代丹丹、周春山、张俨:《广州市中产阶层的特征及影响因素研究——基于马斯洛需求层次理论的实证分析》,《世界地理研究》2016年第1期。

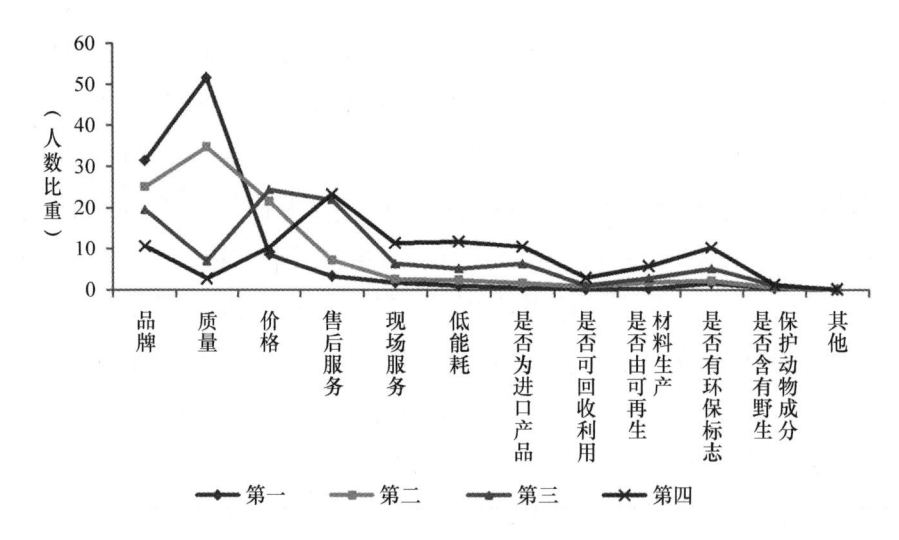

图6-1 中等收入群体购买商品时看重的因素（单位:%）

资料来源：代丹丹、周春山、张俨：《广州市中产阶层的特征及影响因素研究——基于马斯洛需求层次理论的实证分析》，《世界地理研究》2016年第1期。

表6-6　　　北上广中间阶层和非中间阶层日常生活习惯比较　　（单位:%）

类别	中间阶层	非中间阶层
经常去大型超市购买食材	61.7	37.5
经常食用绿色食品	65.1	55.7
不吃转基因食品	55.3	48.2
进行垃圾分类	48.8	41.8

资料来源：梁玉成、张海东：《北京、上海、广州社会中间阶层报告》，载于李培林、陈光金等主编《2016年中国社会形势分析与预测》社会蓝皮书，社会科学文献出版社2015年版。

在空闲时间，广州的中等收入群体，更倾向于外出旅游（100%）、跑步、散步（95.04%）等常规运动休闲方式。[①] 对北上广三地的中间阶层和非中间阶层进行对比可以发现，中间

---

① 代丹丹、周春山、张俨：《广州市中产阶层的特征及影响因素研究——基于马斯洛需求层次理论的实证分析》，《世界地理研究》2016年第1期。

阶层往往有更多的境内、境外旅游计划，读书量也明显多于非中间阶层。①

（四）身份认同特征

广州中等收入群体拥有更强的身份认同感，常将收入和资产作为划定群体的标准。

中等收入群体都拥有较高的社会群体自我认同，超过60%的中等收入群体认为自己在本地的社会地位是在中层或以上。他们中的大多数都将收入或资产这一类客观的"硬件条件"作为划定中间阶层、中等收入群体的主要依据。而对"教育程度""职业种类""消费水平"这种"软实力"的重视程度次之（见图6－2）。②

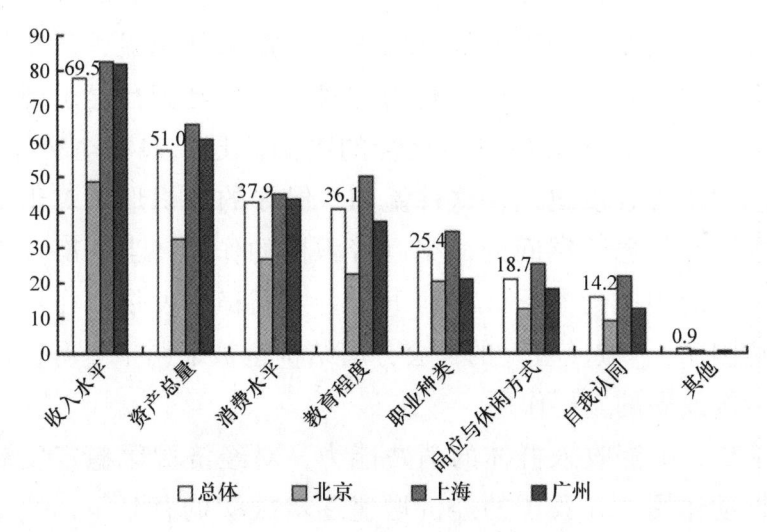

图6－2　北上广中间阶层对中间阶层的判断标准比较（单位:%）

资料来源：梁玉成、张海东：《北京、上海、广州社会中间阶层报告》，载于李培林、陈光金等主编《2016年中国社会形势分析与预测》社会蓝皮书，社会科学文献出版社2015年版。

---

① 梁玉成、张海东：《北京、上海、广州社会中间阶层报告》，载于李培林、陈光金等主编《2016年中国社会形势分析与预测》社会蓝皮书，社会科学文献出版社2015年版。

② 同上。

二 广州中等收入群体的社会功能

通过分析广州中等收入群体所具有的特征，可以知道在构建"橄榄型"社会结构形态的过程中，中等收入群体实际发挥着稳定、协调和引导的社会作用，这样的正向社会功能使得壮大该群体规模成为社会发展的必要之举。

第一，中等收入群体在高低社会阶层之间和不同利益群体的冲突中发挥着"缓冲器"的作用。在现代化的社会分层结构中，"橄榄型"的社会结构被认为是最具有稳定性且有利于经济可持续发展的社会结构。其中的中间阶层的存在和其利益诉求成为维持社会稳定发展的重要因素。中间阶层拥有稳定的收入和舒适的生活，作为经济社会发展的受益者，他们对自身的社会阶层认同促使他们以积极且温和的态度表达意见，具有较强的社会认同感和较为理性的行为方式，不愿看到社会出现较大的波动。中等收入群体作为社会的中间阶层，对社会公平感、信任感的认可程度更高，这种温和、保守的意识形态对于抵消激进思想和削弱阶层间的冲突有着积极的作用。当这部分群体成为社会的中坚力量后，有利于社会协调稳定发展。在世界多数发达国家，"橄榄型"的社会分层结构也被证明了具有促进社会可持续发展的重要作用。

第二，中等收入群体的消费能力，对经济健康稳定发展产生着推动作用。在我国的经济增速逐步放缓的背景下，拉动内需，促进"大众消费时代"的到来是目前经济发展的重要方向。中等收入群体良好的收入情况，以及对高质量生活的追求，使得他们在消费上具有理性且消费力较强，对教育的重视和对旅游、文化产品的需求，以及对"分期付款"等新型消费方式等需求，让他们的消费行为对国民经济的发展更具有拉动作用。

第三，中等收入群体的价值观具有示范作用。中等收入群体依靠个人努力奋斗和良好教育从而实现个人成功的价值观，利于形成良好的社会氛围，鼓励公平竞争。他们对社会生活较高的评价，有利于引导社会大众看到社会的积极面，提升对社会和他人的信任感。中等收入群体健康绿色的消费观、积极向上的生活态度都在日常生活中对其他群体产生良好的示范作用。

三 中等收入群体的公共服务需求

中等收入群体的存在和利益诉求成为维持社会稳定发展的重要因素。在世界多数发达国家，"橄榄型"的社会分层结构也被证明了具有促进社会可持续发展的重要作用。要实现广州社会结构向"橄榄型"转变，采取措施扩大中等收入群体的规模势在必行。中等收入群体为实现自身的利益诉求，会对社会能够提供的公共服务提出一些新的需求，准确地发现并满足他们的这些公共服务需求，对于扩大该群体的规模，提升该群体对广州的认同程度都会有十分积极的作用。

（一）中等收入群体认为教育服务供给不足

教育历来是社会地位筛选的主要渠道，中等收入群体对这一渠道往往都十分重视。中等收入群体为了保证其社会地位的稳固以及子女的阶层再生产，愿意对教育有较多的支出，反映出他们在教育服务方面的重要需求。

广州社情民意研究中心于 2015 年 1 月进行的"教育服务广州市民评价"的民调数据显示，广州市的中高收入群体认为学前教育阶段以及义务教育阶段的学位不足（见表 6-7）。[①] 中高收入群体认为幼儿园学位不足的均在五成以上，认为小学学位不足的则接近四成。低收入者对这两类教育服务的需求迫切度则不如中等收入群体。数据反映出，中等收入群体中有 51% 和 35% 的人口分别认为幼儿园和小学的学位不足，接近三成的中等收入

---

① 广州社情民意研究中心：《教育服务市民较满意，但多感学位数量不足》，2015 年 4 月 20 日（http://www.c-por.org/index.php?c=news&a=baogaodetail&id=3089&pid=6）。

群体认为初中教育阶段的学位也存在不足的情况。高、中收入群体认为学前阶段和义务教育阶段学位不足的占比都较高,反映出这两类服务并未有效满足他们对这一类公共服务的需求。

表6-7　　　　　不同收入人群对学位数量不足的看法　　　　（单位:%）

类型 人群	幼儿园	小学	初中	高中	都充足
低收入者	42	30	19	17	10
中等收入者	51	35	27	19	8
高收入者	53	39	23	16	7

资料来源:广州社情民意研究中心:《教育服务市民较满意,但多感学位数量不足》,2015年4月20日(http://www.c-por.org/index.php?c=news&a=baogaodetail&id=3089&pid=6)。

(二) 中等收入群体对住房有更高期待

中等收入群体的部分人有足够的能力满足其自身住房的需求,但对于资本积累尚未达到能够负担自有住房的这部分中等收入群体而言,保障性住房政策在满足其住房需要这方面仍然有所欠缺。为了能够立足广州,外来人口中也有部分群体有强烈购房意愿,他们无疑是扩大中等收入群体规模的生力军。更好地解决城市居民的住房问题,能够让更多的群体将收入进行资产积累和其他消费,一定程度上减轻他们的生活压力,提升他们对广州和中等收入群体的认可。

实际的民调数据显示(见表6-8),接近六成的中等收入者对保障性住房供给数量和保障房公平分配上不满意,而中低收入群体在这两个事项上的不满意度超过七成。[①]

---

① 广州社情民意研究中心:《住房保障工作民众评价低,保障房质量不满升——2013年度住房保障广东城镇居民评价》,2013年10月16日(http://www.c-por.org/index.php?c=news&a=ztdetail&id=2077&pid=28)。

另外，对于已经拥有房屋的中等收入群体而言，他们希望能够在中心城区购置房屋的意愿仍然较高，其原因在于他们认为中心城区的住房升值潜力大、生活配套设施健全以及交通出行方便。他们对健全生活配套设施和便利交通的需求，实际反映出了他们对城市发展过程中这一类公共服务的需求。除了基本的住房需求外，房屋对于中等收入群体而言也是一种投资工具，在房屋上的有效投资能够给他们带来更丰厚的收入，对于稳定他们的社会地位发挥积极作用。这就对城市管理者提出了双重要求，在满足多数中等收入群体的基本住房需求的同时，也为该群体开辟了一条以保障现有社会地位为主要目的的资本积累途径。

表6-8　　　　　不同收入群体对住房保障事项的评价　　　　（单位:%）

事项及人群 \ 态度	满意	不满意
保障房供给数量		
低收入者	8	69
中低收入者	6	67
中等收入者	10	56
保障房公平分配		
低收入者	10	71
中低收入者	9	71
中等收入者	14	56

资料来源：广州社情民意研究中心：《住房保障工作民众评价低，保障房质量不满升——2013年度住房保障广东城镇居民评价》，2013年10月16日（http://www.c-por.org/index.php?c=news&a=ztdetail&id=2077&pid=28）。

（三）中等收入群体对医疗卫生服务的评价

公共服务供给政策在调节收入差距方面发挥了很重要的作

用,即缩小或扩大收入差距的再分配效应。如果没有良好的公共服务投入,个人在公共服务上的消费支出的比重就很大。过高的医疗服务费用,实际是对中等收入群体收入的一种抵消,使得他们难以维持其社会地位。广州社情民意研究中心于2015年1月进行"医疗服务广州市民评价"民调的数据显示,高收入者对看病费用和时间的不满突出。对医院诊所的数量、设施和医疗服务质量,不同收入人群评价均较好,低收入者满意度均在35%及以上,高收入者的基本超过45%。但对"看病花费时间"和"收费水平"评价,即使是高收入者,不满意度也分别达到42%和41%(见表6-9)。高收入者不满超过四成的事项,在民调中极其少见。① 中、高收入者对医疗服务收费的高不满意度反映出,为了获得更好的医疗服务,中等收入群体需要支出更多的费用,这对于他们维持其社会地位有着负面的影响,中等收入者或家庭一旦面对重大疾病,很有可能因为支付高昂的医疗费用而脱离中等收入群体。

表6-9　　　　　不同收入人群对医疗服务事项的评价　　　　（单位:%）

事项及人群 态度	满意	一般	不满意
看病花费时间			
低收入者	14	29	52
中等收入者	19	30	46
高收入者	20	35	42
收费水平			
低收入者	12	28	55
中等收入者	18	31	46

---

① 广州社情民意调研中心:《医疗服务市民评价升,但不满看病费用和时间》,2015年4月15日[2016年10月18日](http://www.c-por.org/index.php? c = news &a = ztdetail&id = 3087&pid = 30)。

续表

事项及人群 \ 态度	满意	一般	不满意
高收入者	23	32	41

资料来源：广州社情民意调研中心：《医疗服务市民评价升，但不满看病费用和时间》，2015年4月15日［2016年10月18日］（http://www.c-por.org/index.php?c=news&a=ztdetail&id=3087&pid=30）。

完善的社会保障制度不仅能够减小国民初次分配中的差距，减少个人在保障上的经济投入，使更多的人能够成为中等收入者，而且能够为失业人员、大病患者和退休老人提供生活保障，提高人们的生活水平和生活质量。广州中等收入群体对教育服务的不满实际反映出该群体对子女教育的密切关注，与该群体对自身发展和子女教育发展十分关注的这一特征相吻合。而他们对保障性住房政策和医疗服务的不满意实际上反映了该群体在住房和医疗上的需求，对该群体的收入产生了很强的抵消作用。在中等收入群体的主观感受中，这三类公共服务并未很好地发挥出消减不公平，使得更多人成为中等收入群体的作用。由此得见，从调整社会保障制度方面出发，考量中等收入群体在不同的社会保障制度上的需求，是扩大广州中等收入群体规模的关键途径。

四 公共服务供给与中等收入群体的关系

（一）公共服务供给对中等收入群体规模的影响

中等收入群体缺乏安全感，这也是为什么许多在客观条件方面符合中产标准的人否认自己是中产的原因。一些中等收入群体成员认为，虽然他们目前有较高的收入或享有较好的物质生活条件，但他们担心意外事件或偶然因素会导致他们失去现有的身份与地位。特别是公共产品的供给不足，加重了中等收入群体成员安全感的缺乏。

现有的公共政策缺少对中等收入群体的关注。中央政府虽然提出"扩大中等收入群体"的目标，但并未出台具体的政策。而且，提出"中等收入群体"的概念主要是针对调节收入分配，并未从社会保障等方面更具体地考虑这一群体的利益。因此，政府在制定相关政策时较少考虑对中等收入群体的影响。其中，公共物品的供给政策对收入差距起到了很重要的调节作用，具有缩小或扩大收入差距的再分配效应。如果没有良好的公共服务投入，个人在公共服务上的消费支出的比重就很大。如我国这些年来个人在医疗卫生支出上比重超过50%，这其实就是对中产消费者收入的抵消，使其难以维持其中等收入群体的地位。

国家可以通过公共产品供给来影响中等收入群体的规模。中等收入群体规模的变动可以检验一个国家公共产品供给是否适度，是否有效率，是否体现正义。我们需要在完善收入分配调节机制、增加就业、稳定收入增长的同时，加大住房、教育、户籍和养老保险制度等多方面的改革力度，减轻中产阶级的压力与焦虑感，增加抗风险的能力，不至于面临天灾人祸时贫困潦倒。同时，我们还需要为其创造公平竞争的发展环境，让中产阶级的发展壮大有稳固的基础和保障。

（二）作为舒适物的公共产品是吸引人才流动的重要因素

舒适物（amenities），就是使人在感官和心情上感到舒适、舒心、愉悦、满足的事物、环境、事件、设施或服务。从性质上看，舒适物与生活质量相通。舒适物可以分为集体消费舒适物（无产权产品、公共产品、准公共产品）和私人消费舒适物（私人消费品）。[①]

产业升级是经济学、管理学的热门研究话题。现有关于产业升级的文献量非常大，概括起来有三个领域的研究比较突出。

[①] 王宁：《地方消费主义、城市舒适物与产业结构优化——从消费社会学视角看产业转型升级》，《社会学研究》2014年第4期。

第一，全球价值链研究。第二，产业周期及演化阶段研究。第三，发展中国家或地区产业升级的阻碍因素研究。但总体来讲，现有关于产业升级研究的文献，主要都是从生产的角度展开，缺乏从消费的角度对产业升级进行研究。仅仅从生产的角度来研究产业升级，导致学者在关注产业升级所需要的各种要素条件的同时，忽略了从事产业活动的人的需求尤其是消费需求。

这种对人的个体消费需求的忽略导致现有文献对某些城市之间在产业升级上表现出的差异解释力不足。例如，尽管越来越多的城市提出产业转型升级的口号并纷纷以各种名目建立科技产业创业园区，出台各种优惠措施吸引高新科技公司和人才，但各地高新科技产业发展水平却呈现出巨大差异。如果仅从生产的角度很难解释这些现象，但如果从集体消费的角度进行考虑，就很容易解释。①

伴随着消费单位的扩大，消费者的消费层级也将提高。更高的消费层级意味着消费对象的范围扩大，即从具体的物品消费上升到对一个地方或城市的整体的消费。这种对更高层级或更大范围的消费对象的价值偏好和额外的价格支付意愿，可以称为"地方消费主义"。具有高人力资本的人才往往带有地方消费主义观念。他们的择地行为影响了高新技术产业公司的选址行为。而城市政府为了吸引高新技术公司，不但要考虑这些公司的盈利需要，还应当重视人才的舒适物偏好或人才的地方消费主义观念。在劳动力自由流动的条件下地方消费主义构成助推城市产业结构优化升级的社会—文化力量。②

而这些高人力资本的人才，基本是城市中产阶级的重要构成部分。各大城市越来越从城市系统建设的角度关注城市舒适物系统的完善，进而吸引更多的高人力资本人才，尤其是高新

---

① 王宁：《地方消费主义、城市舒适物与产业结构优化——从消费社会学视角看产业转型升级》，《社会学研究》2014年第4期。
② 同上。

技术人才的流动，以满足地方政府产业升级的要求。

在中国，竞争性的市场机制还不完善，资源配置仍需政府干预和制度调节，劳动者在工作流动、收入分配、公共服务等方面所能享受的舒适物资源有一定差别。城市居住者的身份决定了舒适物资源的分配，如户籍、长期居住证等，获得身份就能享受该地区提供的社会保障、教育、住房、医疗等与劳动者利益密切相关的舒适物资源。因此，如何吸引高新人才，如何促进产业升级，则基于舒适物理念对高新区政府人才政策体系的宏观分析，拓宽高层次人才在高新区的作为半径，增强人才的自我升值空间，提升人才政策效能，仍要从舒适物层面完善各项措施，加大公共服务的投入。而对于中国城市发展而言，利用城市舒适物系统吸引人才存在两种途径，一是利用城市的自我融资能力向市场要资源，二是在国家再分配体系中向政府要资源。后续应加强在舒适物理论下公共产品的分配与供给如何实现最大化影响的研究。

第四节 外来人口社会融入与公共服务需求

一 外来人口现状分析

20世纪中期特别是90年代以来，我国流动人口规模不断扩大，进入人口活动的活跃期。2000年第五次人口普查等数据表明，我国流动人口超过1.25亿人，其中省内流动人口9146万人，跨省流动3314万人。至2005年，据全国人口抽样调查结果显示，我国流动人口已达到1.47亿人。

广州是全国重要的人口迁入城市，汇聚了来自全国各地的外来人口。广州的外来人口可分为"城市新移民"与流动人口。"城市新移民"特指出生地与原户籍都不在广州，在广州生活2—5年，有在广州定居的意愿，拥有合法居所与合法收入的外来人口，这部分人在广州长期生活工作，他们的社会融入对于广州的经济和社会结构都将产生深刻影响。另外一部分外来人口则属于流动人口，他们出于经济、工作等原因，在广州短暂工作生活，并无定居广州意愿，最终意愿仍然是返回户口所在地，他们对城市经济生态、社会治安等方面都将产生一定的影响，但却不及"城市新移民"给城市发展带来的影响深刻和长远。

（一）数量庞大、类型多样、各具特点

据广州市2015年全国1%人口抽样调查数据显示，截至2015年末，广州常住人口达到1350.11万人，城镇人口比重为85.53%。现居住地与户口登记地所在地区不一致且离开户口登记地半年以上的人口为572.98万人，即外来人口，占42.44%。[①]

从外来人口涌入广州的数量来看，可以将广州外来人口的规模变化划分为三个阶段：一是1989年以前，属于开始阶段，人数还不算多；二是1989—2004年是巅峰阶段，整整持续了15年，人数不断增加；三是2004年以来，属于平缓阶段。就流入广州的外来人口来看，因为广州的经济发展和城市化进程，大批基础建设等对劳动力有刚性需求，外来人口的流入方式从个体流入过渡到整个家庭流入。

广州外来人口总量与户籍人口总量相近的现实，要求广州在城市发展的过程中，必须考虑这个群体的需求和利益。在促进外来人口社会融入时，需要重视"城市新移民"这一有定居广州意愿的群体，将他们摆在与本地居民平等的位置，使得他们能够实现经济、文化、心理上的社会融入。伴随广州经济结构调整和职业分化的日益明显，城市化加速前进，不断涌入广州的新移民已不再主要集中于农村迁移者，具有城镇背景的外

---

① 广州市统计局：《广州市2015年全国1%人口抽样调查主要数据公报》，2016年6月30日（http://www.gzstats.gov.cn/tjdt/201607/t20160704_24446.html）。

来人口进入大城市的比例不断扩大。从广州的现状来看，广州的城市新移民可以被划分为智力型移民、劳动型移民和经营型移民三种类型，三个不同移民群体在受教育程度、收入、工作类型上都各具特点（见表6-10）。

表6-10　　　　　　　　不同类型城市新移民的特点

移民类型 \ 事项	受教育程度	收入情况	工作类型	居住特点
劳动型移民	绝大部分未受过高等教育	工资收入低于输入地平均水平；月可支配收入最低	有合法收入，但技术含量低；选择工作看重收入待遇、个人兴趣和工作环境	常住输入地，有定居城镇的意愿；与朋友同事居住，或单独居住
智力型移民	绝大部分学历为大专及本科以上	月可支配收入高于劳动型移民	就业门槛高；选择工作看重工作前途和专业对口	常住输入地，有定居城镇的意愿；与朋友同事居住，或单独居住
经营型移民	部分接受过高等教育	月可支配收入最高	工作需要维持家庭运转	常住输入地，有定居城镇的意愿；大多数与家人居住

资料来源：《广州市外来人口发展与城市管理重大问题研究》，广州市人口发展战略研究领导小组，2016年。

不同类型的外来人口在特点上的差异，让他们在公共服务上也存在不同的需求。从收入和受教育程度来看，外来人口中的智力型移民和经营型移民具有成为中等收入群体的潜质，成为广州市扩大中等收入群体的目标群体。从时间的维度来看，一部分外来人口，多为智力型移民和经营型移民，他们在广州长时间地生活工作，通过个人努力在广州购置房屋，有固定居所，获得户籍，并形成一定的资产积累，成为广州的中等收入群体或是中间阶层。他们在身份认同上与暂未获得户籍地外来人口中的"流动人口"不同，又与世代生活在广州的"老广州人"有着差异。他们多被称为"新广州人"，自身也对这样的身份形成高认同感。在广州的经济、文化和政治建设上，他们都积极参与，并通过各种渠道表达自身的利益诉求。作为广州中等收入群体的中坚力量，他们在公共服务上的需求不容忽视。

（二）外来人口主要分布于城市核心地带

在分析外来人口的分布时，学者蒋丽和吴缚龙将广州划分为圈层进行研究，分别为核心圈层、内圈层、外圈层以及外圈。核心圈层包括越秀区全区及天河区、荔湾区和海珠区三区的部分区域，内圈层包括白云区、黄埔区、萝岗区、除了榄核镇和大岗镇的大番禺区和荔湾区、海珠区、天河区的部分区域，外圈层包括花都区、南沙区和番禺区的榄核镇和大岗镇，外圈则包括增城和从化两区。可以看到，核心圈以及内圈层为典型的城市都会区，代表现代城市的吸引力；外圈层包含大量的城乡接合部，是传统农村向现代都市过渡的地带；外圈则以集镇、乡村为主。从2000年到2010年，两次人口普查的数据显示，广州外来人口的数量增长了220.51万人，增长率为44.27%，4个圈层中外来人口数量年均增长率从高到低依次为：外圈层（6.14%）＞外圈（5.15%）＞内圈层（4.91%）＞核心圈层（3.45%），各区的外来人口中，内圈层外来人口数量最多，人口密度也最大（见表6-11）。[①] 由此可见，外来人口分布的总体趋势是不断向城市核心地带集中，同时经济不断发展的外圈层对外来人口的吸引力也越来越大。总括而言，形成了以城乡接合部为聚居区的围绕城市核心地带的外来人口分布带。其分布规律则体现为：一是外来人口聚居区通常位于周边经济较为

[①] 蒋丽、吴缚龙：《2000—2010年广州外来人口空间分布变动与对多中心城市空间结构影响研究》，《现代城市研究》2014年第5期。

发达、经济活力强、工厂密集、就业机会较多的地区,二是外来人口的生活区一般位于城中村较为密集的地区。①

表6-11 2000—2010年广州不同地区外来人口数量增长情况

	增长量(万人)	增长率(%)	年增长率(%)
核心圈层	48.88	40.43	3.45
内圈层	131.37	61.55	4.91
外圈层	24.30	81.38	6.14
外圈	18.16	65.25	5.15

资料来源:蒋丽、吴缚龙:《2000—2010年广州外来人口空间分布变动与对多中心城市空间结构影响研究》,《现代城市研究》2014年第5期。

(三) 自我认同较低、社会态度较消极

2016年"广州市社会状况综合调查"的数据显示,与本地户籍居民相比,外来人口对自身的阶层认同较低(见表6-12)。近五成的本市居民认为自己属于中层或以上阶层,而近七成的外来人口却认为自己属于中下层或下层。外来人口中,有26.2%人认为自己属于中层或以上阶层,有34.8%的人认为自己属于中下层。认为自己属于下层的外来人口有38.1%,这一比例比本地居民明显高出了16.6%。② 由于户籍制度造成的"城乡分治、区域分割",以及地方财政的有限,使得外来人口在进入城市之后难以享受与本地居民一样的就业、住房、医疗、子女教育和社会保障等公共服务,成为户籍市民与外来人口具有差异化的阶层认同的主要原因。

---

① 吴兴民、潘荣坤:《广州外来人口聚居区社会风险及其治理模式研究》,《信访与社会矛盾》2016年第2期。
② 宁超乔:《2016年广州社会心态现状调查报告》(未刊稿),基于2016年广州社会状况综合调查的数据。

表 6-12　　广州市本地与外来人口的阶层认同分布

户口登记地	中上层及以上	中层	中下层	下层	不好说
本市	4.0	43.0	30.4	21.5	1.2
本省其他地区	5.2	20.8	35.1	39.0	0.0
外省	0.8	25.4	34.8	38.1	0.8

资料来源：《2016年广州社会心态现状调查报告》。

该调查报告的数据指出，外来人口对社会信任感和社会宽容度的评价都低于本地居民（见图6-3）。拥有本地户籍的受访者对社会信任的总体评价得分为5.56分；户口登记在本省其他地区的外来人口，对社会信任感评价的均值得分为5.45分；户口登记在外省的受访者对社会信任感的评价最低，为5.25分。

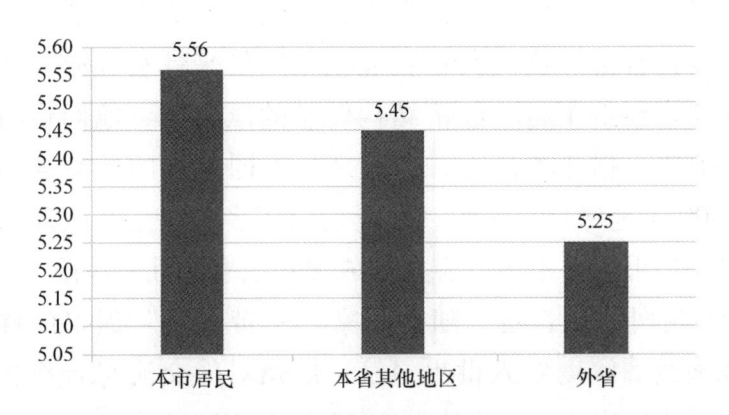

图 6-3　广州市本地与外来居民对社会信任感评价的均值

在对社会宽容度的评价上，户籍登记为本市、本省其他地区、外省的居民也呈现出与社会信任感同样的变化趋势，本市居民最高，外省居民最低，两者间存在较大的差距。三者对社会宽容度的评价的分数分别为6.18分、5.96分和5.79分。

从外来人口对社会公平和社会宽容度的评价来看，外来人口的社会态度与本市居民比较显得相对消极。这样的社会态度与他们所面临的社会现实密切相关，其主要原因包括户籍制度限制带来的福利排斥、社会支持网络较弱以及来自本地居民一定程度上对外来人口的偏见和歧视。外来人口阶层认同较低，社会态度较为消极，实际是一种社会弱势心态，但也确实反映出了他们在生活工作的过程中，并未能很好地实现社会融合。

二 外来人口带来的社会治理风险

外来移民集中的地方往往也是经济发展最快、社会最具活力的区域。但与此同时，外来人群的规模发生异动，会对区域的整体经济运行造成巨大压力。他们因为不平等、不合理的治理手段而引发矛盾和不满，也将对区域的社会稳定构成巨大威胁。

从国内外来人口看：广州区域内商贸零售、服务业发达，批发市场众多，吸引了大量外来务工人员，他们多居住在城中村或城乡接合部。这类大量就业也相应带来社会风险，尤其面临新常态下经济下行、经济结构转型的压力下，他们也将面临失业的风险。据相关研究，广州来自不同地方的外来人口群体有近1000个地缘社会组织，即所谓的同乡会。这类组织的动员能力强，如果疏导不当，容易酿成聚众滋事的社会风险。

从国际外来人口看：随着国家"一带一路"倡议的深入实施和我国经济深度融入世界经济，广州对外交流与合作将更加频繁。广州市出入境管理支队2017年9月25日的数据显示：在穗合法居留的外国人总数为7.6万，其中非洲人数量为1.3万，占在穗外国人总数的17%。国际移民中社会管制的重点是外籍人口中"三非"人员。各项研究表明，国际移民和非法移民最终成为住在国或地区政治、经济、社会、文化、宗教，以及国家安全等多个领域的关键性社会问题。迈向建设全球城市的广州，必须尽早掌控外籍移民带来的风险，探索创新有效的治理手段。

（一）个人风险

广州市的劳动型移民参与广州市的城市建设，大部分从事最艰苦的体力劳动。随着近两年劳动力工资的提高，他们的收入有所增加，但是相对于所付出的劳动力强度而言，他们的生活状态并不理想。进入广州的劳动型移民，往往是广州劳动力相对不足的制造业、餐饮业、运输业、商业、服务业等部门的主力军。对于工资收入较低的劳动型移民而言，他们更易聚集于租金较低、基础设施较差，且具有高安全隐患的城中村，较为恶劣的工作环境和生活环境，使得该群体更易陷入个人风险中。

对于所有城市新移民而言，户籍制度的"区隔"作用让他们在享受城市公共服务的过程中也遇到了阻碍。在传统意义上，户籍具有识别公民身份、亲属关系、法定住址等人口管理的基本功能外，而其本质一直是作为一种"身份甄别"的机制存在，便于政府根据户籍类型差别性地提供公共服务。城市提供给居民的公共服务，可以根据是否被户籍制度"区隔"进行区分（见表6-13）。[①] 具体来说，只有拥有本地户籍的居民才能够享受免费义务教育；也只有拥有当地户籍的低收入家庭，才有资格获得当地政府提供的救济福利，申请保障房；到目前为止，也有许多就业岗位存在户籍的限制。另一类公共物品和服务，则不存在户籍地限制，可以通过货币来甄别使用者，如收费道路、桥梁等基础设施，同时医疗也是取决于居民消费能力的公共服务。

表6-13　　　　　　　　以户籍为标准的公共服务分类

以户籍来"区隔"的公共服务	不以户籍来"区隔"的公共服务
义务教育；最低生活保障；住房政策；就业政策；社会保险等	环保、道路、桥梁等基础设施；城市公园和广场等娱乐休闲设施；通过消费获得的医疗等

---

① 江依妮：《外来人口聚集地区公共服务支出研究》，《人口与经济》2013年第5期。

外来人口在面临这样的现实情况时，极容易陷入个体的疏离，从而陷入极大的个人风险之中。在家庭本位之下，家庭具有给家庭成员提供多方面的非正式支持的作用，包括教育、养老等。外来人口脱离原有的户籍家庭，到异地生活工作，来自于整个家庭体系的支持作用减弱。与此同时，工作单位作为现代社会最为主要的支持系统应该为外来人口提供正式的社会支持。[①] 然而，外来人口面临的就业现实，不断流动的工作状态，让他们也较难从工作单位获得应有的社会支持。在正式与非正式支持都减弱的情况之下，又要面临来自"户籍"的区隔效应，使得外来人口中的个体极易疏离于主流社会，对社会、他人的信任、依赖和关心不断削弱，甚至会有少数人将产生反社会的情绪。当个体和家庭面临重大疾病，让非当地户籍的孩子获得"收费"教育等问题时，便极易陷入生存的困境。

一份关于广东省公共服务支出的研究表明[②]，尽管广州市作为经济较为发达的城市，但要全面承担起外来人口各项公共服务的支出，依然是存在极大的困难的。这就意味着"新广州人"与拥有户籍的"广州人"是存在差别的。公共服务向"新广州人"的覆盖是一个循序渐进的过程，从提供外来人口最需要的住房服务、子女入学服务以及社会保障服务开始，一步一步从财政上和实际的社会心态上完全接纳这个社会群体，帮助他们实现社会融入。同时，"新广州人"责任与义务的对等，使其在享受了广州市提供的一系列福利之后，也要保持积极融入的心态，形成对广州的认同，遵纪守法，理性地表达诉求，维护社会的和谐运转。

（二）社会风险

社会融合是个体与个体之间、不同群体之间或不同文化之

---

① 张昱、孙志丽：《个体风险的社会管理》，《江海学刊》2011年第3期。
② 江依妮：《外来人口聚集地区公共服务支出研究》，《人口与经济》2013年第5期。

间相互配合、相互适应的过程,并以构建一个良性和谐的社会为目标。外来人口社会融合可以从三个层次来谈:经济层面、社会层面、心理和文化层面,三个层面的关系呈现为依次递进。从实际层面来看,外来人口进入广州生活、工作,却呈现出社会融合程度低的社会现实。外来人口在融入城市的过程中,从经济层面看,他们面临着就业歧视、生活成本上升等问题,是城市中收入相对较低的群体,在经济上受到城市人口的排斥。在社会融合层面,外来人口不具备城市户籍,在福利保障分配上受到限制,医疗、养老、子女教育都需自行承担,受到社会福利排斥。除了经济层面和福利层面的社会排斥,在心理、文化方面,外来人口也遭受着"污名化"的待遇。城市居民对自身文化的优越感,使得他们在看待外来人口时,会产生外来人口即为"传统、落后、愚昧"的"农村人"的心态,主观地认为流动人口是城市发展的问题群体,存在违法犯罪率高、不注重卫生、举止不文雅的问题,产生文化排斥。"污名化"是对外来人口的一种社会歧视,来自城市居民的歧视在外来人口与当地文化的融合过程中以及形成对城市的心理认同的过程中都发挥着巨大的阻碍作用。本身处于经济和福利弱势地位的外来人口,面临这样的歧视,发展和向上流动受阻,产生剥夺感,且其尊严在这样的排斥和"污名化"中受损,对其他社会成员产生隔离感并对社会产生不信任,严重的会形成对立与反社会的情绪,从而影响城市公共安全的正常运行和健康发展。[①]

外来人口在经济、社会、心理和文化上的低社会融入程度,使得他们往往处于贫富分化的底端,是贫富分化感受最强烈的群体,成为社会的低收入阶层。社会风险也不断向这个群体集中,他们是社会风险的承担者,也是社会治安恶化等社会问题的潜在制造者。外来人口面临的双重困境,让阶层分化带来的

---

① 谭钰怡:《广州城市公共安全相关重要影响因素分析》,《广东广播电视大学学报》2010年第1期。

社会矛盾在这个群体上体现得尤为突出。

包括桥梁、道路在内的可以通过付费进行使用的各种公共服务，因为城市人口的不断增加，面临着巨大挑战。就广州而言，随着流动人口的不断增多，城市的各项基础设施都超负荷运转，给广州的交通运输带来巨大压力。城市基础设施长期超负荷运转，一旦其中某一环出现问题，就有可能通过连锁反应，引发城市瘫痪危机，造成城市大面积的公共安全问题。[1]

对于外来人口而言，各式各样的非正式经济是他们日常生活中的重要内容。"非正式经济"也被称为"隐形经济"，是指一种实际存在但没有正式的官方记录的经济活动。他们通常是对既定社会规则的反抗和回避，也不受法律与制度的保护。一般而言具有规模小、零散性、不纳税或者很少纳税等特点。[2] 日常生活中出现的"摊贩"等即为非正式经济在日常生活中的具体体现。外来人口不断向城中村聚集，非正式经济则成为部分外来人口赖以生存的谋生手段以及日常生活不可或缺的部分。从实践的角度而言，非正式经济与外来人口存在非常密切的关系。非正式经济发展给外来人口提供了相对便宜的居所和消费品，是外来人口在高成本的城市生活中得以生存的经济形式。在广州，城中村成为外来人口的主要生活区域，同时也是非正式经济聚集的廉价经济区。作为外来人口自我选择形成的聚居区，城中村的私人、狭小的房屋格局促生了自发小型经济体的生存，如城中村内的商业、服务业，主要包括杂货店、药店、餐馆等，分布杂乱、档次低、规模小，面向外来人口的日常生活需求。这一类商业、服务业经济实体在城中村狭小空间内的高度聚集，摊薄了经营的成本和利润，意味着这一类消费品对

---

[1] 谭钰怡：《广州城市公共安全相关重要影响因素分析》，《广东广播电视大学学报》2010年第1期。

[2] 贺勇、马灵燕、郎大志：《基于非正式经济大乡村规划实践与探讨》，《建筑学报》2012年第4期。

外来人口而言的可负担性，但同时也意味着经营者在运营过程中的收入有限。

非正式经济在城中村扎根的现象，尽管给处于各种排斥中的外来人口带来了一个适宜其生存的空间，但其中的社会治安与公共安全风险却不可忽视。非正式经济的零散性、规模小等就意味着这类经济在工商税务管理上的困难性。非正式经济中的部分"摊贩"，存在无执照经营、偷税漏税等问题，一些经商的外来人口甚至存在制售假冒伪劣产品的现象。与此同时，外来人口集中聚集的城中村，违章建筑和棚户区分布广泛，给城市消防、交通等都带来新问题。非正式经济中的部分"摊贩"存在的安全卫生问题也提升了城中村的卫生防疫难度，给外来人口群体施加了更大的社会风险。①

三 外来人口的公共服务需求

（一）城市新移民定居意愿强

广州市人口发展战略研究领导小组为研究广州外来人口新变化与城市管理问题，对城市新移民进行问卷调查和深入访谈。对收集的数据分析结果显示，不同类型的城市新移民尽管在教育程度、收入情况以及工作类型上存在较大的差异，但从整个新移民群体的需求来看，他们都有强烈的意愿希望能够扎根广州（见表6-14）②，不同类型的城市新移民回答非常同意、同意以及一般的比例之和均超过了70%。这一现实情况与流动人口来穗仅为了谋生而暂时性居住的目的已大不相同。城市新移民的规模以及他们较为强烈的定居广州意愿，对广州的住房建设以及各项城市基础设施规划提出了需求和新的挑战。城市管

---

① 谭钰怡：《广州城市公共安全相关重要影响因素分析》，《广东广播电视大学学报》2010年第1期。

② 《广州市外来人口发展与城市管理重大问题研究》，广州市人口发展战略研究领导小组，2016年。

理者必须重视这一问题，在城市的规划和管理上做出调整，以满足城市新移民购房、定居意愿。结合前文中分析的城市中低收入群体对保障性住房这一公共服务的不满意度较高的社会现实，住房政策调整、合理地进行城市规划成为当下城市管理者扩大中等收入群体以及促进外来人口融入的重要举措。

此外，广州运动式的"城中村"改造，难以适应当下城市多样化的空间格局，在未给城中村聚居群体提供有效替代选择时，简单地将城中村改造升级无法满足城市贫困阶层的生存需要，对非正式经济也将产生破坏性的影响。我国目前的社会空间分化过程中，"强国家—弱市场"的模式，使得政府主导了社会空间分化。政府通过就业政策、人才政策、新的住房政策等实现社会空间的分化效应，迎合市场的需求，谋求与经济资本的开发商多种方式的联合。① 这样的政策导向之下，城市经济得以发展，而空间的破碎化和隔离也同时加深，普通市民和贫困阶层的生存空间进一步地被挤压。底层民众在保障性住房上的需求得不到充分的满足，而他们城中村的生存空间一再被"城中村"改造运动挤压，他们在生存空间上遭到严重的社会排斥。满足他们核心需求的关键也是政府主导的保障性住房的建设。但不可忽视的是，保障性住房的大规模建设可能带来空间上的社会隔离问题，与此同时，推动新开发或已开发的居住混合是打破城市空间结构隔离的也是住房政策的重要方向。

保障性住房作为广州解决中低阶层住房问题、实现"居者有其屋"、维护社会公平的重要举措，在具体落实的过程中却面临着多数公众不满意的现状，如何真实地发挥出保障性住房的作用，是目前经济发展过程中政府所必须关注的。保障性住房政策的执行是满足公众需求的关键，但广州政府在保障性住房政策执行上出现的问题影响着广州的中低阶层实现"居者有其

---

① 何淼、张鸿雁：《城市社会空间分化如何可能》，《探索与争鸣》2011年第8期。

屋"。在保障房的建设和政策落实方面，政府需要做到：（1）加大财政投入，拓宽资金来源。保障性住房的建设依赖于政府主导，财政投入的力度决定了保障性住房政策执行的力度和建设力度。（2）合理规划选址，加强配套建设。除了解决中低阶层"居者有其屋"的需求外，同时认真考虑基本公共服务、便捷交通、就业等配套举措。（3）扩大保障覆盖面，实现供给多元化。在坚持政府主导的原则下，社会广泛参与，增加保障性住房的供给量，覆盖到有切实需求的中低阶层。

表6-14　　　　　　　城市新移民定居意愿　　　　　　（单位:%）

	智力型移民	劳动型移民	经营型移民
非常同意、同意	62.70	52.20	64.47
完全不同意、不同意	12.70	23.71	17.82
一般	22.87	20.00	14.47
说不清	1.73	4.09	3.24

（二）社会保障问题的困扰

2015年广州市居民幸福感状况调研报告数据指出，广州非本地户籍人口在包括生活质量、社会环境、个人发展等在内的七大幸福感指数指标中，得分均低于本地居民（见图6-4）。这在一定程度上表明，实际上大部分城市新移民并不能够完全公平地享受社会保障等公共物品带来的福利，从而未能很好地融入广州的城市生活。非本地户籍人口的身份实际上深刻影响着城市新移民的幸福感的提升，户籍的限制使得获取社会保障成为他们的一大困扰。广州市规定申领最低生活保障的一大条件是"本地户籍居民"；非户籍人口在领取医疗救助时，申领条件更为严苛且能够获得的保障水平较低。城市新移民所面临的个人风险高这一特点也主要是因为城市管理者并未能为该群体提供一项有效的兜底保障制度以避免他们陷入贫困境地。

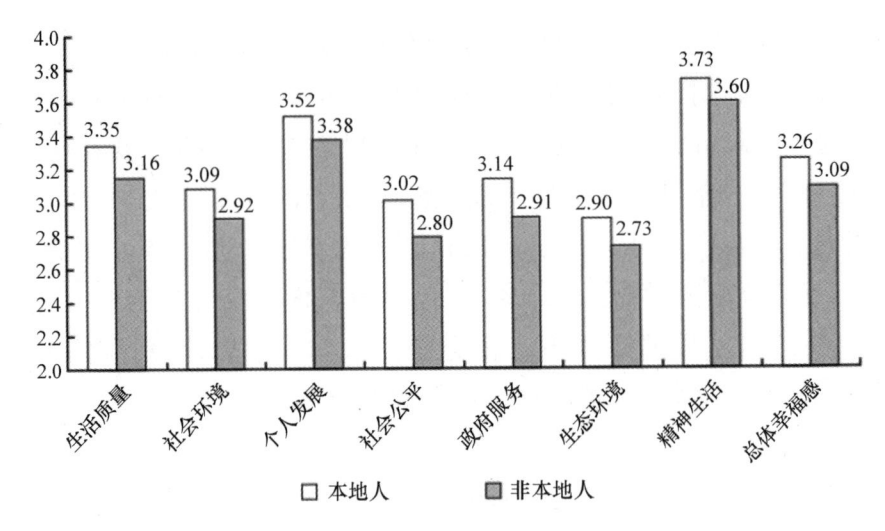

图 6-4 2014 年广州市居民幸福感的户籍差异

资料来源：郑希付、刘学兰、罗品超、黄喜珊：《2015 年广州市居民幸福感状况调研报告》，载涂成林等主编《广州蓝皮书·2016 年中国广州社会形势分析与预测》，社会科学文献出版社 2016 年版。

（三）外来工子女的教育问题

外来人口的子女教育问题是另一个影响底层"新广州人"社会融入的关键因素。2012 年，广州全市义务教育阶段在校生 98 万人，其中外来务工人员子弟就有 52 万人。广州以平均每年新增外来工子女 5 万人的速度增长，按照 2000 人一所学校的规模，一年新增 20 所学校，压力着实很大。① 即使外来务工人员子弟能够进入学校学习，也面临着"借读费"、"捐资助学费"、办学条件和教学质量差、流动性大等现实问题的困扰。外来务工人员子女的受教育问题不仅关乎公共服务供给问题，更是教育公平问题的核心。缺乏教育这一打破阶层限制的途径，低收入群体陷入贫困阶层、难以流动的情况也将愈加严重。

（四）"新广州人"的社会融入

在一部分研究中，"新广州人"是对广州外来人口的新称

---

① 黄红球、王厚俊、周辉、杨守玉：《城市化进程中农民工子女教育存在的问题及解决途径——以广州市为例》，《农业经济》2012 年第 12 期。

呼。这个称呼对于促进外来人口的社会融合，增强外来人口对广州这个城市的认同感和归属感都具备十分积极的意义。这部分外来人口，在广州这个城市中努力工作，为城市建设做出了十分积极的贡献，称他们为"新广州人"实则是对外来人口"污名化"现象的一种积极抵制，将外来人口视作广州真正的一分子，肯定他们对城市发展的正面作用。部分的"新广州人"处于社会的底层，属于商业服务人员阶层和产业工人阶层，缺乏来自家庭和社会的支持。促进外来人口进行积极的社会融入，除了称呼上的改变，也需要在实际层面提供公共服务，满足他们生存发展的必要条件，避免他们陷入贫困阶层的困境。对于处于底层的外来人口而言，成为"新广州人"的第一步，则是突破户籍带来的公共服务差异化提供的问题。实行的积分制公共服务体系，在减轻户籍隔离作用方面将产生积极效果。"新广州人"可以通过积分制的形式享受入户、子女入学、社保转移等公共服务，将基本公共服务在"新广州人"这个群体中进行覆盖。①

与此同时，另一个群体也是"新广州人"的重要组成部分。他们在改革开放的几十年间，通过求学、经商等各种路径进入广州，通过购置房产和各种其他途径获得广州户籍，拥有稳定的工作生活。他们成为广州户籍人口的主要增长力，也是构成广州中间阶层的主要部分，属于国家与社会管理阶层、专业技术人员阶层和办事人员阶层。对于这部分"新广州人"的真正融入，有效地参与社会管理和政治参与这一环节也必不可少。在外来人口集中的区域，建立"新广州人"管理服务机构，让他们开展自我管理和社会服务，从这样的过程中得到归属感与认同感。吸纳外来人口中的优秀人才参政议政，选举产生代表"新广州人"的党代表、人大代表、政协委员等，充分听取他们

---

① 杨再高：《外来人口成为"新广州人"的关键》，《南方日报》2011年8月1日第F02版。

在城市建设和管理方面的建议和意见。①

2009年发生的番禺垃圾焚烧厂设置的"邻避"运动，则体现了这个群体对公共服务中有效的公民参与机制的需求。这次事件，从发酵、冲突爆发、政府暂停项目的整个过程中，番禺各大楼盘的30万业主一直在寻求各种途径为自己的公共利益发声，发帖论坛、递交签名信、手持标语、齐喊口号进行请愿等行动改变了政府原有的强硬态度，并最终使得政府倾听了群众意见，暂停了焚烧厂设置项目。②城市居民都希望城市中能够兴建足够多的公共服务以满足其福利需求，当公共服务设施使得居民的生活需要额外负担健康、安全等成本时，群众的邻避情结便会被激发。番禺区是外圈层的重要组成区域，据上文的统计数据显示，外圈层是2000—2010年外来人口增长率最高的区域。③番禺大批业主的公共服务需求实际也反映了这部分的"新广州人"对有效公共参与机制这一公共服务的重要需求。

第五节 扩大公共服务供给与缩小贫富差距

一 广州贫富分化现状与成因分析

（一）广州的贫富分化现状

一般发达国家，最富有的20%的人口所占有的社会财富量为最贫穷的20%人口占有财富量的6—7倍。国家统计局1999年的抽样调查数据显示，中国城镇居民最高收入的20%的家庭的人均收入是20%最低收入家庭的人均收入的8倍，而这个差异在北京则体现为11倍。中国城镇的贫富分化程度在20世纪

---

① 彭澎：《"新广州人"："口惠"之外还要实惠》，《南方日报》2011年8月1日第F02版。

② 黄汇娟：《邻避情结与邻避治理——番禺垃圾焚烧厂设置的个案分析》，《广东广播电视大学学报》2012年第92期。

③ 蒋丽、吴缚龙：《2000—2010年广州外来人口空间分布变动与对多中心城市空间结构影响研究》，《现代城市研究》2014年第5期。

末已然超越了发达国家的水平。这就体现了城市贫富分化的具体表现之———收入水平的悬殊。收入可以界定为工资、工资外收入、福利、补贴、资本收入等内容。伴随经济体制以及一系列的市场化改革，富裕阶层与贫困人口在收入结构的调整上呈现反向的变化趋势。富裕阶层拥有多样化的收入来源并呈现出增值快的特点，除了工资收入和资本收入，股票收益、商业利益、投资分红以及兼职收入、撰稿费等在富裕阶层的收入占比也变得越来越重要，这种现象在富裕阶层中也越来越普遍。与之相反的是，构成城市贫困人口收入主要来源的工资收入以及福利性收入等不断缩水，且非技术性劳动即体力劳动的市场价值不断下降，收入回报降低。在这样的过程中，应该对社会各阶层群体发挥保护网作用的"社会福利"政策，实则发挥着逆向调节的作用。收入较高的群体往往会得到更高的社会福利保障，公务员、国企职工、事业单位人员等所谓"体制内"的中间阶层，更易于得到具有稀缺性的福利资源，如医疗、养老、住房等保障；与之相较，住房、医疗等会给低收入阶层带来沉重的经济负担，收入在满足基本的消费性支出上都存在困难。

贫富分化作为一种固有的社会现象，当其控制在一定范围内时，对社会的经济发展具有积极意义。当人们认为个体贫富的差距来自于个人因素，包括自然禀赋、个人努力与志向等原因时，人们更易于接受贫富差距的现实，并愿意为了更富有的物质生活而付诸努力，产生正当的竞争意识。而当社会各界认为，贫富差距的原因在于富有阶层的行业垄断、阶层固化以及分配制度的不公正等时，贫富分化已然开始挑战社会正义，成为引发社会矛盾和不同阶层对立的导火索。①

伴随改革开放的进程，经济发展，中国人民的整体收入水平提高，逐步步入小康社会。在整体经济发展的同时，中国不

---

① 唐灿：《重视城市贫富分化加剧现象》，《发展》2004 年第 9 期，第 28—30、32 页。

同阶层间的贫富分化也日益显现。

基尼系数是衡量一个国家财富分配状况的指数,数值越低,表明贫富差距越小,反之则贫富差距越大。根据联合国有关组织的规定:基尼系数为 0.4—0.5 表示收入差距较大,0.5 以上表示收入差距悬殊。基尼系数高位运行反映了贫富差距的严重程度,提醒政府需要加强二次分配的力度,及时化解矛盾与不公。通过对衡量收入分配非均等性的主要指标基尼系数的计算表明,从 1985 年到 2001 年,我国的基尼系数增加了 57.14%,中国城镇居民的收入差距不断扩大。[①] 我国的基尼系数远远超过了国际公认的 0.4 的警戒线,在 2008 年达到 0.491 的高值,而资料统计表明,一般发达国家的基尼系数在 0.24—0.36 之间。[②] 在我国的城市地区,贫富分化已经发展到了较为严重的地步。

就广州的贫富分化现象而言,一份 2005 年关于广州人口月收入状况的定量研究结果表明,月收入低于广州市最低生活保障 300 元的人口占样本的 10.34%,月收入 5000 元以上的人口占样本的 4.43%。高收入群体的月收入是城市贫困人口月收入的 10 倍以上。据上海交大民情研究中心民意与舆情调查研究中心 2014 年统计数据,中国基尼系数超过 0.5 的城市共有 36 个,广州基尼系数为 0.575,在全国城市排名第二位,仅次于北京的 0.587,表明:广州贫富差距悬殊,此问题值得关注。[③]

(二)贫富差距的成因

伴随改革开放的进程,结构性、制度性的原因对贫富差距扩大的影响日益增大,实则可以归类为以下四点。

第一,劳动力市场分割。劳动力市场实际上是存在制度壁

---

① 夏丽丽:《转型时期广州城市社会问题探析》,《城市问题》2005 年第 1 期。
② 卫兴华:《我国贫富分化的现实与成因评析》,《江苏师范大学学报》(哲学社会科学版)2013 年第 5 期。
③ 《中国民生调查报告(2014)》,上海交通大学民意与舆情调查中心,2014 年。

垄的，相关生产力之间存在巨大的利益差别。正规部门和正规就业身份与非正规部门和非正规就业身份之间在收入分配和福利保障等方面存在显著的结构性差异。前者意味着高收入、工作稳定、良好的工作环境和完善的福利保障等；反之，后者则意味着低收入、工作不稳定、糟糕的工作环境和低水平、不完善的社会保障和福利制度。

第二，社会保障制度的缺陷。由于经济发展水平的限制，社会保障标准仍然偏低，最低生活保障标准满足相当一部分贫困人口的基本生活都存在困难，大批城市贫困人口的医疗、教育等基本权利更难以保障，致使贫困家庭陷入疾病、辍学、失业与贫困相互作用的恶性循环之中。

第三，贫困的代际传递。农民的贫困并非因为其选择导致，而是出于其所在的阶层限制，使得其对生产资料、教育资源的获取能力较弱，导致难以突破阶层向上流动。

第四，"大都市化"带来的贫富分化。暨南大学教授胡刚认为：高端第三产业发展带来了贫富差距扩大。在全球化时代，广州作为一线大城市，在建设国家中心城市和具有国际影响力城市的过程中，必定会聚集大量跨国公司、大型央企、金融、高新技术企业等。这些企业的高管和中层员工，工资收入相对较高，消费力强劲，带动整个城市物价上升，特别是房价上涨，普通市民生活可能压力更大，加上就业问题，城市的现代化未必能惠及广大市民。"大都市化"极大地激发了经济发展的活力，为市民创造了可以共享的发展成果，从绝对量上来讲，"大都市化"为每个市民带来了财产绝对量的增长；但从相对量来讲，"大都市化"反而会加剧低收入群体的贫困。此外，这几年城市的发展，拉大了城乡差距和城市居民收入差距，特别是城市空间分配不公平，更成为贫富差距扩大的重要原因。贫富差距过大将削弱城市化动力，动摇城市化发展的基础。广州建设枢纽型网络城市，就是要转变发展方式，走出一条政府推动民生城市化道路，在城市快速发展的基础上，广大市民的幸福感也不断提升，收入增加，拉动消费，进而为企业发展提供强大动力，带动城市进一步发展，实现城市全面、协调、可持续发展。

二 基本公共服务均等化与缩小贫富差距

基本公共服务均等化，指的是让全体社会成员享受水平大致相当的基本公共服务，其目标是要将基本公共服务的差距控制在社会可承受的范围内，保障每一个社会成员基本生存权和发展权，保障社会公平公正。基本公共服务均等化是缩小贫富差距的重要措施。通过对贫困学生的帮扶，促进其接受教育，有助于其人力资本的积累，走出贫困的恶性循环。通过完善医疗保险制度，有利于防范因病致贫的风险，解决"看病难、看病贵"的社会问题。通过失业保险、职业技能培训等就业服务，可以帮助解决失业人员和就业困难群体的生活和就业问题。通过廉租房、经济适用房等住房保障，有助于解决居住困难群体的住房问题。换言之，需要加强对困难群体的帮扶，通过公共服务均等化增加其获得教育资源、医疗资源、社会保障等的机会，通过再分配手段缩小贫富差距，促进社会公平公正，维护社会稳定。

第七章　广州公共服务的社会评价

在对公共服务的社会评价领域，已有不同维度的指标测量体系。以下将主要依据2016年广州市社会状况综合调查的数据[①]，并结合《中国城市政府公共服务能力评估报告（2016）》[②]、《中国城市基本公共服务力评价（2015）》[③]、《2015年广州市居民幸福感状况调研报告》[④]和《2014年度广州城市状况市民评价民调报告》[⑤]、《2014年广州市民的民生关切与改革期待调查》[⑥]等研究来呈现广州公共服务供给的总体社会评价和分行政区划、居住社区类型和收入分层的人群对于公共产品、公共服务方面的供给评价的差异，从社会评价的角度探析社会群体对公共服务需求的重点。

[①] "广州社会状况综合调查"是广州市社会科学院开展的一项全市范围内的大型抽样调查项目，于2016年1—5月实施完成入户抽样调查。调查采取的是等概率分层抽样的方式，调查样本覆盖广州市8个区的50个街镇、50个社区，每个社区设计样本量不少于20个家庭，实际有效回收问卷为1001份。

[②] 何艳玲主编：《中国城市政府公共服务能力评估报告（2016）》，社会科学文献出版社2016年版。

[③] 钟君、吴正杲主编：《中国城市基本公共服务力评价（2015）》，社会科学文献出版社2015年版。

[④] 郑希付、刘学兰、罗品超、黄喜珊：《2015年广州市居民幸福感状况调研报告》，载《2016年中国广州社会形势分析与预测》，社会科学文献出版社2016年版。

[⑤] 广州市社情民意研究中心：《2014年度广州城市状况市民评价民调报告》，载《2015年中国广州社会形势分析与预测》，社会科学文献出版社2015年版。

[⑥] 广州市社情民意研究中心：《2014年广州市民的民生关切与改革期待调查》，载《2015年中国广州社会形势分析与预测》，社会科学文献出版社2015年版。

第一节　广州公共服务的整体评价

《中国城市政府公共服务能力评估报告（2016）》将城市政府公共服务能力界定为城市政府通过公共服务供给减少市民需求与市民满足之间差异的能力。这一定义强调："公共服务以市民需求为导向；公共服务供给是政府的职责；政府需要学习成长以满足市民动态的公共需求。这一定义之下有三个测量的维度，即政府的需求识别能力、服务供给能力以及学习成长能力。"[①] 这一报告针对中国4个直辖市，10个副省级城市和5个计划单列市，通过文献资料收集、问卷调查、半结构访谈和神秘顾客扮演的方法来进行评估。

广州市在19个城市总排名中位列第4位，处于总体比较靠前的位置，其中需求识别排名位列第1位，服务供给排名为第11位，学习成长排名为第5位（见图7-1）。广州市在服务供给排名中比较靠后，是和受访市民的主观评价较低相关。

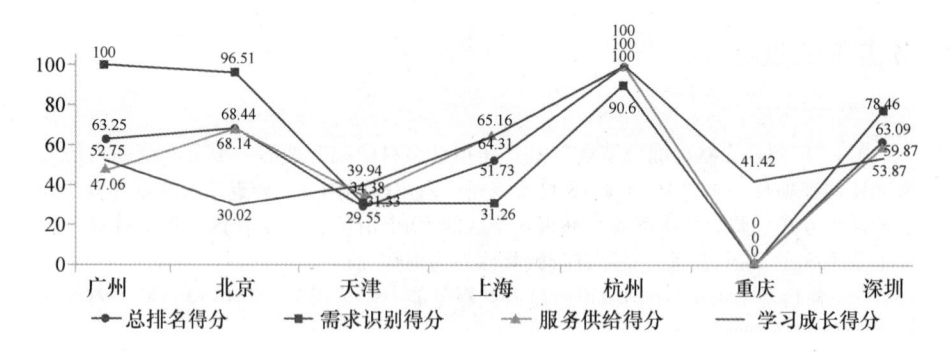

图7-1　7个中心城市政府公共服务能力得分

资料来源：根据《中国城市政府公共服务能力评估报告（2016）》整理。

---

① 何艳玲主编：《中国城市政府公共服务能力评估报告（2016）》，社会科学文献出版社2016年版。

一 公共服务客观指标水平高于市民主观评价

在城市政府需求识别能力排名居前三的城市依次是广州、北京、沈阳。广州在"信息透明"和"回应有效"这两个维度上都表现最好，且在包括"渠道便利"在内的这3个维度上表现得很均衡，因此排在第一位。

在城市政府服务供给能力情况的评价中广州排在第11位，属于中等偏后的位置（见表7-1）。

表7-1　　　　7个中心城市政府服务供给能力得分和排名

城市	综合得分	排名
广州	47.06	11
北京	68.14	4
天津	34.38	14
上海	64.31	7
杭州	100.00	1
重庆	0.00	19
深圳	59.87	8

注：本报告的分值是经百分制的标准化计算得来的。换算公式为：分值 =（某城市得分 - 最低分）×100 ÷（最大得分 - 最小得分）。

资料来源：根据《中国城市政府公共服务能力评估报告（2016）》整理。

但是不能忽视广州属于"高敏感度城市"这一现实。"高敏感度城市"是指在这一数据来源中属于较优排名，在另一数据来源中反馈却欠佳。从客观数据进行分析，广州常常处于中等偏上或者位于前列的位置，但是本地市民的问卷反馈得分却较低，比如城市政府就业保护供给能力三级指标数值及排名中，广州市在最低工资、在社会平均工资中的比重位列19个城市中的第1名，在就业率方面位列第3名，但是问卷中的满意度指标却只排在第15位。又比如19个城市政府医疗卫生供给能力三级指标数值及排名显示，广州在每万人医院床位数、调查员对社区医院和使用医保卡的观察体验都排在第1位，但是市民问卷中的满意度指标却排在最后一位。

由此可以看出，本地市民对政府的公共服务水平提出了更高的要求和期待。

在第三个指标"学习成长能力"方面，作为改革开放的前沿，广州和上海、西安、深圳一起属于第二方阵。广州在行政能力、决策改进和学习提升方面的表现并不是很突出，但相对比较均衡，行政能力排第8名，决策改进排第5名，学习提升排第5名。在行政能力方面，广州除了在行政程序方面排第17位之外，在市民服务、企业服务和政府廉洁度方面都比较出彩，分别排第2位、第4位和第5位。在三级指标方面，广州除了在政策征询数均值和决策修订方面表现不佳之外，在其他方面的表现都比较出彩。政策征询数均值和决策修订分别排第13名和第18名。

在学习提升方面，广州在三级指标上也表现不俗，学习能力和政府能力的实际提升的排名分别是第7名和第4名。

综合而言，广州在公共服务中行政能力的法治化和科学性方面的表现还是比较出色的，在这些指标上的表现总体上相对稳定，各指标的排名相对其他城市更加均衡，但是在根据市民和企业的意见进行政策修订方面还有很大的成长空间。公共服务中的社会参与和社会满意度还有待提升。

二 公共服务评价的比较

此外，与2015年中国社会状况综合调查的全国的数据进行对比可以看出，广州市受访者对于广州公共服务供给的评价高于全国平均水平（见图7-2）。

根据广州的调查结果，各项公共服务评价的均值为68.46，接近于比较好的水平。评价最高的为打击犯罪、维护社会治安这一项。这也在其他相关调查中得到印证,比如《中国城市基本公共服务满意度评估与发展报告(2015)》中的广州市基本公共服务满意度各要素得分雷达图也显示公共安全的公众满意度是最高的(见图7-3)。

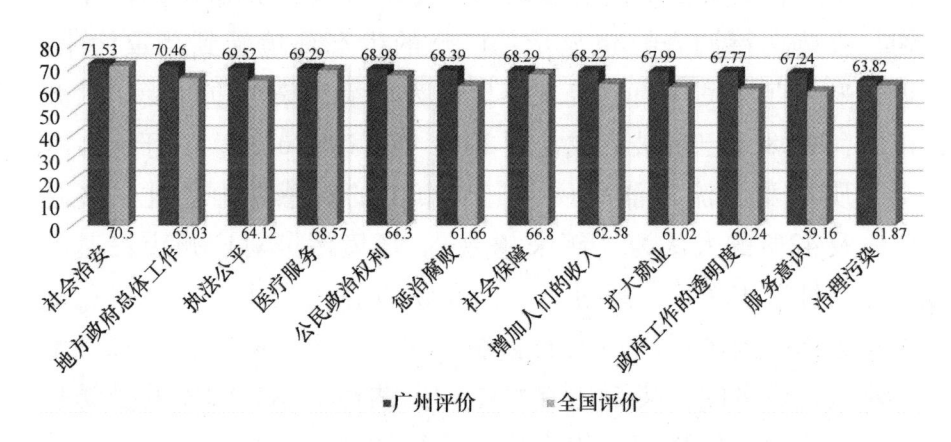

项目	社会治安	地方政府总体工作	执法公平	医疗服务	公民政治权利	惩治腐败	社会保障	增加人们的收入	扩大就业	政府工作的透明度	服务意识	治理污染
广州评价	71.53	70.46	69.52	69.29	68.98	68.39	68.29	68.22	67.99	67.77	67.24	63.82
全国评价	70.5	65.03	64.12	68.57	66.3	61.66	66.8	62.58	61.02	60.24	59.16	61.87

图7-2 对政府公共产品、公共服务供给的评价

资料来源:2015年中国社会状况综合调查、2016年广州社会状况综合调查数据。

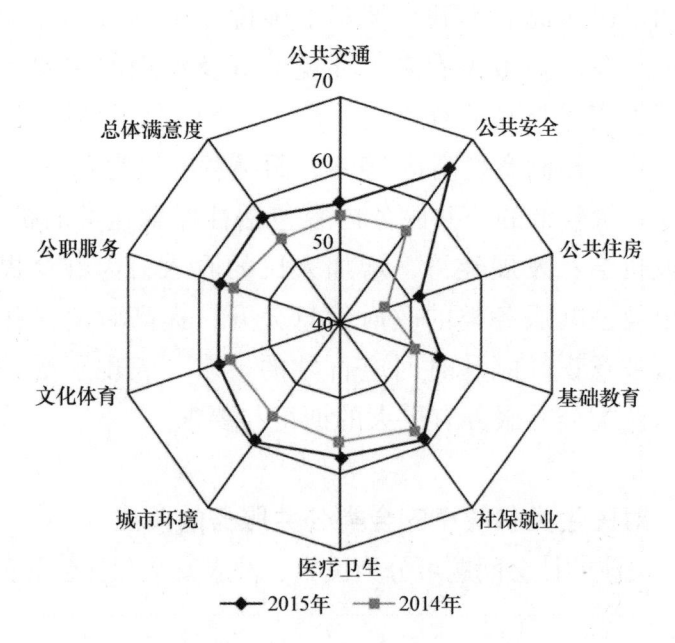

图7-3 广州市基本公共服务满意度各要素得分雷达图

资料来源:《中国城市基本公共服务满意度评估与发展报告(2015)》。

对于医疗卫生服务、保障公民的政治权利、依法办事、执法公平以及地方政府的工作的总体评价都高于各项公共服务评价的均值。评价最低的是保护环境、治理污染这一项。《2015年广州市居民幸福感状况调研报告》也显示居民对饮用水质量、空气质量和卫生情况满意度较低。《2014年广州市民的民生关切与改革期待调查》也显示：广州的生态环境受到严重污染，近年来一直是民众的主流观感。认为环境污染严重的受访广州市民，2008年已突破五成，到2013年更达到61%。对于十年来空气质量及河流河涌水质，广州市民的观感明显恶化，多达54%及42%的人认为"越来越差"。环境污染对广州市民基本生存条件造成伤害。超过1/3的受访者在民调中表示，自己的身体健康受到了环境污染的影响，其中诱生呼吸道疾病和咽喉类疾病是最多的，甚至还有肿瘤。民调还显示，80%的受访广州市民认为近年怪病、传染病、流行病增多，其元凶也是环境污染。政府环保工作成效远未令广州市民满意。自2009年以来，广州市民对此的不满意度基本维持在33%左右，而满意度不足三成。在广州市民看来，环境监管及治理的主要问题在于执法处罚力度不足及巡查检查不严。"查处违规排放污水废气"一项广州市民不满意度高达50%，而满意度仅为16%。

其他评价较低的公共服务内容包括社保就业类的扩大就业，增加就业机会；发展经济，增加人民的收入；为群众提供社会保障。以及公共服务类的政府信息公开，提高政府工作的透明度；有服务意识，能及时回应百姓的诉求。表现了受访者对政府提供这两类公共服务有更大的期待与要求。

三 对民生类和健康安全类公共服务的关注

民众关注的社会问题可分为民生、健康安全和社会公正三类，[1]

---

[1] 李炜：《中国当前社会问题的特征及影响机制分析》，《黑龙江社会科学》2012年第6期，第96—102页。

在笔者对广州的社会调查数据的分析中（见表7-2），可以看出民众对民生类的议题最关注，其次是健康安全类，以及社会公正类，这也在一定程度上揭示了广州市民众对于公共产品、公共服务的需求方向。

表7-2　　受访者对于社会问题的关注度排名

问题类别		广州市受访者关注度		全国受访者关注度	
		百分比	排序	百分比	排序
物价上涨	民生类	45.4	1	33	2
看病难、看病贵	民生类	44.8	2	50.6	1
食品安全	健康安全类	28.3	3	22.4	6
收入差距过大、贫富分化	社会公正类	26.1	4	30.6	3
住房价格过高	民生类	25.4	5	17.8	7
就业失业	民生类	18.4	6	24.2	5
养老保障	民生类	18.4	6	16.5	8
环境污染	健康安全类	16.5	8	14.3	9
教育收费	民生类	12.9	9	11.3	10
贪污腐败	社会公正类	9.9	10	26.6	4
社会信任度下降	健康安全类	6	11	6.3	11
社会治安	健康安全类	4.2	12	4.9	14
征地、拆迁补偿不公	社会公正类	1.6	13	5.7	12
进城农民工受到不公正待遇	社会公正类	1	14	5.1	13

资料来源：2016年广州社会状况综合调查数据。

第二节　广州公共服务评价的地区与人群分化

根据2016年广州社会状况综合调查的数据，从行政区划、居住社区类型和收入分层三个指标出发，分析广州市公共产品、公共服务评价的地区和人群分化。

一 公共产品、公共服务评价的行政区域分化

将"您认为广州市在下列方面的工作做得好不好"一题中的得分作为因变量、受访者所在的区作为自变量,进行方差分析,可以得出各个区之间在各项问题上的差异水平。评价显著较高和显著较低的区域及其均值如表7-3所示,黄埔、越秀、荔湾获得较高评价,白云、南沙的评价相对较低。

表7-3　　　　　　公共服务评价的区域差异

公共产品、公共服务的类别	评价较高的区域	评价较低的区域
医疗卫生	荔湾(71.73)、海珠(70.71)、黄埔(71.51)、番禺(70.80)	白云(66.80)、南沙(66.20)
社会保障	荔湾(71.43)	南沙(66.20)
保护环境,治理污染	越秀(67.98)、天河(64.77)、黄埔(66.57)、番禺(65.27)	白云(60.20)
打击犯罪,维护社会治安	黄埔(72.97)、海珠(72.20)	白云(69.40)
发展经济,增加人民的收入	黄埔(71.80)	南沙(65.28)、天河(67.23)、番禺(69.03)、白云(67.80)
扩大就业,增加就业机会	越秀(67.70)、天河(68.94)、黄埔(71.51)	白云(66.60)
政府信息公开,提高政府工作的透明度	越秀(69.38)、荔湾(69.35)	白云(65.60)
有服务意识,能及时回应百姓的诉求	越秀(68.26)、海珠(69.96)、天河(68.37)、黄埔(68.02)	白云(64.20)
地方政府工作的总体评价	荔湾(73.32)、海珠(71.08)、天河(70.45)、黄埔(72.67)、番禺(70.58)	白云(68.00)

资料来源:2016年广州社会状况综合调查数据。

在"您认为当前我国存在的最重大社会问题是什么"一题中,以不选为重大社会问题计100分,选择为重大社会问题计0分,均值越低,表明该区域民众对于该问题越有改善的需求。将这一得分作为因变量,访问者所在的区作为自变量,进行方差分析,可以得出各个区之间在各项问题上的差异水平(见表7-4)。由分析结果可知,在对于治理社会问题的评价上也显示出了地区差异。

表7-4 治理社会问题评价的区域差异

治理社会问题	评价较好的区域	评价较低的区域
教育收费问题	南沙(93.22)、天河(92.36)、番禺(91.43)	白云(81.65)、海珠(81.76)、越秀(84.30)
收入差距过大、贫富分化问题	越秀(76.86)、白云(77.22)、番禺(77.14)	南沙(62.71)
物价上涨问题	天河(63.69)、白云(58.23)、黄埔(58.00)	番禺(45.00)、越秀(49.59)
住房价格过高问题	番禺(85.00)、南沙(79.66)	海珠(66.67)、荔湾(71.88)、越秀(71.90)
社会治安问题	越秀(95.87)、海珠(99.37)、天河(95.54)、白云(96.20)、黄埔(99.00)、番禺(95.00)	荔湾(88.54)
社会信任度下降问题	荔湾(94.79)、越秀(98.35)、海珠(96.23)、番禺(95.00)	天河(88.54)
贪污腐败问题	荔湾(93.75)、越秀(93.39)、海珠(93.71)	天河(85.35)
食品安全问题	荔湾(77.08)、黄埔(77.00)、南沙(79.66)	天河(64.33)
征地拆迁补偿不公问题	荔湾(100)、南沙(100)、白云(99.37)	黄埔(95.00)
进城农民工受到不公平待遇问题	海珠(100)、天河(100)	白云(97.47)

资料来源:2016年广州社会状况综合调查数据。

综合来看：白云和南沙的民众对于医疗服务的改善有着更高的需求，越秀、天河的民众也普遍有此需求，而荔湾、黄埔、海珠、番禺的民众则对医疗服务比较满意；在社会保障方面，民众的满意度都比较高，只有南沙的民众显示出了需要增加这方面的服务；全市的民众对治理污染有普遍的需求，其中白云区的民众的需求尤为突出；除了白云区，其他区的民众都对社会治安给予比较高的评价；在就业服务方面，广州各区经济竞争力排行榜中经济发展的第一梯队的天河、越秀、黄埔这3个区由于经济发展相对稳定、均衡，经济总量也位列前三名，因此在和就业服务相关的"发展经济，增加人民的收入""扩大就业，增加就业机会""解决就业失业问题"方面得到比较高的评价；白云、天河、黄埔、番禺、南沙的民众对于政府信息公开、增强服务意识给予更高的希望；荔湾、越秀、海珠、番禺的民众希望政府能解决物价上涨、贫富分化的问题；天河区的民众尤其重视食品安全问题，希望政府能加大力度解决此类问题。

二 公共服务供给的社区差异

除了1001份个人问卷，2016年广州市社会状况综合调查还包括50份社区问卷，其中12份由村（居）委会（社区）主任（主席）填写，5份为村（居）委会（社区）主任（主席）和书记填写，33份为村（居）委会（社区）其他干部或工作人员填写。50位被访者中23位来自广州市中心城区，14位来自广州市边缘城区，12位来自广州市城中村，来自其他地区的1位。受访者中16位来自未经改造的老城区（街坊型社区），5位来自单一或混合的单位型社区，5位来自普通商品房小区，2位来自别墅区或高级住宅区，18位来自新近由农村社区转变过来的城市社区，来自其他社区类型的有4人。

(一) 普通商品房小区缺乏社区医疗资源，单位型社区缺乏社工服务

在"您村（居）委会（社区）辖区内是否有以下机构或设施"这一问题中，在社区（村）医院/医疗服务站/卫生室/诊所、幼儿园、小学、体育健身场所、老年活动室、图书室（馆）和公园这几个公共产品的选项中，只有社区（村）医院/医疗服务站/卫生室/诊所这一项在被访者的社区类型上有显著差异，在未经改造的老城区（街坊型社区）和单一或混合的单位型社区这两种社区类型中，回答有社区医院设置的社区占一半左右的比例，而普通商品房小区则是4/5回答没有，别墅区和城中村的受访者都回答有。其他没有统计上的整体显著差异，但是数值上可见一些差异的包括老城区（街坊型社区）和单位型社区比较缺乏幼儿园和小学，城中村和老城区（街坊型社区）比较缺乏体育健身场所，老城区（街坊型社区）比较缺乏老年活动室，老城区（街坊型社区）、普通商品房小区、城中村比较缺乏图书室（见表7-5）。

在"您村（居）委会有多少专职社工"这一问题中，社工配备比较多的是老城区（街坊型社区）（平均2.93人）、普通商品房小区（平均2.40人）、城中村（平均2.07人），比较少的是单位型社区（平均0.5人）和别墅区或高级住宅区（平均1人）。

(二) 普遍缺乏老年助餐服务和课后托管服务

在"社区中是否有村（居）家养老服务、老年助餐服务、社区就业服务、课后托管服务"这一问题中，普通商品房小区、城中村会比较缺乏居家养老服务；全部五种类型的社区都比较缺乏老年助餐服务和课后托管服务；普通商品房小区比较缺乏社区就业服务。以上各社区类型在公共服务方面的差异见表7-5。

表 7-5　　　　　　广州市各种社区类型公共服务的缺失情况

社区类型	公共产品、公共服务的缺失
未经改造的老城区（街坊型社区）	幼儿园、小学、体育健身场所、老年活动室、图书室
单一或混合的单位型社区	幼儿园、小学
普通商品房小区	图书室、居家养老服务、社区就业服务
新近由农村社区转变过来的城市社区（城中村等）	体育健身场所、图书室、居家养老服务

除了上面提到的普通商品房小区比较缺乏社区医疗资源，单位型社区显著缺乏专职社工，以及所有社区都缺乏老年助餐服务和课后托管服务之外，我们还看到街坊型社区、单位型社区比较缺乏幼儿园和小学；街坊型社区和城中村缺少体育健身场所；街坊型社区缺少老年活动室；街坊型社区、普通商品房小区、城中村缺乏图书室；普通商品房小区和城中村缺少居家养老服务；普通商品房小区缺乏社区就业服务。

三　收入分层与公共服务的需求

在 2015 年广州社会状况综合调查的数据中，按人均年收入来计算收入分层得到表 7-6 中的收入分层数据。

表 7-6　　　　　　　　　人均收入分层

群体分类	收入分层（元）	有效频率（%）
低收入群体	0—12000	20.9
中低收入群体	12001—30000	18.9
中等收入群体	30001—40000	21.1
中高收入群体	40001—60000	22.0
高收入群体	60001—500000	18.0

在低收入群体中剔除收入为 0 的受访者，年收入的均值为

7996.45元，中低收入群体的年收入均值为22265.87元，中等收入群体、中高收入群体、高收入群体年收入的均值分别为34526.80元、51517.68元和117048.85元。由于是计算个人收入，而不是各户收入的均值，所以这个收入分层比广州市统计年鉴中的各收入户的人均年收入的均值差异要大。广州市统计年鉴中，低收入户人均年收入均值为23949.23元，中等偏下收入户人均年收入为34026.28元，中等收入户人均年收入为41786.57元，中等偏上收入户人均年收入为51279.77元，高收入户人均年收入为74669.20元。[①]

以户为单位来计算收入分层得到表7－7中的收入分层数据。这一数据相对于人均年收入的数据更接近于广州市统计年鉴中以户为单位的人均年收入。

表7－7　　　　　　　以户为单位的人均收入分层

群体分类	收入分层（元）	有效频率（%）
低收入家庭	0—18000	18.0
中低收入家庭	18001—29200	22.0
中等收入家庭	29201—40000	19.8
中高收入家庭	40001—60000	17.5
高收入家庭	60001—500000	22.6

在低收入家庭人均收入中剔除收入为0的受访者，年收入均值为22895.65元，中低收入家庭的人均年收入均值为30104.39元，中等收入家庭、中高收入家庭、高收入家庭年收入均值分别为33349.11元、47445.33元和87871.99元。

将以户为单位的人均收入分层和"在过去12个月中，您或您家庭遇到下列哪些生活方面问题"一题的各个选项情况做列

---

① http://data.gzstats.gov.cn/gzStat1/chaxun/njsj.jsp.

联表分析,可以发现在"住房条件差,建/买不起房""子女教育费用高,难以承受""物价上涨、影响生活水平""家庭收入低,日常生活困难""家人无业、失业或工作不稳定"和"没有这些生活方面的问题"这几个选项上存在显著差异,低收入者,中低收入家庭的人更容易遭遇和收入、支出以及就业相关的生活困难,而高收入者和中高收入者中则有更多人选择"没有这些生活方面的问题"。

(一)看病难、看病贵、物价上涨是普遍面临的问题,中低收入群体关注就业失业问题

按户的人均年收入分层来给各个群体最关注的社会问题进行排序,可以看到各群体关注问题的共性与差异(见表7-8)。

表7-8　　　按户的人均年收入分层各群体最关注的
社会问题排序(前五项)　　　　　　　　(单位:%)

收入分层	第一位		第二位		第三位		第四位		第五位	
	社会问题	百分比	社会问题	百分比	社会问题	百分比	社会问题	百分比	社会问题	百分比
低收入群体	看病难、看病贵	45.4	物价上涨	44.8	食品安全	28.3	收入差距过大、贫富分化	26.1	住房价格过高	25.4
中低收入群体	物价上涨	54.2	看病难、看病贵	42.2	收入差距过大、贫富分化	26.5	就业失业	24.7	住房价格过高	24.1
中等收入群体	物价上涨	44.2	看病难、看病贵	42.5	收入差距过大、贫富分化	27.6	食品安全	27.1	住房价格过高	22.1
中高收入群体	看病难、看病贵	49.7	物价上涨	41.5	食品安全	29.2	收入差距过大、贫富分化	29.2	住房价格过高	26.9
高收入群体	看病难、看病贵	51.9	物价上涨	36.8	食品安全	35.1	住房价格过高	31.4	收入差距过大、贫富分化	24.7

低收入群体最关注的五大问题依次是看病难、看病贵,物

价上涨，食品安全，收入差距过大、贫富分化和住房价格过高。低收入群体对物价上涨十分敏感，由于收入所限，他们购买的低价食物常常会遭遇食品安全的问题，因病致贫、因病返贫也使他们常常感到看病难、看病贵。

中低收入群体最关注的五大问题依次是物价上涨，看病难、看病贵，收入差距过大、贫富分化，就业失业以及住房价格过高，其中对就业失业问题的关注（排第四位）是中低收入群体的一个特点，在其他群体中都未将此选项列入前五位。

中等收入群体除了在第四位关注的是食品安全外，其余排列都与中低收入者相同。

中高收入群体和高收入群体关注的前五个问题的种类和中等收入群体相同，在排列顺序上，中高收入群体更关注收入差距过大、贫富分化的问题，高收入群体更关注住房价格过高的问题。

（二）中低收入群体对社会总体评价较低，是需要特别关注的群体

在对社会的总体评价中，各收入分层的群体显示出了显著的差异，无论是按人均收入分层，还是按户的人均收入分层，中低收入群体都显著低于其他群体（见表7-9、表7-10）。

表7-9　　　　　　人均收入分层与对社会的总体评价

人均收入分层	对社会的评价均值
低收入群体	6.13
中低收入群体	5.93
中等收入群体	6.21
中高收入群体	6.25
高收入群体	6.24

注：对这一题为用1—10分，来表达对现在社会的总体情况的评价，1分表示非常不好，10分表示非常好。

表7-10　　　　按户的人均收入分层与对社会的总体评价

人均收入分层	对社会的评价均值
低收入群体	6.10
中低收入群体	5.94
中等收入群体	6.28
中高收入群体	6.29
高收入群体	6.15

两种收入分层都显示中低收入阶层对社会的评价都低于低收入群体，并且显著低于中等收入、中高收入和高收入群体。中低收入群体在大城市生活压力大，又较少机会享受到社会救助政策，其获得感低影响到他们对于社会的总体评价。公共服务的精准供给需要关注中低收入群体的需求，适时扩大社会救助覆盖面，解决中低收入群体支出型贫困问题，加大针对性就业帮扶，解决其失业或就业不足的问题。

四　小结

从公共服务的社会评价可以发现，总体来看，首先，广州市公共服务的社会评价优于全国水平，尤其是对政府打击犯罪，维护社会治安的评价，获得受访者的高度认同。同时也可以看到，环境问题和健康类议题是市民的普遍关注，治理污染和食品安全，营造健康、宜居城市是突出诉求。除了广州市民已经认可的社会安全之外，良好的居住和空间环境、清洁高效的生产环境、安全卫生的食品供应都是非常重要的方面。

其次，公共服务的评价与需求存在区域差异，公共政策导向要更具针对性。在地区分化方面，白云和南沙的民众对于医疗服务的改善有着更高的需求，南沙的民众更需要增加社会保障方面的公共产品，荔湾区和白云区的民众希望能改善社会治安状况，白云、天河、黄埔、番禺、南沙的民众对于政府信息公开、增强服务意识给予更高的期望。

在居住社区公共配套差异方面，普通商品房小区比较缺乏社区医疗资源和社区就业服务；街坊型社区、单位型社区比较缺乏幼儿园和小学；街坊型社区和城中村缺少体育健身场所；街坊型社区缺少老年活动室；街坊型社区、普通商品房小区、城中村缺乏图书室；普通商品房小区和城中村缺少居家养老服务。同时，所有社区都比较缺乏课后托管服务。针对公共服务的需求差异制订相应的供给计划，可以更好地服务各个区域的目标人群。

最后，收入分层会对公共产品、公共服务的评价与需求产生影响：低收入者更关注看病难、看病贵，物价上涨和食品安全问题；中等收入者更关注物价上涨，看病难、看病贵以及收入差距过大的问题；高收入者更关注看病难、看病贵，物价上涨，食品安全以及住房价格过高的问题。在公共服务领域，中低收入者在大城市生活压力大，又很少享受到社会救助，相对剥夺感影响着他们对于社会的总体评价，他们在公共产品、公共服务供给方面的评价与需求要特别关注，他们对于物价上涨和失业问题的担忧也需要引起重视。

第八章　广州公共服务的需求类型

在研究公共服务需求的时候需要厘清"需求"这一概念。需求和需要这两个概念是有差异的："需要"是人的某种欲望希望被满足的状态，比如马斯洛认为人的需要可以划分为生理、安全、社会、尊重、自我实现五个层次。"需要"的产生取决于两个因素：一是个体感觉到缺乏什么，有不足之感；二是个体期望得到些什么，有求足之感。"需要"就是在这两种状态下所形成的一种心理现象。经济学家主张将"需求"与需要分开，他们认为"需要"是指人不受约束的欲望，而"需求"则指实际得到满足的需要，在货币经济中表现为受到一定可支配收入限制的需要，即有购买力的现实需求或有效需求。在对自身条件和外部环境做了理性分析之后，认为某种"需要"具备实现的可能性，并产生实现目标的动机和行为，这时"需要"就转化为了"需求"。

公共服务需求类型与公共服务分类是紧密相关的。从公共利益视角分析，公共服务源于公共需求。公共需求是当众多的人作为一个整体时所产生的需求，它不是个人需求的简单加总，而是社会共同的、整体的、综合的和理性的需要，具有整体集合性和公益性。公共服务就是提供物化形态或非物化形态的服务满足公共需求的过程。

有研究结合马斯洛的需求层次理论，通过对需求的重要程度、难易程度、优先次序等进行分析，归纳总结出社区居民公共服务需求的三个主要层次：基本层次需求①、中等层次需求②、高层次需求③。④ 还有研究综合考虑经济社会发展水平和人口分布特点，将公共服务需求分为五类：民生型需求⑤、安全型需求⑥、发展型需求⑦、文化型需求⑧和生态型需求⑨。⑩

笔者认为，对广州公共服务需求的分析可以分为两个层面：社会民生导向的公共服务需求和城市发展导向的公共服务需求。其中，社会民生导向的公共服务需求旨在实现公共服务均等化发展目标，城市发展导向的公共服务需求旨在实现公共服务品质化发展目标。对于广州这类超大城市而言，公共服务的发展既要满足民生福祉需要，为实现人的全面发展提供条件，也需

---

① 基本层次需求是指社区居民的基本物质需求，如同马斯洛需求理论中的生理需求和安全需求一样，即社区居民为了维持日常工作生活的需要，而对社区公共服务的供给提出基本要求。具体内容主要包括：行政服务、日常采购服务、基层医疗卫生保健服务等。

② 中等层次需求是指社区居民为了提高其日常生活水平而需要的社区公共服务。中等层次需求虽然并非社区居民的日常生活必需品，但是却是提升社区居民生活品质的重要保证，同时也是我国建立以人为本的社会主义社会的重要内容体现。具体内容包括：养老托幼服务、文体娱乐服务、家政帮扶服务、商业金融服务。

③ 在马斯洛的需求层次理论中，自我实现的需求是最高等级的需求。它是指在与自己能力相称的工作中，最充分地发挥自己的潜在能力，成为所期望的人物。这种需求是实现个人理想、抱负，发挥个人能力到最大限度，达到自我实现境界的一种需求。社区居民的高层次需求并非社区居民日常生活所必需，但是却能丰富居民的精神文化生活，从而进一步提升社区居民的生活品质。高等层次的需求不仅是社区居民对较高物质生活的追求，更是社区居民在精神层面和自我实现领域的追求。具体内容包括：高级休闲娱乐服务、社区文化服务、教育培训服务、社区自治需求等。

④ 胡春晓：《居民需求导向的城市社区公共服务模式构建研究——以洪山区珞南街社区为实证调查对象》，硕士学位论文，华中师范大学，2013年。

⑤ 民生指民众的基本生存和生活状态，以及民众的基本发展机会、基本发展能力和基本权益保护等方面。

⑥ 安全型需求是指民众对于社会秩序稳定与安宁的需求。

⑦ 发展型需求是指与生产相关的基础设施，以及就业、培训等方面的需求。

⑧ 文化型需求是指社会成员对于积极健康的精神文化生活方面的需求。

⑨ 生态型需求是指民众对生存环境、生态和谐发展的需求。

⑩ 刘书明：《民族地区农民公共服务需求类型与结构差异》，《甘肃社会科学》2016年第6期。

要为城市发展助力，实现城市发展中的人力资源吸引和产业布局吸引，从而促进城市转型升级（见图8-1）。

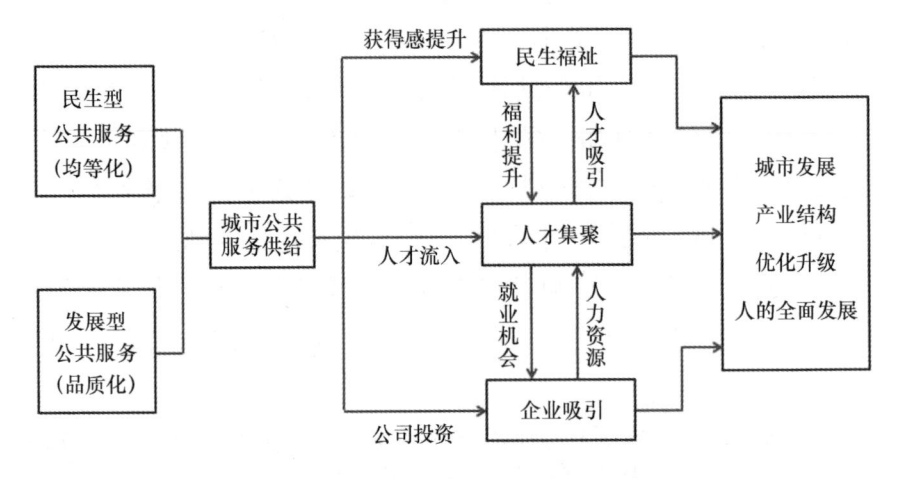

图8-1 城市公共服务需求分析框架

第一节 社会民生导向的公共服务需求分析

关于社会民生导向的公共服务需求，需要分析公众对于公共服务需求的优先次序，城市区域发展差异、家庭结构变迁、人口结构变迁对公共服务提出的挑战。本章采取多种研究方法来分析广州市公共服务需求状况，结合2016年广州社会状况综合调查的数据，2017年在越秀、海珠、南沙等区开展的深入访谈，以及已有相关研究来考察广州市公共服务的需求特点。分析的角度包括：通过将广州市的受访者的主观评价与客观数据进行对照，来了解广州市的受访者的基本公共服务需求的重点领域以及改善供给的方向；通过2016年广州市社会状况综合调查的数据和2017年在广州市越秀区的街坊型社区、白云区和南沙区的城中村，以及海珠区的单位型社区针对老人、流动人口等群体所做的25个深入访谈以及其他相关研究，来了解不同区域的公共服务的需求差异，以及人口变迁、家庭结构变迁对公共服务需求的影响。

一 基本公共服务需求重点领域评估

本部分所涉及主观评价与客观数据相对比的视角是因为对于广州市公共服务的研究显示，广州市公共服务的评价在主观和客观方面常常存在差异。通过分析深入访谈的资料，来了解广州市的受访者认为的最急需改善的基本公共服务的方面，并且对照其客观指标来分析广州市公共服务领域存在的客观指标相对较高但是主观指标相对较低的矛盾状况，从而找到基本公共服务供给需要进行优化的重点领域。

本章将公共服务的主要领域分为就业服务、住房服务、公共教育、医疗卫生、环境保护、基础设施、文体休闲、社会保障和社会安全九个一级指标，并且对应了23个客观二级指标，这些指标除了未涉及残疾人基本公共服务以外，基本对应了《广州市人口发展和基本公共服务体系建设第十三个五年规划》中提及的广州市的基本公共服务的九大方面的规定。本章将客观二级指标对应到17个主观二级指标，然后通过深入访谈了解广州市的受访者对这些指标的评价以及认为的最急需改善的方面（见表8-1）。对照客观供给的情况，结合广州市的受访者提出的各种问题，找到公共服务优化的具体需求。

表8-1　　　　　　　　公共服务水平测量指标

一级指标	客观二级指标	主观二级指标
就业服务	失业率	找工作的容易程度
	城镇居民消费支出占可支配收入的比例	工资与生活成本
住房服务	城镇居民人均居住面积	对于居住面积的满意程度
	城镇居民居住支出占消费性支出的比例	房租压力
公共教育	普通中学学校在校人数	中小学学位是否够用
	普通高等学校本专科在校人数	对本地大学的满意度

续表

一级指标	客观二级指标	主观二级指标
医疗卫生	万人专业卫生技术人员数	医疗资源是否够用
	万人医疗机构床数	
环境保护	绿化覆盖率	周围是否有绿地
	垃圾无害化处理率	对垃圾处理是否满意
	污水处理率	对污水处理是否满意
基础设施	燃气普及率	家里是否通燃气
	万人公厕数量	是否可以方便地找到公厕
	未铺装路面占通车里程的比例	交通是否便利
	每万人占有城市公共交通营运车船数	
文体休闲	万人图书馆图书藏量	对公共图书馆的满意程度
	万人公园景点面积	对公园的满意程度
社会保障	基本养老保险参保人数	对社会保险的满意度
	基本医疗保险参保人数	
	失业保险参保人数	
	工伤保险参保人数	
	生育保险参保人数	
社会安全	刑事案件破案率	是否觉得安全

在上述的主观二级指标中，根据访谈资料发现，受访者谈到最急需改善的方面主要为医疗资源、居住成本、居住面积、中小学学位、幼儿园学位、社会保险和工资水平。本地大学资源、公厕、交通、公共图书馆、公园、绿化等方面的评价较好。

（一）医疗经费投入水平不足，难以满足居民需求。

在急需改善的方面中，医疗资源是受访者提及比较多的一项。已有的对于全国19个中心城市公共服务能力的研究显示，广州市每万人医生数为10.42人，排在第18位，排位靠后。医疗卫生事业经费占财政支出的比重为6.26%，排在第8位，排位处于中等水平。在市民问卷中对医疗资源的满意度排在最后一位(见表8-2)。

表8-2 城市政府医疗卫生供给能力三级指标数值及排名

指标 城市	每万人医生数(位)		医疗卫生事业经费占财政支出的比重(%)		问卷中的满意度指标	
	数值	排名	数值	排名	数值	排名
杭州	25.12	14	7.30	2	3.47	1
宁波	51.17	6	6.00	10	3.47	1
青岛	29.41	12	4.11	16	3.46	3
上海	22.38	15	4.75	15	3.44	4
厦门	118.87	2	4.87	14	3.37	5
广州	10.42	18	6.26	8	2.95	19

广州2010—2015年医疗卫生支出占GDP的比重最高为0.7%,最低为0.5%。这一指标远低于OECD国家的医疗卫生费用普遍占到GDP 9%以上的水平,并且在国内城市的对比中,相较于北京、上海、深圳、杭州、天津和重庆,在2010—2015年医疗卫生支出占GDP比重这一数据中,广州仍是最低。医疗卫生经费投入不足导致医疗服务难以满足居民的需求。通过深入访谈,受访者谈到的医疗资源方面存在的主要问题包括:公立医院数量不足,挂号、候诊时间很长,医疗费用高昂,就近的公立医院医生诊疗水平有限,转院手续复杂,社区医院缺少医疗室,慢性病的诊疗很难在社区完成等。

(二)不同群体对住房改善的需求

在住房保障方面,已有研究显示广州市的城镇职工年均工资与平均每平方米房价的比例为3.93,在19个城市中排名第14位,虽然数据显示广州市的房价在全国是处于比较高的水平,但是和北京、上海、深圳等一线城市相比情况较好。从城镇居民人均居住面积方面看,广州市人均居住面积34.40平方米,排在第3名,居住状况较好(见表8-3)。

表8-3　城市政府住房保障供给能力三级指标数值及排名

城市\指标	城镇职工年均工资与平均每平方米房价的比例		城镇居民人均居住面积(平方米)	
	数值	排名	数值	排名
长春	7.30	1	30.40	8
武汉	6.96	2	34.75	1
西安	6.72	3	33.43	4
重庆	6.63	4	17.03	18
沈阳	6.56	5	32.10	6
广州	3.93	14	34.40	3

在对街坊型社区、城中村和单位型社区的住户的访谈中了解到,不同社区的住户所反映的住房问题是不太一样的,街坊型社区的居民主要反映的是人均居住面积过小的问题;城中村的本地人对居住环境不太满意,城中村的外来人员则认为居住成本过高。

(三)中小学师资配备不足,难以满足外来人员子女基本教育需求和本地居民优质学位需求

前文提到,广州在2010—2015年教育支出占GDP的比重最高为1.6%,最低为1.0%,这一水平不仅低于国内的北京、上海、深圳、杭州、天津和重庆等中心城市,更是远低于世界财政性教育投入占各国GDP的平均约为5%的水平。在基础教育方面,在两大客观指标——每百位学生对应的老师人数(小学)和每百位学生对应的老师人数(中学)中,广州在19个中心城市中都排在比较靠后的位置,分别是第16名和第14名,这说明广州市的教育投入很难满足经济社会发展的客观需要(见表8-4)。

表8-4　　　城市政府基础教育供给能力三级指标数值及排名

指标 城市	每百位学生对应的老师人数（小学，位）		每百位学生对应的老师人数（中学，位）		教育支出占财政支出比重（%）		问卷中的满意度指标	
	数值	排名	数值	排名	数值	排名	数值	排名
青岛	6.61	5	8.71	9	16.99	6	3.80	1
厦门	4.75	19	7.10	18	15.38	11	3.68	2
上海	6.25	11	8.33	11	15.01	13	3.68	3
天津	6.94	4	9.53	5	18.10	3	3.65	4
宁波	4.93	17	8.13	12	15.80	7	3.63	5
广州	5.25	16	7.46	14	18.32	3	3.29	16

通过访谈了解到，不少外来务工人员选择夫妻二人在广州工作，也在这里养育孩子，对公立幼儿园、中小学学位的需求很大，但是政府提供的积分排名入学的指标严重不足。对于户籍居民，在认为幼儿园、中小学学位紧张上其主要看法是优质学位供给不足。

（四）广州市社会保障水平相对较高，但是特定群体的社保需求需要得到关注

已有研究显示，广州市的受访者对于政府社会保障供给能力的满意度是排在19个中心城市中的最后一名。从客观指标来看，广州市城镇职工基本养老保险参保率排在19个城市中的第5名；每万人公办社会福利机构数排在第8名，算是中等偏上的水平；但是受访者还是有诸多不满意（见表8-5）。

根据本章的访谈内容，带孩子的女性及年纪大、受教育程度低的受访者谈到很难找到提供五种社会保险的工作，使得他们对于社会保险的满意度较差。受访的部分领取城乡居民养老保险金的老人认为养老金太少，很难应对日益上涨的物价。还有不少退休人员反映医疗报销比例低，报销程序复杂，导致其满意度不高。

表8-5　城市政府社会保障供给能力三级指标数值及排名

指标 城市	城镇职工基本养老保险参保率（%）		社会救助资金占财政支出比重（%）		每万人公办社会福利机构数（个）		问卷中的满意度指标	
	数值	排名	数值	排名	数值	排名	数值	排名
厦门	76.42	7	0.25	17	0.27	7	3.71	1
青岛	51.09	12	0.77	10	0.48	1	3.65	2
宁波	87.73	2	0.04	19	0.14	9	3.65	3
北京	62.01	10	0.40	16	0.01	16	3.64	4
上海	81.10	3	1.01	5	0.30	6	3.63	5
广州	80.06	5	0.46	14	0.25	8	3.11	19

（五）广州市最低工资水平相对较高，但是受访者仍觉得难以应对物价压力

在就业保护方面，已有研究显示，广州市的最低工资在社会平均工资中的比重为41.11%，排在19个城市中的第1位；就业率为97.85%，排在第3位；但是受访者的满意度比较低，排在第15位（见表8-6）。

表8-6　城市政府就业保护供给能力三级指标数值及排名　　　　（单位:%）

指标 城市	最低工资在社会平均工资中的比重		就业率		问卷中的满意度指标	
	数值	排名	数值	排名	数值	排名
宁波	35.64	5	97.84	4	3.50	1
杭州	34.15	8	98.15	2	3.48	2
上海	33.83	10	95.80	19	3.44	3
厦门	28.44	17	96.77	11	3.43	4
青岛	38.79	2	97.60	6	3.41	5
广州	41.11	1	97.85	3	3.08	15

所调查的受访者谈到现在找工作并不难，但是一方面社保齐全的工作机会少，另一方面部分受访者提到工资水平在应对高企的物价上存在较大的压力。

通过对公共服务九大领域主客观指标的分析，可以看出，在受访者认为最急需改善的医疗、基础教育、社会保障和就业这些方面中，医疗和基础教育领域的主客观指标都比较低，政府主要需要解决的是增大投入的问题，要加大对于医疗、基础教育等领域的经费投入，补足群众最关注的公共服务领域的短板。而在社会保障和就业领域中，客观指标已经相对较好，但是受访者还存在优化供给的需求，需要针对不同群体的需求进行有效的公共服务供给，比如针对一部分退休人员对于养老金难以应对物价上涨的状况和已婚已育女性难以找到工作时间为五天八小时并带有社保的工作的就业需求进行有针对性的公共服务供给。

二　各区域公共服务需求的重点领域

广州市的各个区在居住人员特点、功能分工和公共设施密度方面都存在较大差异。

通过综合2010年第六次人口普查数据、广州市统计局人口处的数据、"2016年广州社会状况综合调查"的数据和公共服务设施密度的相关研究，将广州市各区人口结构、公共服务设施特点和居民公共服务评价情况概括如表8-7。

根据2016年广州市社会状况综合调查的数据，综合与公共服务相关的各项问题的评分和差异性，将各区的民众对于公共产品的需求归纳到表8-8中，打√的表示完成得很好，空心的△表示需要重视这一问题，实心的▲表示需要加强重视。

表8-7 广州市各区人口结构、公共服务设施特点和评价

地区	人口老龄化程度（2010年六普数据）	社会空间质量（2010年六普数据）	公共服务设施密集程度（2007年数据）	人口密度（常住人口密度/每平方公里，2015年统计局数据）（处）	人均GDP（元）（根据2016年《广州统计年鉴》计算所得）	居民公共服务评价（2016年数据）	公共服务需求（2016年数据）
荔湾区	老年型中期	中等质量旧城	较高	15596	109689（排名第五）	中等	生态型、安全型、民生型、发展型
越秀区	老年型中期	中高质量区（较好人口稳定性）、高质量区	较高	34224	232960（排名第二）	较好	民生型
海珠区	老年型初期	中高质量区（较好人口稳定性）	较高	17851	88141（排名第九）	中等	生态型、民生型、发展型
白云区	成年型初期	低质量区	一般	3021	63993（排名第十）	较差	生态型、安全型、民生型、发展型
天河区	成年型初期	高质量区	一般	16046	222086（排名第三）	中等	生态型、民生型、发展型
黄埔区	成年型初期	低质量区	一般	1856	320331（排名第一）	较好	发展型
番禺区	成年型初期	低质量区夹杂一些中高质量区	一般	2914	104189（排名第七）	中等	生态型、民生型、发展型
花都区	成年型后期	低质量区	较低	1047	106796（排名第六）	未涉及	未涉及
南沙区	成年型后期	低质量区	较低	836	172777（排名第四）	较差	生态型、民生型、发展型
增城市	成年型后期	低质量区	较低	693	95856（排名第八）	未涉及	未涉及

第八章 广州公共服务的需求类型 185

续表

地区	人口老龄化程度（2010年六普数据）	社会空间质量（2010年六普数据）	公共服务设施密集程度（2007年数据）	人口密度（常住人口密度/每平方公里，2015年统计局数据）	人均GDP（元）（根据2016年《广州统计年鉴》计算所得）	居民公共服务评价（2016年数据）	公共服务需求（2016年数据）
从化市	老年型初期	低质量区	较低	317	55983（排名第十一）	未涉及	未涉及

注：1. 国际上通常用60岁及以上老年人口比重达到10%或65岁及以上老年人口比重达到7%作为人口老龄化的标准。有研究结合广州市实际情况对上述衡量标准进行细化，即将60岁及以上老年人口比重在5%—7.5%之间或65岁及以上老年人口比重在4%—5.5%之间称为成年型初期（亦即成长型初期），60岁及以上老年人口比重在7.5%—9.9%之间或65岁及以上老年人口比重在5.5%—7%之间称为成年型后期（亦即成长型后期），60岁及以上老年人口比重在10%—12.9%之间或65岁及以上老年人口比重在7%—10%之间称为老年型初期，60岁及以上老年人口比重在13%—15.9%之间或65岁及以上老年人口比重在10%—14%之间称为老年型中期，60岁及以上老年人口比重超过16%或65岁及以上老年人口比重超过14%称为老年型后期。（林琳、卢道典、邓颖：《广州市人口老龄化的空间分异及城市规划应对策略》，2012年中国城市规划年会。）

2. 社会空间质量是指在一定区域内，具有倾向性的定量统计指标（如教育、收入等）的综合特征。该特征有利于人们对该区域的社会空间作出有"好""坏"倾向性的判断。有学者通过评价人口稳定性、教育水平、职业阶层和收入水平四个指标，区分了广州市社会空间质量的差异性格局。（王洋等：《广州市社会空间质量的综合评价与分布格局》，《热带地理》2017年第1期。）

3. 高军波、周春山、叶昌东在2007年做了广州城市公共服务设施专项调查，选取7类13种公共服务设施来考察广州城市公共服务设施的分布情况。这7类包括：①教育设施：小学、中学、高等学校；②商业设施：零售超市；③文化设施：影剧院、图书馆；④体育设施：市级体育馆、区级体育馆；⑤医疗设施：综合医院、专科医院；⑥市政设施：消防设施；⑦交通设施：公交站点、轨道站点。研究表明，广州城市公共服务设施在空间分布上的公平程度有较大差异，以越秀区和海珠区北部为核心呈单中心圈层结构的空间格局。核心区是公共服务设施空间分布综合公平程度高的街镇聚集区，包括萝岗区、白云区及天河区北部；中间地带包括黄埔区、天河区东部、白云区南部及荔湾区西部。外围地区是最低综合公平公共服务设施分布的空间（高军波、周春山、叶昌东：《广州城市公共服务设施分布的空间公平研究》，《规划师》2010年第4期。）

表 8-8　　　　广州市各区公共产品和公共服务的需求情况

服务类型 \ 地区	荔湾	越秀	海珠	天河	白云	黄埔	番禺	南沙
医疗服务	√	△	△	△	▲	√	△	▲
教育服务	△	△	▲	√	▲	△	√	√
社会保障	√	√	√	√	√	√	√	△
治理污染	△	√	△	△	▲	√	△	△
社会治安	△	√	△	△	△	√	√	△
就业服务	△	√	△	√	▲	√	△	△
政府信息公开、服务意识	√	√	√	√	▲	△	△	△
解决物价上涨、贫富分化	△	△	△	△	△	△	△	△
食品安全	√	√	√	△	√	√	√	√

综上，在广州市的各个行政区中，越秀区和黄埔区是居民公共服务评价较好的两个区，这两个区也是人均 GDP 最高的。其中越秀区属于人口稳定性较好的中高质量区，社会空间质量主要体现在人口稳定性、教育水平、职业阶层和收入水平这四个方面。越秀区的广州本地人口占比大，受教育程度、职业阶层和收入水平较高，人均 GDP 在全市排在第二位，公共服务设施在各区中也属于最为完备的，同时居民较有能力通过各种方式获得需要的服务，这些原因促成了越秀区的居民对公共服务的评价比较高。越秀区的受访者主要希望政府改善医疗服务、物价过高这两个方面，这两个方面都属于民生型的需求。另外，越秀区的老龄化程度较高，该区域对于居家养老、社区养老和其他专门的机构和服务内容存在较大需求。

黄埔区人均 GDP 在全市排在第一位，经济发展势头良好，人口老龄化程度较低，人口密度也较低，尽管公共服务设施情况属中等水平，但这个区域的受访者对公共服务需求的评价处于较好的状态，受访者主要希望政府信息公开和服务意识方面有所改善，属于发展型的公共服务需求。

天河区同为公共服务设施属中等的区域，区域内居住人员受教育程度、职业阶层和收入水平等都比较高，对公共服务的需求层次也较高，被访者对公共服务只给出了中等的评价。天河区的受访者希望医疗服务、治理环境污染、政府信息公开和服务意识、食品安全方面有所改善，属于生态型、民生型和发展型的公共服务需求。

在中等评价的区域中，荔湾区和海珠区的公共服务设施密度都较高，但是荔湾区的老龄化问题、未改造的旧城区问题值得关注。荔湾区的受访者希望能改善环境污染、社会治安、就业服务、物价过高这几方面的问题，属于生态型、安全型、民生型和发展型的需求。海珠区人口密度仅次于越秀区，居住人口的社会空间质量较高，公共服务需求层次也较高。受访者希望医疗服务、环境污染、就业服务、物价过高的问题得到改善，属于生态型、民生型和发展型的公共服务需求。

南沙区接近人口老龄化的阶段，公共服务设施的密度较低，处于尚待开发的状态，受访者在医疗服务、社会保障、治理环境污染、就业服务、政府信息公开和服务意识等生态型、民生型、发展型公共服务领域都希望政府进行公共服务的优化。

白云区的受访者在医疗服务、治理环境污染、社会治安、就业服务、政府信息公开和服务意识这些生态型、安全型、民生型和发展型公共服务领域都有很大的改善期待。

三　人口变迁对公共服务需求的影响

人口变迁是影响公共服务供给的数量与供给方向的重要变量之一。广州市公共服务供给重点将与广州人口结构变动息息相关。从人口变迁的趋势来看，未来广州公共服务供给需要考虑的四大重点分别是：一是由人口老龄化和空巢老人增加带来的老年人公共服务供给问题；二是由持续的外来人口进入和流动人口家庭化迁移带来的外来人口公共服务供给问题；三是由生育政策变化带来的公共服务供给问题；四是社会中间阶层对于优质公共服务的需求变化问题。

（一）人口老龄化和空巢老人增加将带来老年人公共服务需求的增加

随着经济发展和社会保障的逐步完善，广州市户籍老年人口的平均预期寿命从 1957 年的 66.62 岁提高至 2015 年的 81.34 岁，同时，广州老龄化程度逐渐加快。按照联合国的标准：如果一个国家或地区 65 岁及以上老年人口比重达到 4% 以下、4%—7%、7% 以上，则分别认为是年轻型社会、成年型社会、老年型社会。如表 8-9 所示，2015 年广州 65 岁及以上人口为 7.9%，超过 7%，广州已属于老年型社会。随着广州市老龄化程度逐年加深，进入养老、医疗等保障体系的老年人口的比重会快速增加，所需的养老金、医疗支出、医疗服务设施、养老设施也将随之快速增长，需要应对老龄人口的增加和平均寿命的延长进行更多公共服务的投入。

表 8-9　　　　　　历次人口普查各年龄段人口比重　　　　　　（单位：%）

年份	0—14 岁		15—64 岁		65 岁及以上		老少比	
	广州市	全国	广州市	全国	广州市	全国	广州市	全国
2000	16.43	22.89	77.47	70.15	6.1	6.96	37.13	30.41
2005	14.78	20.27	77.66	72.04	7.56	7.69	51.15	37.94
2010	11.47	16.6	81.91	74.53	6.62	8.87	57.72	53.43
2015	12.98	16.52	79.12	73.01	7.9	10.47	60.86	63.38

资料来源：2000 年、2005 年、2010 年、2015 年四次人口普查数据。

随着社会老龄化进程的加快，空巢老人的比例在逐步增大，以家庭照料为主的养老模式正面临着日益严峻的挑战，社区养老模式的重要性越来越突出。根据 2016 年广州市社会状况综合调查社区问卷的数据，在全部五种社区类型——街坊型社区、单位型社区、商品房小区、高级住宅区、城中村都比较缺乏老年助餐服务[①]；街坊型社区缺少老年活动室；普通商品房小区和城中村缺少居家养老服务。在已有的调查中显示绝大多数的老人都是独居或夫妻二人双居生活，且社区活动参与率偏低。老年人闲暇在家，经常容易感到孤独，且由于无人照料，对社区的照料服务有着显著的需求。

大多数老人患有一种或一种以上不同程度的疾病，医药费成为其经济上最大的负担，同时还会对他们心理上造成压力。因而，老人对医疗健康卫生服务的需求是最直接和迫切的，如果社区卫生医疗机构能提供有效、便捷、安全的医疗保健服务，那么便能大大满足老年人对医疗服务的需求。除基本的生活照顾服务和医疗服务外，社区老人的需求也具有多样化的特点。在访谈中，许多老人希望增加娱乐设施、组织老人运动等。

（二）外来人口持续流入和流动人口家庭化迁移将带来公共服务供给压力

相较于户籍人口增速，广州流动人口的增长速度更为显著。1990—2015 年，广州流动人口数量增长了 720.65 万人，2015 年是 1990 年的 12.5 倍。尽管 2009 年之后，广州流动人口增速有所放缓，但是从流动人口总量上来看仍在持续上升（见表 8-10）。

表 8-10　　1990—2015 年广州户籍人口与流动人口增长情况

年份	户籍人口（万人）	户籍人口同比增长率（％）	流动人口（万人）	流动人口同比增长率（％）
1990	594.3	—	62.67	—

---

① 这种情况自 2016 年至今已经有了一定程度的改善，在 2016 年 12 月 19 日，广州市民政局召开广州市社区居家养老"大配餐"推进会，截至 2016 年 12 月，广州市超过六成街道已开展了助餐配餐服务，全市配餐点有 184 个，且符合标准的老人可以享受到政府的补贴，每餐费用基本都在 10 元以内。（结合《信息时报》报道《老人没空做饭可到社区食堂用餐　广州设置配餐点 184 个》和课题组在社区的走访。）

续表

年份	户籍人口（万人）	户籍人口同比增长率（%）	流动人口（万人）	流动人口同比增长率（%）
2000	700.68	—	440.81	—
2005	750.53	—	364	—
2006	760.72	1.4	399	9.6
2007	773.48	1.7	466	16.8
2008	784.17	1.4	537.9	15.4
2009	794.62	1.3	634.71	18.0
2010	806.14	1.4	688.02	8.4
2011	814.58	1.0	659.25	-4.2
2012	822.3	0.9	647.82	-1.7
2013	832.31	1.2	686.68	6.0
2014	842.42	1.2	728.19	6.0
2015	854.19	1.4	783.32	7.6

资料来源：2007年之前流动人口数据来自2014年兰州大学黄锦辉《广州市人口规模调控问题研究》；2008年及以后的流动人口数据来源于《2016年中国广州社会形势分析与预测》蓝皮书中的《广州市常住人口分析发展的调研报告》；户籍人口数据来源于《广州统计年鉴》。

外来务工人员多集中于广州市劳动力缺乏、劳动强度大的工作岗位，很多外来务工人员处于非正规用工的状态，社会保障覆盖力度相对较弱，相当数量的外来人口处于社会保障的"安全网"之外。

对于城市中的外来人口，其在进入城市后的生活阶段可分为初级、中级和高级三个层次。初级阶段是满足个人生活需要；中级阶段是满足家庭生活需要；高级阶段是满足个人进一步发展的需要。相应地，其公共服务需求也划分为三个层次，分别为个人生活需求、家庭生活需求和自我发展需求，需求内容呈现逐步递增的趋势。总体来看，外来工选择个人生活需求的比例最大。其中，越是初级的公共服务需求层次，外来工选择比例越大；越是高级的公共服务需求层次，外来工选择比例越小。

外来工的公共服务需求层次存在显著的代际差异。其中，在个人生活需求上，第一代外来工选择"改善社会保险"的比例高于其他代次；第二代外来工选择"提供保障住房或廉租房""改善子女教育条件""改善医疗条件"的比例均高于其他代次；第三代外来工选择"提高最低工资水平"的比例高于其他代次。在家庭生活需求和自我发展需求上，第三代外来工选择"改善工作或生活环境""加强权益保障""提高职业技能"的比例均高于其他代次（见表8-11）。

表8-11　　外来工公共服务需求层次及其代际差异

类型	内容	总体	代际差异		
			第一代	第二代	第三代
个人生活需求	提高最低工资水平	31.85	27.50	30.89	41.85
	改善社会保险	29.91	38.26	24.94	24.94
	提供保障住房或廉租房	16.31	13.62	18.54	16.63
家庭生活需求	改善子女教育条件	9.29	9.60	12.36	2.38
	改善医疗条件	4.99	4.15	5.95	4.51
	改善工作或生活环境	3.24	4.15	2.40	3.33
自我发展需求	加强权益保护	2.66	1.82	3.09	3.33
	提高职业技能	1.74	0.91	1.83	3.09

注：第一代指1980年之前出生的外来工；第二代指1980—1990年之间出生的外来工；第三代指1990年之后出生的外来工。

资料来源：李璐：《对农民工城市公共服务需求的调研》，《宏观经济管理》2011年第5期，第41—42页；杜巍、杨婷、靳小怡：《中国城镇化背景下农民工公共服务需求层次的代次差异研究》，《西安交通大学学报》（社会科学版）2016年第36卷第3期，第77—87页。

20世纪90年代中期以来,人口流动家庭化趋势日渐明显,这会给社会带来深刻的变革,对流入地的基础设施和公共服务等都会带来巨大的影响。进入21世纪后,流动人口家庭化迁移的趋势更加明显。根据2011年中国流动人口动态监测调查数据,流动人口的家庭居住形式十分复杂。其中,夫妻携子女的家庭所占比重最大,为43.9%;其次为夫妻二人家庭,约占19.4%。近年来的数据一致表明,家庭式流动已经成为人口流动的主流模式。在家庭化迁居阶段,流动人口开始以家庭的形式在城市中较为稳定地居住,成为事实上的常住人口。与人口的短期流动不同,流动家庭特别是已完成迁居家庭在城市定居意愿更加强烈,对各项公共服务有更多的需求。本书在2017年对白云和南沙的城中村社区中居住的流动人口进行访谈时就发现,很多是夫妻二人一起来广州务工,不少在广州生儿育女,或者将孩子带在身边在本地接受教育。尽管有积分入学的政策,但是进入公立幼儿园、小学对于这些流动人口家庭来说仍是非常困难,其子女就学入读难的问题亟待解决。

未来,广州仍将是外来人口流入地,外来人口的社会保障、住房、就业等各方面的公共服务将是广州公共服务供给的一个重点之一,这将有效降低社会风险,提高广州社会整体满意度,并解决劳动力稳定供应的问题。

(三)全面放开二孩政策与家庭小型化将带来的公共服务供给紧张

为应对人口老龄化问题,国家逐步开放生育政策。2011年11月,我国各地实施"双独二孩政策";2013年12月,实施"单独二孩政策";公共服务需及时补足与完善。最先受到挑战就是医疗公共服务。其次是在教育领域的挑战,学前教育是迎接人口出生大潮的首个教育阶段。如何更好地规划和配置幼儿园,逐步解决"入园难"问题,将是对学前教育公共配套是否完善的考验。

根据2010年第六次人口普查的数据，中国家庭有小型化的趋势，在即将迎来更多的新生人口的当下，对子女的抚育的需求将更多地从家庭提供转向社会公共服务提供。同样，广州的家庭构成和家庭规模也呈现出小型化的趋势，根据全国第五次人口普查、2005年1%人口抽样调查、全国第六次人口普查、2015年1%人口抽样调查的数据，广州二人及以下户的数量已经从2000年的33.5%增长到2015年的47.7%，家庭小型化的趋势十分明显（见表8-12）。

表8-12　　　　　　　　广州市家庭规模数据　　　　　　　　（单位：%）

数据来源	一人户	二人户	三人户	四人户	五人户	六人户	七人户	八人户	九人户	十人及十人以上户
全国第五次人口普查	14.63	18.87	28.69	19.17	10.93	4.51	1.84	0.78	0.31	0.27
2005年1%人口抽样调查	17.8	23.04	29.8	16.3	8.2	3.07	1.03	0.46	0.17	0.13
全国第六次人口普查	25.88	23.88	25.58	13.42	6.97	2.49	0.97	0.44	0.19	0.17
2015年1%人口抽样调查	23.85	23.85	26.26	14.25	7.5	2.53	0.91	0.46	0.19	0.2

资料来源：原始数据来自广州市统计信息网，比例为计算所得。

当代家庭呈现小型化趋向，并且家庭一代化势头增强。尽管亲子在家际仍保持着较密切的经济互助、生活照料关系，但不能否认，小家庭无论在子女抚育，还是在老人照料等方面，对社会机构服务或家政服务的需求都在增强。在加强社会服务体系建设中，需要更加重视社会服务网点布局更合理，方便快捷，收费合理，以及社会服务从业人员的培训与素质提升。

（四）社会中间阶层对于优质公共服务的需求增强

社会中间阶层是我国经济改革的重大受益者，这一群体基本上支持政府实施的经济改革政策，并且希望政治维持稳定，以保障经济稳定增长和个体收入的持续上升。从这一角度来说，社会中间阶层可以发挥"社会稳定器"的作用。

社会中间阶层现阶段主要关心个人生活环境及生活品质的提升。根据上海大学"特大城市居民生活状况调查"的数据，如广州这样的特大城市中的社会中间阶层，对公共服务需求主要集中于子女教育服务、住房问题和医疗服务。同时，食品安全以及环境污染等问题长期困扰着我国大量重视个人生活品质的社会中间阶层。从社会中间阶层的诉求角度，需要政府继续加大对环境与食品安全问题的重视程度，加强整治与执法力度，从而更好地保障广大社会中间阶层的基本生活品质；进一步推动优质教育资源的培育和合理布局，扩大优质教育资源的供给面，为社会中间阶层的子女提供更好的受教育机会。在大城市，对于民众普遍关注的住房问题和医疗服务问题，社会中间阶层也有很大的改善需求。

第二节　城市发展导向的公共服务需求分析

城市的迅猛发展，既为城市公共服务的发展开辟了广阔的前景，但也给公共服务的发展带来了挑战。这种挑战在于，城镇化进程的加快、人口老龄化程度加深、外来人口增多、社会阶层分异、土地资源紧张等因素将给公共服务带来压力。在此背景下，公共服务要成为助推城市发展的加速器、化解城市发展问题的缓冲器，不仅面临着公共服务效率、质量和品质的提升的压力，而且面临着如何与城市未来发展相协调的问题。

一　城市发展与公共服务需求之间的关系

影响城市发展的其中两个重要因素一个是人才，一个是产业。对于人才和产业的吸引除了与本地的经济发展状况有关外，城市公共服务的优劣程度也极大地影响着对人才和产业的吸引。广州公共服务要在实现均等化和品质化目标的基础上，发挥其在人才聚集、企业吸引力方面的优势，有序推动来穗人才结构的优化和产业结构的优化，从而实现公共服务与城市发展的良性互动。如果说现代经济发展是城市发展的动因，那么现代城市公共服务业的发展则是城市发展的支点。①

（一）公共服务要发挥优化劳动力结构的作用

人才的择地行为与居住地的舒适程度有很大相关性。城市公共服务之所以能够起到人才择地行为引导的作用是因为，随着经济生活的富裕，居民的生活需求逐渐朝向多样化和异质化方向发展，需要通过向民众提供各类各级公共服务，如城市道路、公共交通、公共空间、公共医疗设施、治安状况以及公共教育资源来满足民众需求。因此，公共服务供给与城市发展的匹配不仅关系到居民在城市中生活的舒适和便利程度，而且关系到城市发展对劳动力的吸引，关系到城市发展的长期动力。一般来说，拥有高人力资本（或教育资本）的人才，其社会品位越高，对城市公共服务就具有越高要求，更倾向于到大中型城市去工作和生活。根据第六次全国人口普查的数据，将北京、上海、广州、深圳、天津、重庆、杭州七市的人才结构进行比较（见表8-13、图8-2）。

---

① 程安东：《论城市发展与公共服务》，《江西社会科学》1989年第2期。

表 8-13 2010年广州与六城市人口教育水平比较

教育水平		北京 常住人口 1961.2万人	上海 常住人口 2301.9万人	广州 常住人口 1210.3万人	深圳 常住人口 1035.7万人	天津 常住人口 1293.8万人	重庆 常住人口 2884.62万人	杭州 常住人口 870.04万人
大学程度 (大专以上)	具有大学程度的人口（万人）	617.8	505.3	249.1	177.9	226.1	249.3	164.2
	占常住人口比例（%）	31.5	21.95	20.58	17.18	17.48	8.64	18.87
高中程度 (含中专)	具有高中程度的人口（万人）	416.2	482.6	294.4	248.2	267.2	381.1	154.1
	占常住人口比例（%）	21.22	20.97	24.32	23.96	20.65	13.21	17.71
初中程度	具有初中程度的人口（万人）	615.7	839.3	452.4	456.2	493.5	951.4	277
	占常住人口比例（%）	31.39	36.46	37.38	44.05	38.14	32.98	31.84
小学程度	具有小学程度的人口（万人）	195.3	311.5	197.9	92	220.5	974.7	197.21
	占常住人口比例（%）	9.96	13.53	16.35	8.88	17.04	33.79	22.67
文盲 (15岁及以上不识字的人)	文盲人口	33.3	63.1	12.5	5	27.1	123.9	32.41
	文盲率（%）	1.70	2.74	1.10	0.48	2.09	4.30	3.73

注：（1）数据来自"六普"数据。（2）以上各种受教育程度的人包括各类学校的毕业生、肄业生和在校生。

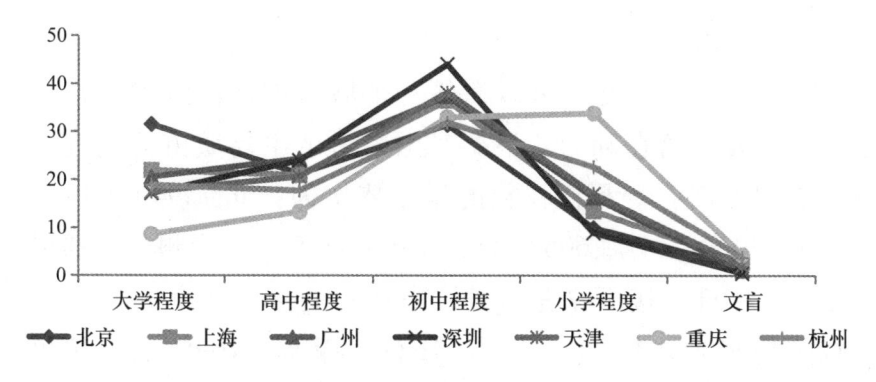

图 8-2 广州与其他城市相比人才结构比例

通过上述七市人才结构比例比较发现，城市竞争力越强，往往其高端人才的集聚力越强，人才结构越优化。在 2000—2012 年的 GaWC 全球城市排名中，北京和上海为 Alpha 类城市。在 2014 年科尔尼全球城市指数排名中，北京位居第 8 位，上海位居 18 位，说明与其他城市相比北京、上海具有更强的城市竞争力。可以看出，北京和上海常住人口中具有大学程度的人口占常住人口比例分别为 31.50%、21.95%，属于人才高地。广州常住人口的教育水平，与北京、上海之外的其他城市相比，也比较突出，具有大学程度的人口占常住人口比例为 20.58%。人口素质与人才结构优化是广州增强城市竞争力的根本，需要从城市软件、硬件环境建设入手，通过公共服务均等化、品质化达到吸引高端人才、优化人力结构的目的。

（二）公共服务要促进产业要素升级

城市公共服务可以促进地方高新技术产业的发展并助推产业结构的优化升级。当前广州产业结构已经步入转型升级、创新驱动发展阶段，发展新一代信息技术、人工智能、生物制药、新能源、新材料等引领性产业已经纳入广州整体的产业战略布局。公共服务质量高的城市和区域对人口和产业经济活动具有更强的吸引力，人口与产业经济活动的高度集聚也会促使政府加强对该地区各类公共服务的供给，以满足人口和产业活动对公共服务的需求。①

专利在一定程度上可以衡量一个城市创新活跃度、高新科技产业发展的潜在动力。根据对国内7个主要城市的比较，在研发专利方面，专利授权数的排序依次为：北京94031件，深圳是72120件，上海60623件，杭州46245件，广州的专利授权数是39834件，接下来是天津、重庆；同年，北京的发明专利授权量是35308件，上海是17601件，深圳是16957件，杭州是8296件，广州是6626件，天津和重庆排名在后；同时，北京的发明专利占专利授权的比重为最高37.55%，高于上海、深圳、杭州和广州（见表8-14）。高素质人才、高新技术产业、城市竞争力、城市发展是环环相扣的，广州需要为高新技术人才提供更好的城市公共服务以满足其需求，促进产业要素升级。

表8-14　　　　广州与其他城市研发专利比较

	指标	北京	上海	广州	深圳	天津	重庆	杭州
研发专利	专利授权量（件）	94031	60623	39834	72120	37342	38915	46245
	发明专利授权量（件）	35308	17601	6626	16957	4624	3964	8296
	发明专利占专利授权比重（%）	37.55	29.03	16.63	23.51	12.38	10.19	17.94

资料来源：2015年北京市、上海市、天津市、重庆市、杭州市国民经济和社会发展统计公报；北京市、上海市、广州市、深圳市、天津市、重庆市、杭州市2016年统计年鉴。

综上所述，公共服务与城市发展的匹配需要使公共服务供给内容随城市发展而逐渐丰富，公共服务供给水平随城市发展而逐步提高，公共服务供给结构随城市发展而逐渐完善。相反，城市公共服务的不匹配也会约束城市发展的合理规模、质量和

---

① 何艳玲、郑文强：《"留在我的城市"——公共服务体验对城市归属感的影响》，《同济大学学报》（社会科学版）2016年第2期。

方向。广州公共服务应进一步发挥其在高层次人才吸引和优化产业布局上的作用。

二 广州城市发展定位对公共服务的需求

广州是省会城市、国家历史文化名城、国家重要中心城市、国际商贸中心和综合交通枢纽。在实现国家重要中心城市总目标下,通过建设枢纽型网络城市,优化城市形态,凸显城市特征,强化城市功能,促进要素自由流动、资源优化配置,为巩固和提升国家重要的中心城市地位提供强大支撑,为迈向全球城市做好准备。在建设枢纽型网络城市、国家重要中心城市并向全球城市迈进的过程中,阶段性城市发展目标的实现都需要城市公共服务实现其功能,发挥好作用(见图8-3)。

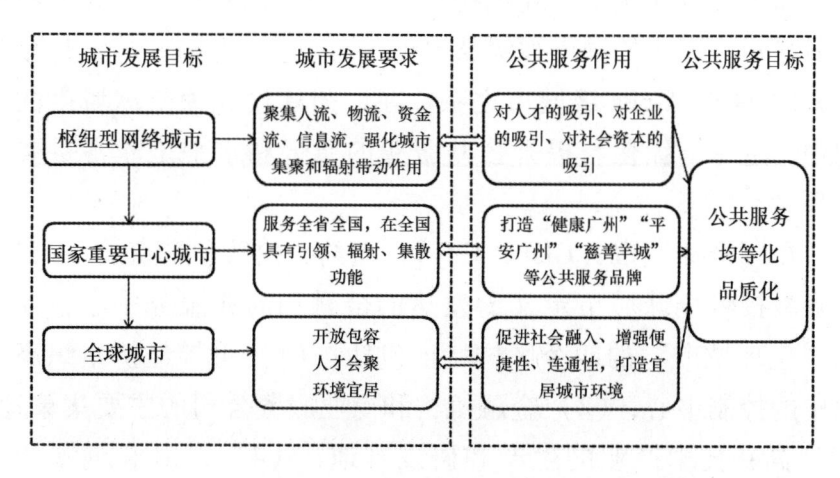

图8-3 广州城市发展与公共服务供给作用关系

第一,广州建设枢纽型网络城市的发展目标是聚集人流、物流、资金流、信息流,加强广州产业带动与辐射、资源配置能力,以及网络构建的功能,通过"强枢纽、扩网络、聚势能",支撑其在珠三角经济圈、粤港澳大湾区的重要地位,发展成为全球重要的节点城市,提升国际影响力和全球城市地位。

在这个城市发展目标指引下,城市公共服务需要起到人才吸引、企业吸引和社会资本吸引的作用,使广州产业结构进一步优化、产业布局更为合理。

第二,广州2009年被定位为国家中心城市。广州需要定位于服务全省全国,在大湾区建设中实现对全国的引领、辐射和集散功能。在城市发展战略布局中,持续系统推进差异化城市更新,优化提升城市功能品质。为此,广州的公共服务领域同样要起到带动引领的作用,通过打造响亮的广州公共服务品牌,如"健康广州"、"平安广州"、"慈善羊城"、广州"爱的GDP"等。在城市治理、建设、管理中与市民共建共享中体现广州市的软实力。

第三,广州迈向全球城市对公共服务有更高层面的需求。国际知名的世界城市研究机构GaWC发布的2016年世界级城市名册显示,广州的城市评级从Beta+提升为Alpha-,晋身全球领先的49个Alpha级城市之一。在广州建设成为全球城市的过程中,进一步优化与提升公共服务的质量和水平是非常重要的一环。

在《全球城市(Global City):纽约、伦敦和东京》一书中,萨森教授将全球城市定义为发达的金融和商业服务中心,并强调"全球城市"的四个区位特征包括:(1)世界经济组织高度集中的控制中心;(2)金融机构和专业服务公司的主要集聚地;(3)高新技术产业的生产和研发基地;(4)产品和创新的市场。全球城市在很大程度上是一个主要以经济活动和功能为核心的概念。同时,一个世界级的全球城市需要多方面兼顾,才能在全球各地众多城市中处于领先地位。[1] 在全球城市的多个指标体系中都有涉及公共服务领域的指标,比如AT Kearney的排名中除了经济活动,还涉及人力资本、信息交换、文化体验和

---

[1] 陆伟芳、余志乔:《从世界城市、全球城市到世界名城——一种理论的视角》,《城市观察》2014年第1期。

政治参与的维度。① 森纪念基金会（Mori Memorial Foundation）的指标体系中，研究和发展、文化互动、宜居性和环境因素都是很重要的衡量指标。② 在公共服务和社会建设方面，全球城市有着开放包容、积极寻求治理策略、推进内生式发展模式的特点。

广州迈向全球城市需要注重宜居包容城市建设，其核心是开放包容、人才会聚、城市宜居。宜居包容城市不仅要考虑生态和宜居的特点，而且由于全球城市因其自身功能定位决定了其辐射范围超越了行政边界，服务人群也不再限于市民；国际企业、非市民常住人口、周边腹地居民与企业、游客都成为全球城市的利益相关者，因此全球城市要以开放包容和社会公平为目标，适应全球化进程中社会融合的需要。广州在积极参与珠三角世界级城市群和粤港澳大湾区建设中，需要通过公共服务加强与周边城市的联系，增强便捷性、连通性，提升城市吸引力。

总之，对广州而言，无论是建设枢纽型网络城市、国家重要中心城市还是迈向全球城市，城市公共服务都要发挥对人才、企业、社会资本的吸引作用，促进社会融入，增强便捷性、连通性，打造宜居包容城市，这急需广州公共服务朝向实现公共服务均等化、品质化的发展目标推进。

第三节　公共服务需求新变化

综上所述，可将广州市公共服务需求的新变化概括为区域发展的平衡化要求、人群供给的差异化要求、老龄服务的精细

---

① https：//www.atkearney.com/documents/20152/436064/Global+Cities+2016. pdf/934b2d25-89fa-00d2-ee9a-b053b92b5230.

② http：//www.mori-m-foundation.or.jp/english/research/project/6/pdf/GPCI2011 _English.pdf.

化要求、流动人口的市民化要求和城市建设的品质化要求。

一 区域发展的平衡化要求

由于在经济发展状况、人口特点和公共服务设施密度方面的差异,广州的各区域在公共服务水平和满意度方面也存在较大差异。在未来的公共服务建设中,需要进一步提升各区域间公共服务的平衡化程度,根据各区域特点促进协调发展,打造公共服务均衡发展的大广州。

二 人群供给的差异化要求

在针对民众最关注的医疗资源、居住成本、居住面积、中小学学位、幼儿园学位、社会保险和工资水平等公共服务状况的分析中可以发现,不同的群体对于公共服务的改善需求是存在差异的,应在具体的公共服务供给中精准了解不同群体的需求重点,切实提升民众的满意度。

三 老龄服务的精细化要求

随着广州市老龄化程度的加深和空巢老人比例的增大,社区养老的重要性越来越突出。老人的生活照顾服务、医疗保健服务、娱乐社交服务的需求在增长,不同年龄、文化水平、家庭状况的老人的需求差异也在凸显,对社区养老服务机构如何加强与老人的沟通,准确把握老人们的生活状况和个人需求,设置多样性的服务项目以供老年人选择提出了新的要求。

四 流动人口的市民化要求

广州流动人口的数量在持续增长,流动人口家庭化迁移的趋势日趋明显,并且在就业、医疗、教育和养老等公共服务领域提出市民化的要求。积极应对流动人口在这些领域的公共服务需求,对于降低社会风险、稳定劳动力供给具有很重要的意义。

五 城市建设的品质化要求

广州市作为国家重要的中心城市，在建设枢纽型网络城市和全球城市的过程中，公共服务在吸引人才和企业，促进社会融入，增强城市的便捷性、连通性和宜居性方面的作用在日益彰显。通过打造品质化的公共服务体系，可以提升广州的竞争力，有效推进城市建设各项目标的完成。

第九章　广州公共服务的供给创新

当前，虽然以政府为主的公共服务供给模式仍是最主要的公共服务供给方式，但随着公共服务需求呈现多样化的扩充趋势发展，公民权利意识的增强对医疗、卫生、教育等公共服务的供给质量和效率将提出更高的要求。面对当前广州在公共服务重点领域的财政投入与其他主要一线城市相比较为有限、社会力量调动不充分的情况，政府亟须扩充资金来源渠道，培育多元化公共服务供给主体以及变革公共服务供给技术方面进行创新，以改善公共服务供给的不足。从社会发展的情况看，当前社会资本的不断壮大、各种社会组织力量的蓬勃发展以及社会管理法律法规的逐步完善，为进一步创新公共服务供给方式提供了可能。因此，创新公共服务供给方式，解决公共服务融资、供给主体培育和供给技术创新问题，提高公共服务供给数量、供给质量、供给效率，为经济社会的持续发展保驾护航成为当前政府公共服务供给方式创新中需要面对的重要取向。

第一节　加强政府和社会资本合作，拓宽公共服务资金融资渠道

政府和社会资本合作（private-public-partnership，以下简称PPP模式）是指政府为增强公共产品和服务供给能力、提高供给效率，通过特许经营、购买服务、股权合作等方式，与社会

资本建立的利益共享、风险分担的长期合作关系。① PPP 模式的推出能够有效缓解政府当期的财政压力，政府把公共服务资本支出从当期财政支出改为多期均衡支出，减轻了当期财政支出压力，并通过项目绩效评价，合理确定运营补贴，提高财政资金的使用效益。同时，政府性融资平台依靠政府担保进行融资经营，能够实现部分债务的市场化转移，逐步减少政府债务风险。

一 广州公共服务领域政府和社会资本合作状况

（一）积极完善 PPP 项目制度设计，推进政府和社会资本合作新模式

自 2015 年起，国家部委、各级政府密集出台一系列 PPP 政策文件、部门规章，促进和规范 PPP 运作。在公共服务领域，2015 年国务院办公厅转发财政部、发展改革委、人民银行《关于在公共服务领域推广政府和社会资本合作模式指导意见的通知》，提出在公共服务领域推广政府和社会资本合作模式，围绕增加公共产品和公共服务供给，在能源、交通运输、水利、环境保护、农业、林业、科技、保障性安居工程、医疗、卫生、养老、教育、文化等公共服务领域，广泛采用政府和社会资本合作模式。2017 年国务院印发的《"十三五"推进基本公共服务均等化规划》提出积极引导社会力量参与，推进政府购买服务以及政府和社会资本合作模式。政府和社会资本合作成为公共服务供给方式创新的重要途径之一。

2017 年广州出台实施《关于创新重点领域投融资机制鼓励社会投资的实施意见》《关于促进政府和社会资本合作（PPP）项目开展的实施意见》《广州市推进政府和社会资本合作试点项目实施方案》等系列政策文件，在成立广州市 PPP 项目工作小

---

① 《国家发展改革委关于开展政府和社会资本合作的指导意见》（http://www.sdpc.gov.cn/gzdt/201412/t20141204_651014.html）。

组基础上，完成全市 PPP 项目梳理、建库管理、招商项目库建设等工作，加快推进 PPP 试点项目建设。

（二）规范 PPP 项目开展流程，顺利推进第一批 PPP 试点项目实施

为规范广州 PPP 项目操作流程，在参考国家及省级 PPP 项目操作流程基础上，广州市形成项目发起—项目策划评估—社会资本投资人选择—项目实施—项目移交五大基本环节的 PPP 项目开展流程，并在五大环节基础上进一步细化操作步骤，保障 PPP 项目顺利开展。目前，广州已推出第一批 28 个 PPP 项目向社会资本开放，并鼓励非公有资本进入医疗、养老、教育、交通等公共服务领域。目前，广州市政府和社会资本合作领域主要集中在市政设施、交通运输、生态环境、基础设施领域（见表 9-1）。

表 9-1　　广州市政府和社会资本合作项目一览

项目类型	项目名称	项目行业
投资、开发、建设、运营一体化项目（4项）	广州国际金融城起步区基础设施及商业配套项目	市政设施
	琶洲互联网创新集聚区及会展物流轮候区项目	市政设施
	岭南广场	市政设施
	三元里公园	市政设施
特许经营类项目（4项）	南沙新区商务机场	交通运输
	广州南沙国际邮轮码头综合体项目一期工程	港口交通
	广州南沙国际邮轮码头工程	港口交通
	南沙国际汽车物流产业园汽车滚装码头工程	港口交通
资源配置类项目（4项）	南方人才大厦	人才服务
	南沙港铁路	综合开发
	广州铁路枢纽东北火车外绕线	综合开发
	广佛江珠城际	轨道交通

续表

项目类型	项目名称	项目行业
财政注资合作类项目（3项）	广花一级公路地下综合管廊及道路快捷化改造配套工程	市政设施
	天河智慧城地下综合管廊	市政设施
	广州市中心城区地下综合管廊	市政设施
轨道交通线路与站点综合体开发项目（4项）	广州北站综合交通枢纽	交通枢纽
	广州市城市轨道交通十二号线	轨道交通
	增城火车站综合交通枢纽	交通枢纽
	广州市城市轨道交通七号线二期工程	轨道交通
购买服务类项目（9项）	广州东部固体资源再生中心物质综合处理厂二期工程	垃圾处理
	广州东部固体资源再生中心污水处理厂二期工程	污水处理
	广州开发区水质净化厂污泥干化减量处理项目	环保
	增城区挂绿湖水利综合整治工程安置新社区建设工程	棚改
	广州市南沙自贸区水环境综合整治工程	环保
	增城市餐厨废弃物收运系统及综合处理厂项目	垃圾处理
	车陂路—新滘东路隧道	市政设施
	广州大道快捷化改造系统工程——洛溪大桥拓宽工程	市政设施
	南大干线	市政设施

（三）社会民生领域PPP项目投资不足，"两多两少"情况明显

目前在全国范围内，各省市已广泛开展PPP项目，其中贵州、内蒙古、新疆、山东、四川PPP项目开展数量和投资总金额均比较多（见图9-1、图9-2）。

广州在公共服务领域已开展的政府与社会资本投资项目存在"两多两少"的情况。"两多两少"情况一方面是指当前开展的PPP项目仍存在较多的指令性供给，而反映城市居民生活

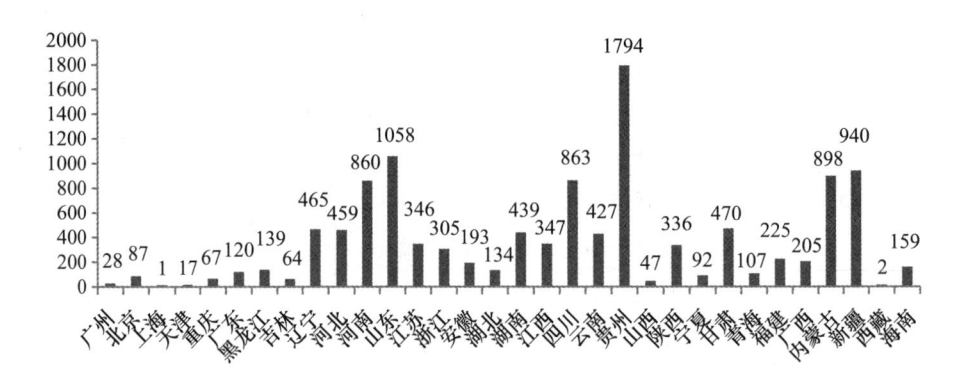

图 9-1 各省（直辖市）PPP 入库项目数量（单位：项）

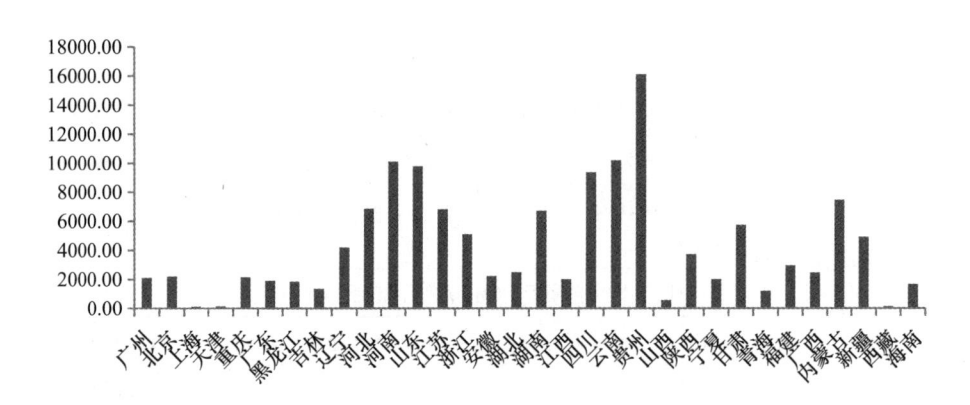

图 9-2 各省（直辖市）PPP 入库项目投资总额（单位：亿元）

资料来源：根据全国 PPP 综合信息平台项目库资料整理，截至 2017 年 3 月。

需求的公共服务提供不多；另一方面，目前广州 PPP 项目建设中存在市政设施和轨道交通类公共产品较多，民生保障类公共产品少的状况。重基础设施领域的 PPP 项目，轻民生领域的投资现象并非广州个案，全国的情形也相似。另外，从全国开展 PPP 投资的 18 个领域来看，项目主要集中于市政工程（占比 36.68%）、交通运输（占比 12.62%），而民生领域 PPP 项目，比如养老、社会保障、文化、医疗卫生等占比都不高（见表 9-2）。

表9-2　全国PPP综合信息平台项目库公布的PPP项目领域分布

序号	PPP领域	项目数（个）	占比（%）	序号	PPP领域	项目数（个）	占比（%）
1	能源	398	1.78	10	养老	584	2.61
2	交通运输	2827	12.62	11	文化	654	2.92
3	水利建设	1110	4.95	12	体育	428	1.91
4	生态环境	1394	6.22	13	市政工程	8220	36.68
5	农业	236	1.05	14	政府基础设施	374	1.67
6	林业	236	1.05	15	城镇综合开发	1414	6.31
7	科技	264	1.18	16	旅游	1434	6.40
8	保障住房	1035	4.62	17	社会保障	213	0.95
9	医疗卫生	1010	4.51	18	其他	576	2.57

资料来源：财政部政府和社会资本合作中心（CPPPC），全国PPP综合信息平台项目库资料整理，截至2017年3月。

分城市来看，北京、上海、天津同样在PPP项目中民生领域投资均相对匮乏，如表9-3所示。

表9-3　广州、北京、上海、天津、重庆五市PPP项目分布

项目领域 \ 城市	广州	北京	上海	天津	重庆
能源	0	2	0	4	0
交通运输	11	3	0	1	24
水利建设	0	8	0	0	3
生态环境	2	14	0	3	4
农业	0	0	0	0	0
林业	0	0	0	0	0
科技	0	0	0	0	0
保障住房	1	1	0	1	0
医疗卫生	0	2	0	0	2

续表

项目领域\城市	广州	北京	上海	天津	重庆
养老	0	9	0	0	0
教育	0	2	0	0	0
文化	0	3	0	0	2
体育	0	0	0	0	1
市政工程	14	35	1	8	21
政府基建	0	1	0	0	0
综合开发	0	1	0	0	4
旅游	0	0	0	0	4
社会保障	1	0	0	0	0
其他	0	0	0	0	2
共计	28	87	1	17	67

可见，对于不同领域、不同特点的项目，社会资本其投资驱动不尽相同，对于有明确预期和利润回报的项目，社会资本投资的积极性较强，考虑到养老、卫生、教育等民生事业本身存在福利外溢性，社会投资存在投资收益难以覆盖成本的担忧，致使社会资本进入民生领域积极性并不强。另外，进入过程中所存在的项目确认、规划评估、可行性论证信息方面的非对称性也成为限制的因素。

（四）城镇化进程中将会产生较多 PPP 项目投资需求，需要提前谋划项目布局

PPP 项目的实施与城市的城镇化程度有关，PPP 项目投资需求与区域发展态势相关。城镇化的进程对公共服务需求的数量和质量产生较高需求，特别是在城市化加速推进过程中，对基础设施和公用事业发展的投资需求还将持续增长。公共事业项目供给是新型城镇化建设中的重要一环，政府作为单一的公共服务供给者必然会带来投资结构不协调、资金调配不合理、监督机制不健全、缺乏长期性统筹规划、公共产品供给低效率等一系列问题。因此，在城镇化进程中引入PPP模式是提升公共事业项目供给的重要途径。

广州整体的城镇化率较高，2015年城镇化水平为85.53%，明显高于同期广东省新型城镇化水平68.71%（见表9-4）。但广州各区城镇化发展状况较为参差，其中荔湾区、越秀区、海珠区、天河区城镇化率为100%；白云区、黄埔区、番禺区城镇化率超过80%；花都区、南沙区、增城区城镇化率超过60%；从化区城镇化率还未到50%。从城镇化率来看，荔湾区、越秀区、海珠区、天河区需要提供更多层次、高质量的公共服务；白云区、黄埔区、番禺区、花都区、南沙区、增城区的公共服务改善型需求会较多；而从化区亟待均衡基本公共服务。

表9-4　　　　2010—2015年广州市城镇化率数据　　　　（单位:%）

年份 地区	2010	2011	2012	2013	2014	2015
全市	83.78	84.13	85.02	85.27	85.43	85.53
荔湾区	96.7	96.81	97.68	98.02	100	100
越秀区	100	100	100	100	100	100
海珠区	100	100	100	100	100	100
天河区	99.61	99.72	100	100	100	100
白云区	78.13	78.47	79.95	80.21	80.26	80.53
黄浦区	90.37	90.77	91.39	91.45	91.47	91.56
番禺区	80.06	82.55	83.94	84.24	84.28	85.04
花都区	64.54	64.91	66.21	66.53	66.59	66.85
南沙区	68.83	70.59	71.99	72.11	72.19	72.33
增城区	68.47	69.32	70.95	71.67	71.86	71.88
从化区	38.61	41.33	43.09	44.31	44.49	44.79

资料来源：广州市2016年统计年鉴，城镇化率＝城镇人口/总人口（均按常住人口计算，不是户籍人口）。

二 政府和社会资本有效合作的政策建议

(一) 明确PPP模式在公共服务供给中的定位，通过实施PPP项目达到引资、引智、引制的作用

传统公共服务供给模式是以政府为主导的投资体制、经营机制和价格机制共同促成的。它虽能集中政府的力量服务于社会的公共利益，保证公用事业的稳定供给，但传统的政府主导生产供给的服务模式在内部管理中过于依赖权力与命令，表现为自上而下的行政命令多，自下而上的良性互动不足，政府和公民间的信息不对称，政府供非所需、民众需非所供等现象长期存在，这使得政府有些公共服务并没有满足公众需求。

PPP模式相较于传统的公共服务供给模式优势在于引资、引智、引制。PPP模式的引资功能在于通过其融资功能的发挥既可以弥补政府财政投入不足，有效缓解地方政府"负重发展"的问题，又可以吸引更多企业和人才入驻，抢占地区发展先机；PPP模式的引智功能在于充分发挥企业在建设、运营领域的专业技术以及先进的管理经验，改变供需错位矛盾，为社会公众提供更好的服务，提升公众的体验感和满意度；PPP模式的引制功能在于引入市场机制促使政府职能转型，由社会资本充当项目管理主体，促进制度创新。

当前，广州PPP项目主要集中在市政设施、轨道交通、港口交通方面，这是与广州枢纽型网络城市的发展定位紧密联系在一起的，特别是基础设施在建设中需要投入大量的资金，政府需要社会资本发挥其在融资、管理以及技术上的优势。在社会民生公共服务领域中，政府应承担其基本责任，由于社会资本受利益驱动在供给方面动力不足，在社会民生领域政府需要为公共服务供给守住底线，同时要创造政策条件引导社会资本进入，并对项目的必要性、合规性、适用性等方面进行综合考量。

（二）对城镇化进程中的 PPP 项目需求要有前瞻性判断

从城市发展层面看，虽然广州整体城镇化水平较高，但各区的城镇化水平却较为参差，特别是在广州枢纽型网络城市的定位下，对市政设施、航空、航运、铁路、公路交通方面将持续释放出较强的社会资本引入动力。从公民个体层面看，随着公众对公共服务品质化的追求，必然也会对公共服务的质量提出更高的要求，这同样需要更多的社会资本进入提供多样化、层次化的公共服务来满足异质化人群的需求。政府需要前瞻性地把握城镇化程度不同的区域公共服务需求特征，提前谋篇布局，对可能产生重大需求的领域做好项目发起的准备。

此外，PPP 项目的筛选要秉持分层分类原则，在公共服务均等化需求、改善型需求、品质化需求等不同的公共服务目标下，政府与社会资本合作的方式选择可能是多样化的，包括 BOT、TOT、LOT、ROT 等多种形式，政府需要充分利用 PPP 项目的优势来有的放矢地满足异质化需求。

（三）通过政策创新有效引导社会资本进入社会民生领域

当前，民生领域的社会资本进入较少，政府需要明确认识到社会资本进入民生领域的障碍。对于由于收益不确定性所引起的社会资本进入障碍，政府应合理引导，采取合理的定价机制，对不同层次的服务采取多样化付费方式，如政府付费、可行性缺口补助、使用者付费等，使社会资本在公共服务项目营运过程中获得与风险相匹配的合理收益；对于民间资本由于规模小、融资能力差，缺乏相应的运营经验和运营实力，缺乏竞争力所导致的准入性障碍，政府应引导民营企业进入投资规模相对较小的社会民生领域，并在融资方面给予政策支持，在银行的信贷评价体系、征地、税收方面给予社会资本优惠政策。

（四）落实财政保障责任，加强 PPP 项目全过程监督，确保项目可持续运行

目前，广州开展的第一批 PPP 项目刚运行不久，其后续运

行状况及其成效还未可预知。通常PPP项目均为中长期项目，投资期限在15年至30年之间，这期间的财务风险、政治风险、法律风险、技术风险均会随之增加。目前，为切实保障PPP项目顺利实施，降低PPP项目运行中可能出现的财务风险，广州市政府切实提高PPP项目的财政保障力。在广州市第一批28个PPP项目中，有5个项目得到市、区财政资金支持，政府付费部分达到政府公共预算支出的4.6%。同时，政府应担负起项目的监督责任，建立执行力更强的监督机构，在PPP项目实施事前、事中、事后均设置客观的评估体系及反馈系统，对项目开展全程进行持续的监督。还可采取通过检查、接受公众监督和反馈等方式提升服务质量，进一步获得社会公众支持。

（五）创建PPP项目案例库，形成成熟经验的共享机制

PPP模式从国外引入国内，国内的发展仍处于初期探索阶段，未来在操作实践中仍将面临本土化问题。因此，将PPP模式在项目选择、伙伴选择、合同订立、合同履行、风险评估、财务评估等方面的经验加以总结，在此基础上，建立PPP项目案例库。PPP项目运作的经验和存在的不足将对广州未来的PPP项目实践具有重要的指导意义，而且对于实现全国的经验分享和不同领域间的经验分享极具意义。

第二节　探索众包模式的公共服务供给，精准对接公共服务需求

众包模式是在互联网和信息技术大发展的背景下催生出的新型产品与服务供给方式。采用众包模式提供公共服务对于转变政府公共服务供给主体角色，培育企业、社会组织、个人的公共服务供给能力有重要作用。

一 众包模式的基本运行框架

(一) 市场型众包服务模式的基本运行框架

在市场型众包服务模式中,主要以企业为主体面向全体社会公众提供公共服务,这其中涉及政府、企业和个人三者的职能重构。此模式中,政府并非公共服务供给主体,而是以互联网平台为支撑托起供需两方,通过云服务平台的搭建成为公众和企业间的桥梁。政府一方面对企业进行监管与监督,另一方面对公众进行跟踪调查,这既保证了产品和服务的供给质量,同时也可以及时获知公众的真正需求。政府从台前走向幕后,通过制定相关的政策或完善相应的法律、法规来保障满足公众多样化、多层次需求。

企业通过市场信息服务平台系统(服务云),既可以把握公众公共服务需求变化走向,同时也可以了解服务市场中其他企业所提供的产品及服务情况,并通过合作、协作与交流,进一步整合资源使技术提升和产品升级。

公众可以通过政府搭建的市场信息服务平台系统(服务云)表达服务需求,获取自身所需服务(见图9-3)。

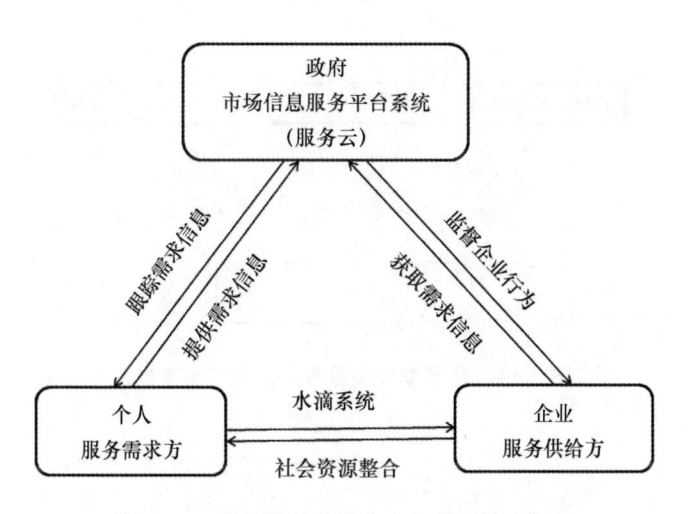

图9-3 市场型公共服务众包模式基本框架

（二）社区型众包服务模式的基本运行框架

社区型众包服务模式是通过自发组织的网络社区将社区大众集合起来，充分发挥社区网络每一个节点的能量，展现群体智慧，进而形成免费生产单位。① 这一服务供给模式最大的特点在于让消极的社区服务获取者参与到服务的创造和供给过程中。

在此种众包模式中，首先需要建立社区网络服务平台，并在此基础上搭建社区公共服务、社区商业服务、社区互助服务三个供给平台。社区居民通过"随需服务"原则，不仅可以对社区公共服务表达需求，而且可以从自身的需求出发进行服务设计；社区商业服务的供给虽然遵循市场机制调节，但也受到社区居民的评价和监督的影响，社区居民通过微博、博客、贴吧、口碑评价等方式对服务企业进行评价，社区居民的评价结果将极大地影响其他人的购买行为；社区互助服务可以在整合社区丰富的资源基础上，基于社区内熟人的信任关系形成匹配度更高的互助形式，实现服务供给的低成本高效率（见图9-4）。

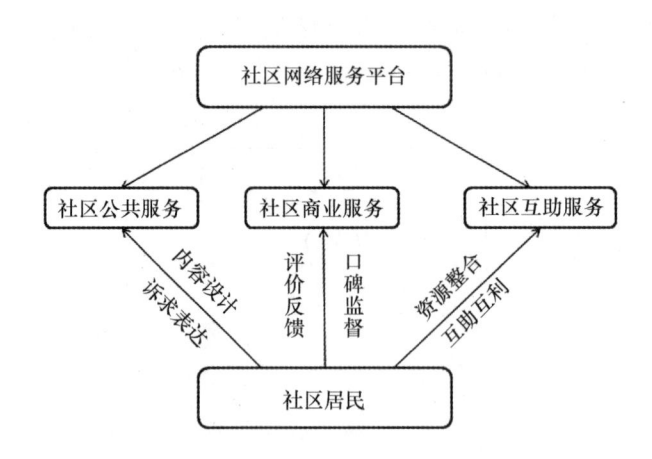

图9-4 社区型公共服务众包模式基本框架

---

① 史云桐：《新型社区服务体系的建构——以社区居民参与为中心》，《哈尔滨工业大学学报》（社会科学版）2013年第6期。

二 众包模式应用于公共服务供给的政策建议

(一) 运用众包模式，凸显公共政策的公众需求导向

在上述两种模式的梳理中，无论是以市场企业作为公共服务供给主体的众包模式，还是以社区范围内社区居民在公共服务供给中发挥主体作用，都凸显了服务获得者在公共服务选择和诉求表达中的主体地位。政府提供公共服务的最终目的是满足公众的需求，政府应在公共服务政策制定过程中更多地考虑公众的需求与偏好，这对公共政策的制定、提高公共服务提供效率以及公众对政府公共服务的整体满意度意义重大。

(二) 增强公民社会参与意识，通过社会基础数据库建设做好居民有效需求的动态管理

民众自愿加入到社会公共产品的设计和创造过程中，是众包模式提升公民参与力度的有效途径。通过社会基础数据库建设，掌握当前动态化的公众需求，对提高公共服务政策的针对性与满意度有重要作用。当前，社会公众对公共服务的需求呈现出需求量大、变化快、个性化要求高等新特点。需求的差异在城乡之间、城市内部之间、不同群体之间、体制内外之间均有不同程度的体现。社会基础数据库的建设能够根据公众日常交易和行为历史数据、互联网实时访问与交易数据以及公众意见表达了解公众的真实需求和偏好，为做好居民需求的动态管理做好基础性准备。

(三) 通过建立公众的利益诉求表达机制，积极推动社区的公共性建设

众包模式不仅改变了自上而下公共服务供给忽略公众利益表达的弊端，而且数据系统可以对公众的行为偏好做出判断。除此之外，还可以建立公众公共服务的主动表达机制，通过举行听证会、政务信息网、官方微博、网络调查等多渠道收集民意、了解公众需求和偏好。同时，在社区内部进行"居民自我

供给"能力和体系的培育与发展。

第三节　应用"互联网+"公共服务供给，加速公共服务供给技术创新

"互联网+"对经济社会发展有着重要的推动作用，将"互联网+"融入城市公共服务和社会治理有着广阔的发展空间和无限潜力。所谓"互联网+"是指以互联网平台为基础，利用信息通信技术与各行业的跨界融合，推动经济转型升级，并不断创造出新产品、新业务与新模式，构建互联互通的新生态。[①] "互联网+"技术在公共服务领域中的应用对于通过技术创新增强城市公共服务的承载力有重要作用。

一　"互联网+"在公共服务领域中的应用

"互联网+"公共服务供给模式具备以下特点：（1）从供给理念上看，"互联网+"思维使政府在处理问题时的格局更加宏大，不仅要改变既往的信息孤岛、信息割裂的状况，而且要强化信息公开、信息分享的思维；（2）从供给主体上看，政府要倡导合作意识，加强政府、企业、社会间的合作，并将合作精神渗透到决策过程、执行过程、评估过程和监督过程中；（3）从资金来源看，既包含了国家财政投入资金，同时也积极争取商业投资以及公众集资；（4）从支撑条件看，互联技术的广泛应用以及通过云、网、端一体化的智能化技术设施，为上述转变提供了支撑条件。"互联网+"公共服务的有效实践将提升公共服务供给精准化、精细化水平（见表9-5）。

[①] 徐赟：《"互联网+"：新融合、新机遇、新引擎》，《电信技术》2015年第4期。

表9-5　"互联网+"公共服务供给模式特点

	"互联网+"公共服务供给模式
供给主体	政府、企业、公众
供给理念	打破"政府失灵"以及"信息孤岛",形成公众需求导向的公共服务供给
资金来源	国家财政、商业投资(企业资本)、公众集资(民间资本)
技术支持	以互联网为主的信息技术手段作为硬件保障,搭建信息交流平台

"互联网+"与公共服务不同领域相结合形成"互联网+教育""互联网+医疗""互联网+文化"等,"互联网+"公共服务模式使传统的公共服务模式难以解决的问题带来新的解决思路(见表9-6)。

表9-6　"互联网+"不同公共服务领域的供给创新

	"互联网+"		
	教育	医疗	文化体育
供给作用	破除教育规模与个性化、公平与质量的矛盾,推动传统学习教育制度变革	缓解城乡医疗服务体系不均衡性,提高医疗服务供给效率	拓宽公共文化服务获取渠道,增加公共服务可知性、可选择性、可获得性
供给内容	虚实融合的新型教育服务业态	线上挂号、分诊、候诊、交费,地区间信息流动	公共图书馆、文化馆、博物馆、纪念馆、文物古迹、文化站、群艺馆、演艺团、体育馆等
供给方式	基于全学习过程数据的精准、个性化教育	医疗服务机构信息平台 医疗服务需求信息平台	公共文化服务供需平台 公共文化知识普及平台
供给主体	社会化协同的新型分工形态	调动政府、市场、社会力量	地方政府支持、市场和企业提供服务、社会参与的模式

在教育领域,"互联网+教育"在一定程度上可以破除教育的规模化与个性化、公平与质量之间的矛盾。"互联网+教育"

采用线上线下融合发展的特点,一方面可以扩大教育的覆盖面,通过网络协同,实现跨班级、跨学校、跨区域间的协同,化解公共教育资源分布不均衡的问题;另一方面可以满足教育的个性化需求,通过互联网所建立的教育云平台汇聚海量教育大数据,精确掌握学生个性化的学习需求,并满足学生的个性化学习需要,化解需求中共性和个性之间的矛盾。

在医疗领域,"互联网+医疗"实现医疗服务供给的高效率。基层医疗服务体系建设滞后、医疗投资不足、设施条件落后、医务人员基层输送困难等问题是制约基层医疗卫生事业公平发展,实现医疗卫生基本公共服务均等化的主要障碍。"互联网+医疗"服务供给体系的实现,在一定程度上可以实现地区间的信息交流,对于医疗异地报销、转移接续、资金统筹等问题可以有效解决。互联网技术应用可以使远程医疗变为可能,并建立起省市大医院与县级、乡镇卫生院的网络连接,实现医疗资源的网络共享,行业协同发展。

专栏——"互联网+医疗"广州实践:广州市妇儿中心通过"互联网+信息化"大大提升医疗服务质量和效率。在挂号上,该院自2015年率先在广东省内全面推行"非急诊挂号全面预约",患者可以采取电话、网站、微信、支付宝、自助及诊间、出院复诊等多途径实施预约挂号,非急诊预约率提高至93.3%以上。实现有序分时段预约挂号及就诊,每次就诊省时1小时。在付费上,推行微信、支付宝、银联医程通、自助机等多途径自助缴费方式,有效缓解排队缴费时间。在治疗上,为增强医患互动,提升患者就诊体验,医院成立了疑难病会诊中心,可由门诊医生或客服中心发起申请,通过电脑及手机APP等终端发起和组织多学科会诊。——摘自金羊网《广州市妇儿中心:"互联网+信息化"提升医疗服务质量》

在文化领域，"互联网＋文化体育"是使公共文化服务在线化、数据化，提高文化传播的连通性、知识性、有效性。"互联网＋文化"改变了公民获取公共文化服务的渠道，增加各类公共服务的可知性和可选择性；"互联网＋文化"提高了公民获取服务的便利性，可随时通过电脑、手机等移动终端获取公共服务信息；"互联网＋文化体育"丰富了服务的内容，除了传统的公益性文化体育产品，还可以发展场馆服务、知识服务、艺术欣赏、文化传播、活动参与、虚拟场馆和交流互动等内容。

专栏——"互联网＋体育"广州实践：广州市"群体通"全民健身公共服务平台是广州市于2013年在全国率先打造的一个公益性体育信息平台，由全民健身网站、手机APP、微信公众号"三位一体"组成，运用移动互联网技术，采取线上线下相结合的O2O方式，创新"互联网＋体育"应用，提供信息发布、场地预订、活动报名等多项体育便民服务，构建"体育大数据"。目前，广州地区已有45家市、区属公共体育场馆和300多家社会体育场馆上线，并且"群体通"全民健身公共服务平台服务范围从广州市扩展到了佛山市，为两地市民提供信息发布、场地预订、活动报名等体育便民服务。——摘自搜狐网《可以在广州"群体通"全民健身公共服务平台定佛山场馆啦》

专栏——"互联网＋交通"广州实践：广州交通管理部门与高德联合推出交通信息公共服务平台，让"互联网＋交通"落地，助力智能交通发展。该服务平台依托于高德交通大数据系统——"高德交通大数据云"进行研发。基于高德提供的实时交通信息和交通大数据能力，该服务平台推出"城市堵点排行""热点商圈路况""权威交通事件""堵点异常监测"四大信息板块，能够提供实时拥堵路段排行、历史拥堵指数对比等，并基于此提出智能躲避拥堵的出行解决方案。——摘自腾讯网《高德联手交管部门推出交通信息公共服务平台》

二 "互联网+"公共服务供给的政策建议

上述案例中"互联网+"公共服务的具体实践反映出,基于互联网技术可以通过公共服务精准供给提高公共服务供给效率,这对在政府公共服务供给总量不变的前提下去创新供给方式具有重要意义。

(一)政府通过互联网技术在公共服务领域中的应用,提升城市公共服务承载力

城市公共服务承载力是交通、教育、医疗、住房、环境治理等各类公共服务所能承载的人口及社会经济活动的最大负荷和最优规模。[①] 提高城市公共服务承载能力是在现有存量的情况下通过优化公共服务供给形式以及优化供给的内部结构,提高公共服务供给效率,从而达到有效提升城市公共服务承载力的目的。公共服务从供给侧看不仅要增加公共服务资源数量,而且还要根据人口分布及结构特征动态调整和配置公共服务资源,使两者形成动态嵌合。政府可以通过互联网技术的应用,使公共服务对人口和社会经济活动空间布局优化的调控进行干预,改善公共服务在不同区域、不同对象的总量、结构、质量和可达性,缩小职住距离、引导综合性功能城区的形成,缓解交通出行、能源消耗、环境污染等造成的公共服务压力,促进城市公共服务承载力的有效提升。

(二)政府应进一步加强互联网技术在民生领域中的应用,改变管理方式、提高供给效率、充实供给内容

目前,互联网技术在民生类公共服务中的应用还不足,政府要推动把互联网与民生类的定制化移动应用产品和服务相结合,增加互联网技术在医疗、公共交通、养老、教育、文体等方面的普及程度。将移动互联网中已经比较成熟的技术,如移

---

① 王郁:《城市公共服务承载力的理论内涵与提升路径》,《上海交通大学学报》(哲学社会科学版)2016年第6期。

动支付、位置服务、移动医疗等一批跨产业新兴技术更多地应用于民生领域,简化操作程序,扩大受众群体的覆盖范围。政府主要是在技术和业务标准、信息资源共享以及法律法规等方面加强统筹,推动移动互联网技术在民生领域的普及。

(三)政府要抓住"互联网+"时代的特点,增强信息收集能力、提升政策响应度

"互联网+"时代的公共政策制定,要充分利用互联网传播速度快、沟通便捷等特点,充分利用微博、微信、移动客户端等手段广泛征集民意,以利于公共政策的制定和完善。同时,公共政策出台后,政策效果需要来自社会各界的检验,在征求意见、听取评价和吸取建议的基础上,政府决策部门要不断修正、完善公共政策,使之制定和实施更加科学合理并使政策运行步入良性循环的轨道。最后,不断提升政府面对公共问题、发起政策议程、制定公共政策的响应速度,提升政府科学决策能力和政府治理水平。

第四节 做好公共服务有效需求管理,识别公共服务需求新变化

一个政府的公共服务职能本质上是要满足地方社会的公共需求。研究制定公共服务发展战略、中长期规划不仅要分析、掌握社会公共服务的总存量、总供给量,还需判断需求量以及需求的诉求和特点。

一 把握城市公共服务需求的区域差异,促进区域均衡

广州公共服务社会评价的区域差异构成了区域间公共服务评价的不同梯队。其中,越秀区与黄埔区,居民对公共服务整体评价较好,位于第一梯队;而荔湾、海珠、天河、番禺等四个区的居民认为公共服务虽基本能满足但仍有不少改善空间,

集中于第二梯队；南沙与白云位列第三梯队。由此可见，各区因其发展程度、人口密度、居民需求差异，其公共服务水平与满意度也存在较大差异。在未来的公共服务建设中，需要重视区域差异，力求协调发展，打造公共服务均衡发展的大广州。

针对目前广州市公共服务设施的薄弱环节和地区，可创新建设模式、财政支持机制和给予政策倾斜。针对公共服务设施配套薄弱的区域，在强调属地政府牵头负责的同时，加强市级部门的统筹协调，优先安排上述地区的公共服务设施相关建设资金和开办资金，并给予有效的政策杠杆。

二 重视家庭小型化与流动人口家庭化迁移趋势，识别新需求

随着家庭小型化的趋势增强，小型家庭对子女抚养、老人赡养方面的公共服务的需求会逐渐增加。而流动人口家庭化迁移的趋势，也会对流入地政府的公共服务供给提出新的问题与挑战。作为积极响应、寻求治理创新的政府，需要及时研判家庭变迁与流动方面的新趋势，应对问题，寻求更好的新思路、新方案。

调整公共服务领域仅仅关注个体的公共政策，面向家庭、面向群体进行制度设计与安排，探索整合型解决方案。

三 关注不同社会群体需求，提高供给的针对性

满足重点社会群体的公共服务需求有着重要意义。其中，社会中间阶层有一定经济基础，更渴望社会安稳而非动荡，是社会整体的稳定器；外来工群体是支撑城市社会经济发展的基础力量；而随着老龄化时代的到来，老年人的公共服务则成为大城市无法回避的严峻挑战与亟待解决的重大问题。关注重点社会群体，紧抓各群体自身的特点与需求，推出针对性的公共服务措施与方案，是提升公共服务供给水平的必由之路。提高

公共服务的精准化水平，需要建立健全需求管理制度，引入需求识别和管理方法，引入需求评估，合理引导社会预期，提高服务供给的针对性和有效性。

四 以公共服务促进广州社会结构优化

公共服务作为实现社会公义、追求社会公平的一个工具，不应仅仅成为地方政府间竞争的资本，而应切实成为保障公民健康、维护社会稳定、推动社会可持续发展的路径。改善社会结构，构建现代化社会结构形态是广州经济社会可持续发展的要求，扩大中等收入群体规模，实现该群体的综合发展，是建设一个具有稳定形态的"橄榄型"社会的核心。促进城市新移民的社会融入，使得不同类型移民在广州得到长远发展是建设新广州的关键。

总之，城市的发展需要通过公共服务留住人才和推动城市的内生性发展。城市的人才既包括中间阶层的人才，也包括外来务工人员。以基本公共服务为核心，全面构建有条件覆盖外来群体的城市社会服务体系，让各种人才都可以在广州安居乐业。围绕广州居民最为关心的公共服务领域的问题进行加强投入与优化资源配置，在投入资源时兼顾区域发展的视角、家庭结构变迁的视角、重点群体需求层次的视角、社会结构优化的视角，以公共服务吸引与培育人文资本、社会资本、智力资本，改善环境资本，有效地推动城市的内生式发展。

第五节 建立公共财政动态调整机制，提升公共服务供给效果

一 加大公共服务财政投入力度，优化公共服务供给结构

加大公共服务财政投入力度需要在现行财政分权体制下，增大公共服务财政投入比重，明确支出项目与目标，切实提高

公共服务财政资金利用效率。优化公共服务供给结构需要厘清公共服务供给优先次序，突出重点，逐步推进，有效提升广州公共服务供给水平。首先，以民生作为首要任务，重点抓好就业、义务教育、基本医疗、基本社会保障工作，切实保障市民基本生活。在基本公共服务保障基础之上，重点培育城市发展导向的优质公共服务，如优质教育，优质医疗服务，对广州具有战略意义的基础设施，满足广州高新技术人才、中等收入群体迫切的公共服务需求和城市发展所需，积聚广州发展潜力和后劲。

二 完善公共服务财政制度，提高公共服务财政支出效率与效果

强化公共服务财政预算管理，增强公共服务供给部门财政预算管理理念，细化公共服务财政预算管理步骤。一般公共预算支出按其功能分类编列至项；基本支出按其经济性质分类编列到款；政府性基金预算、国有资本经营预算、社会保障基金预算支出，按其功能分类编列到项。转移支付原则上按地区、按项目编制；健全预算标准体系，基本支出实行定员定额管理，项目支出明确绩效目标、实施计划和实践进度，实行三年滚动管理；推进绩效预算管理改革，提高财政资金使用效益；理顺不同层级政府公共服务事权与财权关系，划分界定清晰不同层级政府权责范围，提升公共服务供给效果。

主要参考文献

广州市社情民意研究中心：《2014年度广州城市状况市民评价民调报告》，《2015年中国广州社会形势分析与预测》，社会科学文献出版社2015年版。

广州市社情民意研究中心：《2014年广州市民的民生关切与改革期待调查》，《2015年中国广州社会形势分析与预测》，社会科学文献出版社2015年版。

广州市统计局：《广州市2010年人口普查资料（下册）》，中国统计出版社2012年版。

何艳玲主编：《中国城市政府公共服务能力评估报告（2016）》，社会科学文献出版社2016年版。

姜晓萍主编：《建设服务型政府与完善地方公共服务体系》，中央编译出版社2015年版。

梁玉成、张海东：《北京、上海、广州社会中间阶层报告》，载李培林、陈光金等主编《2016年中国社会形势分析与预测》（社会蓝皮书），社会科学文献出版社2015年版。

陆学艺：《当代中国社会阶层研究报告》，社会科学文献出版社2002年版。

许彬：《公共经济学导论——以公共产品为中心的一种研究》，黑龙江人民出版社2003年版。

于宁：《促进中产阶层发育，壮大社会中坚力量》，载卢汉龙、周海旺主编《上海社会发展报告（2011）》，社会科学文献出版社 2011 年版。

张同林、周莹、严春松：《现代城市公共服务问题研究》，上海社会科学院出版社 2015 年版。

郑希付、刘学兰、罗品超、黄喜珊：《2015 年广州市居民幸福感状况调研报告》，载涂成林等主编《广州蓝皮书·2016 年中国广州社会形势分析与预测》，社会科学文献出版社 2016 年版。

钟君、吴正杲主编：《中国城市基本公共服务力评价（2015）》，社会科学文献出版社 2015 年版。

［法］狄骥：《公法的变迁》，郑戈等译，中国法制出版社 2010 年版。

［美］保罗·A. 萨缪尔森、威廉·D. 诺德豪斯：《经济学（上）》，中国发展出版社 1992 年版。

［英］约翰·梅纳德·凯恩斯：《就业、利息和货币通论》，高鸿业译，商务印书馆 2005 年版。

宁超乔：《2016 年广州社会心态现状调查报告》（未刊稿），基于 2016 年广州社会状况综合调查的数据。

陈海威：《中国基本公共服务体系研究》，《科学社会主义》2007 年第 3 期。

陈振明课题组：《公共服务与经济发展相关性的实证检验——厦门市的个案研究》，《电子科技大学学报》（社科版）2012 年第 14 期。

程安东：《论城市发展与公共服务》，《江西社会科学》1989 年第 2 期。

仇立平：《上海社会阶层结构转型及其对城市社会治理的启示》，《国家行政学院学报》2014 年第 4 期。

代丹丹、周春山、张俨：《广州市中产阶层的特征及影响因素研究——基于马斯洛需求层次理论的实证分析》，《世界地理研究》2016 年第 1 期。

董克用、孙博：《社会保障概念再思考》，《社会保障研究》

2011 年第 5 期。

何淼、张鸿雁：《城市社会空间分化如何可能》，《探索与争鸣》2011 年第 8 期。

何艳玲、郑文强：《"留在我的城市"——公共服务体验对城市归属感的影响》，《同济大学学报》（社会科学版）2016 年第 2 期。

贺勇、马灵燕、郎大志：《基于非正式经济大乡村规划实践与探讨》，《建筑学报》2012 年第 4 期。

黄红球、王厚俊、周辉、杨守玉：《城市化进程中农民工子女教育存在的问题及解决途径——以广州市为例》，《农业经济》2012 年第 12 期。

黄汇娟：《邻避情结与邻避治理——番禺垃圾焚烧厂设置的个案分析》，《广东广播电视大学学报》2012 年第 92 期。

黄新华：《从公共物品到公共服务——概念嬗变中学科研究视角的转变》，《学习论坛》2014 年第 12 期。

江依妮：《外来人口聚集地区公共服务支出研究》，《人口与经济》2013 年第 5 期。

蒋丽、吴缚龙：《2000—2010 年广州外来人口空间分布变动与对多中心城市空间结构影响研究》，《现代城市研究》2014 年第 5 期。

李军鹏：《新公共管理的行政理论创新》，《广东行政学院学报》2001 年第 13 期。

李强：《改革开放 30 年来中国社会分层结构的变迁》，《北京社会科学》2008 年第 5 期。

李强：《关于中产阶级和中间阶层》，《中国人民大学学报》2001 年第 2 期。

李炜：《中国当前社会问题的特征及影响机制分析》，《黑龙江社会科学》2012 年第 6 期。

李晓壮：《北京社会阶层结构的变迁及优化》，《北京社会科学》

2016年第3期。

梁炜、任保平：《中国经济发展阶段的评价及现阶段的特征分析》，《数量经济技术经济研究》2009年第4期。

刘书明：《民族地区农民公共服务需求类型与结构差异》，《甘肃社会科学》2016年第6期。

陆伟芳、余志乔：《从世界城市、全球城市到世界名城——一种理论的视角》，《城市观察》2014年第1期。

陆学艺：《当代中国社会阶层的分化与流动》，《江苏社会科学》2003年第4期。

史云桐：《新型社区服务体系的建构——以社区居民参与为中心》，《哈尔滨工业大学学报》（社会科学版）2013年第6期。

谭钰怡：《广州城市公共安全相关重要影响因素分析》，《广东广播电视大学学报》2010年第1期。

唐灿：《重视城市贫富分化加剧现象》，《发展》2004年第9期。

唐铁汉、李军鹏：《公共服务的理论演变与发展过程》，《新视野》2005年第6期。

王宁：《地方消费主义、城市舒适物与产业结构优化——从消费社会学视角看产业转型升级》，《社会学研究》2014年第4期。

王郁：《城市公共服务承载力的理论内涵与提升路径》，《上海交通大学学报》（哲学社会科学版）2016年第6期。

王跃生：《当代中国城乡家庭结构变动比较》，《社会》2006年第3期。

卫兴华：《我国贫富分化的现实与成因评析》，《江苏师范大学学报》（哲学社会科学版）2013年第5期。

吴翠萍：《公共服务的阶层差异化认同研究》，《中国行政管理》2013年第2期。

吴兴民、潘荣坤：《广州外来人口聚居区社会风险及其治理模式研究》，《信访与社会矛盾》2016年第2期。

徐赟:《"互联网+":新融合、新机遇、新引擎》,《电信技术》2015年第4期。

叶可新、邓智团、徐靖:《中国城市公共产品需求的决定因素及发展趋势》,《上海市经济管理干部学院学报》2011年第9期。

尹德慈:《社会阶层分化与党的先进性的实证研究:以广州市为例》,《宁波党校学报》2007年第1期。

郁建兴:《中国的公共服务体系:发展历程、社会政策与体制机制》,《学术月刊》2011年第3期。

张菀洺:《服务型政府塑造——公共服务理论与中国实践》,《浙江社会科学》2008年第5期。

张晓娣:《公共支出与有质量的经济增长——多部门CGE框架下的政策模拟实验》,《宏观质量研究》2015年第3期。

张序:《公共服务供给的理论基础:体系梳理与框架构建》,《四川大学学报》(哲学社会科学版)2015年第4期。

张昱、孙志丽:《个体风险的社会管理》,《江海学刊》2011年第3期。

胡刚:《广州"新型城市化"须注意就业与贫富差距》,《羊城晚报》2012年6月19日。

彭澎:《"新广州人":"口惠"之外还要实惠》,《南方日报》2011年8月1日。

杨再高:《外来人口成为"新广州人"的关键》,《南方日报》2011年8月1日。

胡春晓:《居民需求导向的城市社区公共服务模式构建研究——以洪山区珞南街社区为实证调查对象》,硕士学位论文,华中师范大学,2013年。

《广州公布首批公共服务事项"权力清单"》,南方快报-南方网(http://kb.southcn.com/content/2014-11/03/content_111433955.htm)。

《广州老龄化形势日益严峻　预计2020年老年人口将达185万》，凤凰资讯（http：//news.ifeng.com/a/20170608/51215556_0.shtml）。

《国家发展改革委关于开展政府和社会资本合作的指导意见》（http：//www.sdpc.gov.cn/gzdt/201412/t20141204_651014.html）。

《国务院关于印发"十三五"推进基本公共服务均等化规划的通知》，新华网（http：//news.xinhuanet.com/politics/2017-03/01/c_1120551990.htm）。

《中共广州市委广州市人民政府关于切实解决涉及人民群众切身利益若干问题的补充意见》，政策文件-广州市卫生和计划生育委员会（http：//www.gzmed.gov.cn/rhin_gzmed/sy/zcwj/5092.html）。

常修泽：《基本公共服务均等化的主要内容》，理论频道-南方网（http：//theory.southcn.com/dangjian/wzck/200701310095.htm）。

广州社情民意调研中心：《医疗服务市民评价升，但不满看病费用和时间》，2015年4月15日（http：//www.c-por.org/index.php?c=news&a=ztdetail&id=3087&pid=30）。

广州社情民意研究中心：《教育服务市民较满意，但多感学位数量不足》，2015年4月20日（http：//www.c-por.org/index.php?c=news&a=baogaodetail&id=3089&pid=6）。

广州社情民意研究中心：《住房保障工作民众评价低，保障房质量不满升——2013年度住房保障广东城镇居民评价》，2013年10月16日（http：//www.c-por.org/index.php?c=news&a=ztdetail&id=2077&pid=28）。

广州市统计局：《广州市2015年全国1%人口抽样调查主要数据公报》，2016年6月30日（http：//www.gzstats.gov.cn/tjdt/201607/t20160704_24446.html）。

广州统计局:《广州第三次全国经济普查主要数据公报(一号)》,2015年2月28日(http://www.gzstats.gov.cn/tjgb/glpcgb/)。

郁建兴:《当代中国社会建设的基本经验与未来》,光明日报-光明网(http://epaper.gmw.cn/gmrb/html/2012-04/18/nw.D110000gmrb_ 20120418_ 1-11.htm? div=-1)。

Barro, R. J., "Economic growth and convergence, applied especially to China", *NBER Working Paper*, 2016.

Eichengreen, B., D. Park & K. Shin, "When fast growing economies slow down: International evidence and implications for China", *NBER Working Paper*, 2011.

Lin, J. Yifu, "China and the global economy", *China Economic Journal*, 2011.

Pritchett, L. & L. H. Summers, "Asiaphoria meets regression to the mean", *NBER Working Paper*, 2014.

Riccardo Fiorito, Tryphon Kollintzas, "Public goods, merit goods, and the relation between private and government consumption", *European Economic Review*, 2004.

Tony Saich, Providing Public Goods in Transitional China, Pal-grave MacMillan, 2008.